世界公民叢書
未來的・全人類觀點

傅佩榮——著

傅佩榮
講莊子

第一冊・內篇

思想深刻、系統完整、啟發無限
中國最大音頻平台喜馬拉雅FM熱門課堂
最新修訂改寫

傅佩榮講莊子：第一冊・內篇
【目錄】本書總頁數400頁

作者序　　　　　　　　　　　　　　　　　　　　7

引言　　　　　　　　　　　　　　　　　　　　11

引言 1　歡迎來到《莊子》的世界　　　　　　　12

引言 2　莊子是個什麼樣的人？　　　　　　　　18

引言 3　莊子如何「接著」講老子的道家？　　　22

引言 4　莊子與孔子的關係　　　　　　　　　　27

引言 5　莊子給我們的啟發　　　　　　　　　　31

內篇　　　　　　　　　　　　　　　　　　　　37

〈逍遙遊〉第一　　　　　　　　　　　　　　38

1　〈逍遙遊 1・1〉先把眼界心胸放大幾千倍　　39

2　〈逍遙遊 1・2〉從天空看地面也是很美的　　43

3　〈逍遙遊 1・3〉莊子搭過飛機嗎？　　　　　47

4　〈逍遙遊 1・4〉麻雀為什麼嘲笑大鵬鳥？　　52

5　〈逍遙遊 1・5〉人可以突破時間的局限嗎？　57

6　〈逍遙遊 1・6〉有理想的人難免被人諷刺　　62

7　〈逍遙遊 1・7〉天下人都批評，你也不沮喪　66

8　〈逍遙遊 1・8〉一隻鳥需要一座森林嗎？　　71

9　〈逍遙遊 1・9〉神人真的存在嗎？　　　　　75

10　〈逍遙遊 1・10〉萬物是一個整體嗎？　　　79

11　〈逍遙遊 1・11〉衣服帽子未必用得上　　　83

12　〈逍遙遊 1・12〉一樣東西的小用與大用　　87

13〈逍遙遊1・13〉無用也可以省去不少煩惱　　92

〈齊物論〉第二　　96

14〈齊物論2・1〉怎麼會弄得槁木死灰？　　97
15〈齊物論2・2〉人籟、地籟、天籟都是些什麼聲音？　102
16〈齊物論2・3〉人的情緒居然有十二種　　107
17〈齊物論2・4〉忙碌一生卻看不到成功的人生是一片茫然嗎？　　112
18〈齊物論2・5〉哪些成見在左右我們的頭腦？　　117
19〈齊物論2・6〉爭了半天，結果誰對誰錯？　　122
20〈齊物論2・7〉少年得志與老來富貴，你選哪個？　　127
21〈齊物論2・8〉古人的最高智慧居然是看穿一切　　132
22〈齊物論2・9〉原來萬物與我是一個整體　　138
23〈齊物論2・10〉不知就承認不知，才是真正的高明　　144
24〈齊物論2・11〉大人有大量，要看開一些　　149
25〈齊物論2・12〉不必執著於人的價值觀　　154
26〈齊物論2・13〉人生是流浪在外，找不到家鄉嗎？　　160
27〈齊物論2・14〉人生是一場大夢，很難覺醒　　164
28〈齊物論2・15〉辯論時找不到合格的裁判　　169
29〈齊物論2・16〉有誰是獨立存在又獨立思考的？　　174
30〈齊物論2・17〉莊周夢蝶，還是蝶夢莊周？　　179

〈養生主〉第三　　183

31〈養生主3・1〉用有限的生命追求無限的知識，何苦呢？　　184
32〈養生主3・2〉庖丁解牛像一場表演　　188

33〈養生主 3・3〉遊刃有餘可以養生　　　192
34〈養生主 3・4〉接受現實與順其自然　　197
35〈養生主 3・5〉安時而處順，哀樂不能入　202

〈人間世〉第四　　　206

36〈人間世 4・1〉顏回想去衛國幫忙，請教孔子該怎麼做　　207
37〈人間世 4・2〉伴君如伴虎，與國君談話，危機重重　　211
38〈人間世 4・3〉名利容易引來殺機　　216
39〈人間世 4・4〉少了互信，什麼辦法都沒用　　220
40〈人間世 4・5〉心齋是一種什麼境界？　　225
41〈人間世 4・6〉修行要先學會放空自己，為什麼？　　230
42〈人間世 4・7〉有任務就緊張焦慮，古代人和我們都一樣　　234
43〈人間世 4・8〉每個人都有許多不得已，如何應付呢？　　238
44〈人間世 4・9〉「不得已」是需要智慧的　　242
45〈人間世 4・10〉外表遷就，內心寬和　　246
46〈人間世 4・11〉千萬不要螳臂擋車　　250
47〈人間世 4・12〉無用也需要修練　　254
48〈人間世 4・13〉無用反而是一種福氣　　258
49〈人間世 4・14〉《莊子》書中知名的殘障者，為什麼被人羨慕？　　262
50〈人間世 4・15〉勸勸孔子不必太有用　　265

〈德充符〉第五　　　　　　　　　　　　269

51〈德充符 5・1〉是誰一言不發也可以學生滿堂？　270
52〈德充符 5・2〉失去的腳有如一塊掉在地上的土　274
53〈德充符 5・3〉有心求道，人人平等　　　　　278
54〈德充符 5・4〉生與死是一體之兩面嗎？　　　283
55〈德充符 5・5〉雖醜陋卻有魅力　　　　　　　287
56〈德充符 5・6〉內心穩住可以化解難題　　　　291
57〈德充符 5・7〉為什麼別人的脖子都太細長了？　297
58〈德充符 5・8〉無情與有情之間　　　　　　　301

〈大宗師〉第六　　　　　　　　　　　　306

59〈大宗師 6・1〉睡覺時不做夢，醒來後沒煩惱，
　　　　　　　　就是真人　　　　　　　　　307
60〈大宗師 6・2〉煩惱來自好惡之心，如何使自己
　　　　　　　　安適？　　　　　　　　　　312
61〈大宗師 6・3〉天與人可以相安無事　　　　　316
62〈大宗師 6・4〉妥善安排我生命的，也將妥善
　　　　　　　　安排我的死亡　　　　　　　320
63〈大宗師 6・5〉道是自己為本，自己為根的　　324
64〈大宗師 6・6〉修道的七個步驟是什麼？　　　328
65〈大宗師 6・7〉如何可以相視而笑，莫逆於心　333
66〈大宗師 6・8〉造化有如熔爐，何必計較太多　338
67〈大宗師 6・9〉人與造物者如何成為朋友？　　342
68〈大宗師 6・10〉魚可以相忘於江湖，人呢？　　347
69〈大宗師 6・11〉喜怒哀樂實在要看淡　　　　　351
70〈大宗師 6・12〉以道為師，心胸自然寬大　　　355

| 71〈大宗師 6・13〉忘記也是需要修練的 | *359* |
| 72〈大宗師 6・14〉所有的遭遇都是命 | *363* |

〈應帝王〉第七 *366*

73〈應帝王 7・1〉是馬是牛是人,有什麼差別?	*367*
74〈應帝王 7・2〉像鳥像鼠,人也會避開災害	*370*
75〈應帝王 7・3〉心思安靜,天下也會太平	*374*
76〈應帝王 7・4〉明王治理的祕訣	*377*
77〈應帝王 7・5〉算命看相都有局限	*380*
78〈應帝王 7・6〉虛與委蛇是順應的極致	*384*
79〈應帝王 7・7〉至人用心若鏡,與萬物共處	*388*
80〈應帝王 7・8〉渾沌如果開了竅,就壞事了	*391*

作者序

　　《莊子》一書有三點特色：思想深刻、系統完整、啟發無限。

　　首先，思想深刻。思想的作用是在面對問題時，釐清來龍去脈、分辨前因後果，進而找出解決辦法。深刻之標準在於合理解釋「痛苦、罪惡、死亡」這人生三大奧秘。譬如，痛苦由何而來？來自認知偏差，產生欲望及煩惱，經由比較與計較而片刻不得安寧。罪惡如何出現？由有知有欲而採取不當的行動，違反了法律、禮儀與道德，從競爭走向鬥爭，再陷入各種形式的戰爭。死亡是怎麼回事？有生有死是自然的，也是必然的，那麼對死亡應該害怕逃避，還是坦然接受？這些難題在《莊子》書中都有深入的剖析與討論。麻煩在於：他使用了大量的寓言、重言與卮言。

　　現在，這些「悠遠無稽的說法、廣大虛幻的言談、漫無邊際的語詞」（「謬悠之說、荒唐之言、無端崖之辭」）（33‧8），在本書得到最大程度的闡述，可以清楚展示出來。

　　其次，系統完整。儒家的孔子說：「吾道一以貫之。」第一流的哲學家無不如此，可以用一個核心觀念貫穿並建構起自己的全部思想。老子開創了道家，莊子踵事增華，在一以貫之方面更見明確。一以貫之，才有系統完整可言。所謂系統完整，就是表現「2+1」的格局。「2」是自然界與人類，合稱為萬物或「物」。莊子三度說：能夠明白「未始有物」，才算抵達至高智慧。因此，若無「1」做為來源與歸宿，前面的「2」不是幻覺

嗎？這個「1」正是老子與莊子最為珍視的「道」。少了這個「道」，莊子思想將失去重心，乏善可陳。不懂這個「道」，再聰明的讀者也只能像河伯一樣嘆息。莊子以「自本自根」描寫道之超越性（超越於萬物之外），又以「無所不在」形容道之內存性（內在於萬物之中）。這兩句話八個字是貫穿全書的主軸。認識這樣的道，對人類有什麼啟發？

第三，啟發無限。只要仔細閱讀，則 33 篇的每一章都會帶來或深或淺的啟發，讓人隨著自己的年齡、處境、遭遇而有不同的感悟。簡單以三觀而論。首先，以宇宙觀來說，空間不再局限，使人可以逍遙於無窮，遨遊於廣漠之野、無何有之鄉；時間遁入永恆，使人體會無古無今、不死不生的意境。「天地與我並生，而萬物與我為一」（2·9），可謂一語道破人類冥想實修的頂峰經驗。然後，以人生觀來說，可以用四字訣來統括四方面的態度：與自己要「安」，與別人要「化」，與自然要「樂」，與大道要「遊」。本書結論部分由這四字訣發展成四篇短文，代表作者對莊子的研究心得。至於價值觀，則涉及修行的過程及方法。

先說修行過程。萬物由道而來，又回歸於道。萬物由道獲得本性與稟賦，由此形成各自的「德」，並共同搭配為一個和諧的整體（道通為一）。唯獨人類需要修行，因為人的德是認知能力，而認知的自發作用是「區分」，由區分善惡、美醜、貴賤、利害、是非、成敗，孕生各種欲望及爭鬥，造成無數的痛苦與患難。修行的過程是：使認知從區分提升到「避難」，以較長遠的眼光看出人間價值觀是正反相對，並無必然標準的，於是為自己

保留一個安全的生存領域。進一步,再由避難提升到「啟明」,抵達悟道層次,「以道觀之,物無貴賤」(17・5),然後可以品味「安、化、樂、遊」的奧妙。

再說修行方法。方法始於一句莊子說了至少三次的話:「形如槁木,心如死灰」。在莊子筆下,人的生命由身體、心智與精神所組成。必待消解身體的本能及衝動,排除心智的取巧及執著,進入「虛」的狀態,然後那長期被身心活動所遮蔽的「精神」才會脫穎而出,與「道」契合。所謂「心齋、坐忘」,所描述的都是類似的方法。

莊子明顯發展了老子思想。在老子《道德經》中,「聖人」是悟道的統治者,「聖人」及其同義詞出現於佔全書一半的四十章中,主導了老子的理想國度。到了莊子筆下,重點轉為「悟道的個人」,期許一個人成為「真人、神人、至人、天人、聖人」。這些名稱,除了「聖人」偶有世俗用意而受到批判,所指皆為悟道的個人。對悟道者而言,道成為擬人化的「造物者」,是可以作伴同遊的朋友,如「上與造物者遊」(33・8)一語,成為莊子精神境界的寫照。由此可以想見,《莊子》一書的啟發是無所限制的。如果莊子不是一位思想深刻、系統完整、啟發無限的哲學家,我們何以能從他的書中得到源源不絕的驚喜與覺悟?

我自 2021 年 11 月起,在喜馬拉雅教學平台講述《莊子》,共 214 集。正如我所錄製的各種課程,播出的音頻經過琪嬌的細心整理,保持了良好品質。在此之前所講述的《老子・道德經》與《易經》已經面世。我在解讀四書三玄時,曾表示:譯解《莊子》,所費心力最大而收穫也最多。在整理文稿時,開始是依音

頻的逐字稿進行補充修訂，後來覺得常有未盡之意，於是重新改寫，依各章的主要觀念，貫穿33篇，溯及老子思想，如此方可發揮自己學習《莊子》的全部心得。本書各節編排，依「原文、譯文、講解」的順序，但是作者誠懇建議的讀法是：一，先念譯文，明白原文的意思。譯文與原文字句相應，盡量不錯過任何一字的解說。二，再念原文，並且多念幾遍，記下名言金句以便存思冥想。三，最後念講解，除了知道作者的引申發揮，還可孕生個人的心得。

本書前有〈引論〉5篇（第一冊），邀請你光臨莊子的心靈大觀園，後有〈結論〉4篇（第三冊），總結莊子對現代人的明確點撥。完成本書，心情愉悅而興奮，期待與朋友們共享。

傅佩榮於 2025 年元月

引言

引言 1
歡迎來到《莊子》的世界

有人問我為什麼要念《莊子》，我首先想到以下三點：

一，《莊子》是一本值得念的書。

二，《莊子》是一本很有趣又很難懂的書。

三，學了《莊子》人生會有什麼不同呢？

先說第一點，《莊子》這本書值得念嗎？明朝學者王世貞選出歷代以來的四大奇書，包括《莊子》、《史記》、《水滸傳》、《西廂記》。清朝學者金聖歎選出六才子書，在這四本之外，加上《離騷》與《杜詩》，其中第一本也是《莊子》。那麼，《莊子》值得念嗎？好像非念不可！就以日常生活的成語為例，來自於《莊子》的實在不少，你不想知道原始的出處嗎？譬如，一個年輕人從學校畢業了，你祝他「鵬程萬里」，他進入社會工作之後，你希望他「扶搖直上」。他剛入職場的時候，覺得前輩是個高手，他就希望「亦步亦趨」，但後來發現這些前輩「奔逸絕塵」，不容易跟上。工作多年之後，專業能力熟練了，他相信對自己的工作像「庖丁解牛」一樣，可以「遊刃有餘」。但是他擔心自己格局太小，有可能能像個「井底之蛙」，甚至「以管窺天」。尤其在與別人合作的時候，他提醒自己一方面不可以「越俎代庖」，同時更不能夠「尸位素餐」。在看到各種利益出現的時候，要記得「螳螂捕蟬，黃雀在後」。如果感嘆時間過得太快了，就覺得人生如「白駒之過隙」；覺得空間太廣大了，整個中國就好像「太倉之稊米」。同別人來往久了，有時候

會深有感觸,像「君子之交淡若水,小人之交甘若醴」,而最後的希望當然是「相視而笑,莫逆於心」。以上簡單的一段話就用了十幾句成語,像這樣的例子可以再翻幾十倍啊!都來自於《莊子》,你不希望知道原始的出處嗎?知道原來的用法上下文是怎麼連起來的,到底在說什麼?

為什麼一本思想深刻的書會有這麼多有趣的成語呢?能夠兩千多年傳下來,讓我們從裡邊得到啟發,《莊子》與《老子》合稱老莊,代表道家,在中國的文化發展上,能與儒家分庭抗禮影響全球華人的就是道家,他的三觀都非常特別,這點最後再說。這就是第一方面,《莊子》絕對是一本值得念的書。

其次,就第二點來說,《莊子》這本書很有趣但是又很難懂。這是怎麼回事呢?司馬遷在《史記‧老子韓非列傳》中,提到莊子的時候,只用235個字就把《莊子》打發了。但其中有一句話說得很對,就是莊子這個人「其學無所不窺」,他的學問是沒有書不看的。另外,司馬遷說他當時看到莊子的書有十幾萬字,但今天《莊子》的版本只有7萬多字,是在魏晉時代郭象(252-312)所編的,那不是少了將近一半嗎?可惜的是司馬遷對《莊子》的介紹非常簡單,並且沒有把握到重點,這些我們將來會作說明。那麼,莊子的書有何特色呢?

首先,它的編輯方式很有趣,怎麼有趣呢?全書分為內篇、外篇、雜篇,共有33篇。內篇有7篇,講的是基本觀點,有如內在的本質;外篇有15篇,主要是外在的應用;雜篇有11篇,可能混雜了其他學派的思想。

然後,他的寫法很特別。莊子在〈寓言〉說他寫這本書,寓言占了十分之九,重言占了十分之七,這加起來不是超過了十了

嗎？是這樣的：寓言裡面又有重言，所以沒有什麼超過的問題。什麼是寓言？寓言就是講一個故事，裡面描寫各種不同的人物、動物或植物，事實上講的都是一般人的狀況。因為如果直接講特定的人，誰想要聽呢？我舉兩個例子，一個是魚一個是鳥。《莊子》裡面講到魚，以大的來說，一開頭就是：北海有一條魚，名字叫鯤，「鯤之大，不知其幾千里也」。後面有一段談到任公子釣魚，用 50 頭牛當作魚餌，一釣釣了一整年，釣上來之後，這條大魚可以讓浙江以東好幾個縣幾萬人全部飽餐一頓，這大得難以想像吧！

再看小的，他說小的魚，一個小池塘讓牠游來游去，牠的供養就充足了，可以活得開心。到了江湖之中，裡面幾條魚不分大小可以相忘於江湖，由此提醒人可以相忘於道術。

莊子有一段描寫自己貧困，去向別人借錢，別人稍加推拖，他就說：那你還不如把我當作快要枯死的魚，最後到魚乾店找我算了。跟你借點水你推推拖拖的，魚早就變成魚乾了。另外，提到魚不能忘記「魚快樂嗎？」這一段莊子跟惠子的辯論可謂精彩之至，但是他到底在說什麼？

再看鳥方面。一說到鳥，前面那隻叫做鯤的魚變成鳥，成為大鵬鳥，牠的背「不知其幾千里也」。也是大得不得了，簡直像天邊的雲朵一樣。

大的鳥不是只有這一隻。有一次魯國的郊外來了一隻大鳥，魯君非常高興，認為這是祥瑞的徵兆，於是立刻演奏最好的音樂，請牠吃上等的美食。但這一隻鳥根本不領情，牠要的只是回歸自然。其次，講到小的鳥，有一種鳥名叫意怠，飛的時候不飛在最前面，也不飛在最後面，因為最前面的被獵人當目標，最後

面的吃不到任何食物。

另外一種鳥是我們比較熟悉的燕子，牠在人家的屋樑上結巢，一發現有危險轉頭就飛走，真是謹慎。另外，莊子也把自己比喻為「鵷鶵」這種鳥，牠很有格調，不是梧桐樹牠不棲息，不是橡樹的果子牠不吃，不是甘美的泉水牠不喝。見到利益，不可大意輕忽，我們前面說「螳螂捕蟬，黃雀在後」，在《莊子》書裡面原文是「異鵲」在後，就是一隻奇怪的鵲。黃雀是麻雀的雀，這個「異鵲」是喜鵲的鵲。以上就魚與鳥來看看莊子的寓言，就覺得很有趣了。用在寓言中的還有什麼？還有猴子、狐狸、蝴蝶、蟬、牛、豬、雞等，都是他的寓言材料。

第二種寫法是重言。為什麼要念輕重的重呢？他是指借重古人的話。你能想像嗎，莊子借重的古人，最多的是孔子，其次才是老子（老聃）。但是老聃出現的時候經常會教訓開導別人，包括孔子在內。莊子為什麼喜歡借重孔子呢？因為孔子在戰國時代中葉已經名聞天下，大家皆知他是辦教育的，因而較為熟悉儒家的思想。莊子也藉此揭示儒家思想的後遺症。

寫作方法除了寓言與重言，還有卮言，卮言就是隨機應變的話。另外被莊子借重的人包括黃帝、堯、舜、禹、湯等等，還有很多假人假名都非常生動。

但是，《莊子》的書特別難念，他的用字用詞用語都是獨到的，尤其是中文裡面，形相似，音相同，意思也可以相通，所以很多假借的字與奇怪的字，我們見都沒見過。如果不借助文字方面的專家，實在難以入門。

在〈天下〉有一段描寫自己，說莊子的著作「雖然宏偉奇特，但行文婉轉不妨礙事理；他的言辭雖然變化多端，但是玄妙

幻想而頗有可觀；他的思想充實而難以窮究，……他談到本源，說得弘廣而通達，深遠而博大；他談到根基，可以說是和諧適宜，抵達最高境界了。……他的道理無從竭盡，他的說法無跡可尋；茫茫然昧昧然，真是深不可測。」這真是一本有趣又難懂的書。

接著，談到第三點，學了《莊子》人生會有什麼不同？這可以由以下兩方面簡單說明。

一方面，你要記得三個不可能，學《莊子》不可能一看就懂，不可能一懂就做，更不可能一做就成。你想看懂嗎？每一段都要看兩三遍以上。懂了之後你要做嗎？要從自己手邊慢慢練習，需要一段時間；做了就能成嗎？可能一輩子也成不了多少。我自己學習《莊子》的修養，第一步「外天下」就學了幾十年，也還沒有學成。但至少了解他在想什麼。

第二方面，學了《莊子》對於三觀會有明確的啟發，可以調整你的宇宙觀，挑戰你的人生觀，顛覆你的價值觀。

如何調整你的宇宙觀呢？宇宙是指空間與時間的整體，空間成為無限之大，由無限來看有限的萬物，眼光自然不一樣；時間成為永恆之久，從永恆來看變化的一切，那會一樣嗎？這是宇宙觀方面。

其次，挑戰你的人生觀。一般人都希望成功、有用、發達，能夠不負此生，但莊子提醒你整體萬物是相通的，所以不要只以人類狹隘的世界做為標準，還要把眼光提升，以「道」作為標準。宇宙萬物有如氣化的一體，是一個整體相通的生命。所以，存在就等於肯定，這樣的人生觀是豁達的。

然後，顛覆你的價值觀。一般講價值觀就是對於真、善、美

的判斷。莊子對於善，尤其有他自己的看法，因為善與惡是一個社會一個時代所做的判斷，但它是普遍的嗎？是永恆的嗎？顯然不是。都是相對的，只要明白這個相對性，你就更能夠活得自在了。所以我常說：儒家掌握的是「善」，道家掌握了「真」以及「美」。莊子在〈知北遊〉甚至說「天地有大美而不言」。莊子發展了道家老子的思想，老子的思想可以比擬為公車後面的八個字「保持距離，以策安全」。到了莊子的時代（戰國時代中葉），很難保持距離，那怎麼辦？要與萬物一起變化，與它一起進一起退，所以要設法悟道，「道是萬物的來源與歸宿」。學習老子與莊子，最後的目的都是要悟道。

最後，學習《莊子》會有三點附帶的效果：

一，學會深刻思考，你會熟悉正反合的辯證法，肯定這樣做可以那樣做也可以，都對；那到底怎麼樣才是對呢？你由此避免了先入為主的觀念，也不會定於一尊，面對任何事情的發生，都可以做比較完整的、深入的思考。

二，學會敞開心胸，了解一切、接受一切、欣賞一切。

三，學會逍遙自得，不管處在任何情況，只要活著還能夠呼吸，皆有可思之理與可樂之處。

引言 2

莊子是個什麼樣的人？

　　莊子（368-288B.C.）是戰國時代中葉的人，年代與儒家的孟子（372-289B.C.）幾乎重疊，但是他們沒有見過面，或者即使見了面也無話可說，因為「道不同，不相為謀」。那個時代是一個亂世，莊子是哪一國人呢？宋國人。

　　宋國的處境很特別。周朝滅了商朝之後，把商朝王室的後裔封在宋國。宋國國勢很弱，曾經四度成為戰場，百姓也常受委屈。譬如，描寫一個農夫「守株待兔」，哪一國的？宋國的；嘲笑一個農夫「揠苗助長」，也同樣是宋國的。

　　莊子是宋國蒙縣人，曾經當過蒙縣的公務員，就是「吏」。什麼吏呢？漆園吏，他管理一座漆樹的園子，漆樹在古代為什麼需要由公家來管？因為漆樹的樹汁可以當作黏劑，用來組合家具、門窗等等，算是公家的資產。

　　莊子做過短暫的公務員，後來不想為五斗米折腰，就辭職不幹了，回家自謀生路。但是成家之後，有妻有子，如何養家糊口呢？所以莊子經常出門的時候帶著彈弓，有機會就打幾隻鳥，有時帶個釣具順便釣幾條魚回家。〈列御寇〉有一段資料，簡單描寫了他的生活情況。有一個鄰居代表宋王出使秦國，受到很多賞賜，賺了很多車馬，就向莊子炫耀。這個鄰居怎麼描寫寫莊子呢？

　　他說莊子「住在窮街陋巷，困窘地織鞋為生，餓得面黃肌瘦」。這三句話是我們對莊子的容貌及生活情況的直接的資料。

說明了什麼？他自選的職業居然是織草鞋。織草鞋能賣幾塊錢呢？他當然是餓得面黃肌瘦了。

他窮到受不了的時候，怎麼辦？就找個當官的老朋友借米，借米的時候別人推拖一下，他就講個寓言，說自己就跟那個受困在陸地上的魚差不多，很快就會就變成魚乾活不下去了。當然，他從不認為自己有真正的痛苦，因為他想通了一切的道理。

司馬遷寫到莊子，是把他放在〈老子韓非列傳〉裡面，好像穿插一下，介紹一位古代的作者。司馬遷說莊子寫書十幾萬字（今天留下來的只有七萬多字），但是他舉例說明時，只提到三篇，就是〈漁父〉、〈盜跖〉與〈胠篋〉，而完全沒有提到最重要的內七篇。不過他有一句話說得很到位，說莊子這個人「其學無所不窺」，他的學問是沒有書不看的！

我們現在了解：做為道家，學問要好，對人間了解透徹再往上提升。譬如，老子是誰？是周朝的國家檔案館館長；莊子呢？他是沒有書不看的。因此，不要以為道家是靠覺悟，不用念什麼書。錯了！他念書必須念得比儒家還好，念完之後看透了，再往上提升到更高的層次，可以縱觀全局，提出一種全面的觀點。莊子學問好，但不願出來做官。在司馬遷筆下，楚王聽說莊子很高明，特別派人請他來做官，甚至可能當上像宰相這樣的位置。《莊子》書中也提到他在濮水邊釣魚，兩位大夫代表楚王來請他，他很簡單地反問：你們楚國的宮廷之上，有一隻死的烏龜，死了三千年，請問那隻烏龜是希望死了變成枯骨，讓人家裝在精美的盒子、蓋上錦繡的巾帕供在廟堂上，還是希望做一隻活的烏龜在泥巴地裡爬行呢？這二人聽了都說：當然希望活著。這有些像是俗話說的：好死不如賴活著。

但是,活著還要看怎麼活。像莊子活得那麼辛苦,幾乎是三餐不繼的樣子,那麼他的樂趣何在?這就要了解他處世的態度。莊子曾經說過,活在世界上是人才或不是人才都可能有危險,〈山木〉就提到,他要處在「才與不才之間」。怎麼說呢?

是人才有危險,我就變成「不才」;不是人才有危險,我就顯示我的本事。換言之,需要洞察處世的智慧。對於人間的各種因果關係以及複雜狀況,了解不夠深入的話,就很難判斷了。

莊子經常提到「不得已」三個字。活在世界上對於人間的所有一切都採取「不得已」的態度。這不是被迫不是勉強,而是了解各種事情發展的必然規律,就順其自然地去生活。莊子處世的態度來自於他對人間的了解,知道要以安全為上,但人最後還是避不開死亡這一關。

怎麼面對死亡?莊子也有通透的觀點,他認為宇宙萬物是一個整體,都是「氣的變化」。有生之物最後總會結束,那麼,人生的意義在哪裡?在生與死之間要設法悟道。

莊子有沒有朋友?在整部《莊子》七萬多字裡面,他的朋友只有一個人具名出現,就是另外一個學派的領袖惠施。惠施(約370-310B.C.)是聰明人,還曾當過梁惠王的宰相。他與莊子年紀差不多,但比莊子早了二十年過世。

惠施是名家的首席代表,自認為口才好,天下沒有人辯得過他。莊子在他的書裡面,至少有五六次同惠施辯論的材料。在莊子眼中,惠施只是像道具一樣,讓莊子發揮他的觀點而已。

莊子有沒有學生?當然有。在古代社會像莊子這樣的學者,身邊有幾個學生是很合理的,不然他寫的書誰看?誰把他思想傳下去?但是學生裡面也只有一個人寫下名字,叫做藺且。這個學

生後來在歷史上沒有什麼表現。有與沒有差不多。

這個學生什麼時候出現呢？莊子講述自己的一次經驗，就是我們常說的「螳螂捕蟬，異鵲在後」的故事。莊子被別人當作小偷，回家之後三天不開心，學生就問他，老師為什麼不開心呢？這個時候學生的名字出現了。

莊子的學問，在當時並未受到重視，到了後代才產生越來越大的影響，因為他把老子的思想了解了、消化了，然後接著講，講得好！魏晉時代流行清談，以《莊子》與《老子》、《易經》並稱「三玄」。

在《莊子・天下》，他描寫自己的學說自成一派，他是在老子之後接著講。

他怎麼接著講呢？我們在〈引言3〉會就莊子與老子的關係加以說明。

在這裡，總結一下。

莊子是戰國時代中葉的宋國人，當過短期公務員，後來靠自己織鞋為生，餓得面黃肌瘦，但是內心充實圓滿。他是道家人物，悟道之後對於人間的遭遇及變化都了然於心，面對任何處境都沒有情緒上太大的波動。他沒有書不看，又能夠把一切思想綜合起來，以道家的觀點予以貫通，寫出一部《莊子》這樣的書，為後代留下豐富的精神資產。

莊子的書，列在我們前面說過的四大奇書與六才子書之中。所以不要著急，在五篇引言之後，將進入莊子文本，你會發現一個新的天地，廣大無比又燦爛光輝，是我們每一個人在提升及開拓心靈的時候，最可貴的座標。

引言 3

莊子如何「接著」講老子的道家？

關於莊子與老子的關係，可以從以下幾點來說明。

第一點，寫作方法不同。

《老子》81 章五千多字，有什麼特色？他沒有提到任何人名、地名、國名、時代的信息、歷史的事件等等，其中有不少抽象的觀念與高度的概括。譬如，「道」是惚兮恍兮，恍兮惚兮，因為用一般的觀念實在說不清楚什麼是「道」。而概括的說法更多了，如福禍相生相倚，知足不辱，知止不殆等等，這樣的論斷很多，所以念老子會覺得難以把握他的思想發展。

莊子就不一樣了。《莊子》全書 33 篇，大致上可以分為 324 章，幾乎每一章都會提到人的名字或生物的名字。莊子用寓言故事，其中假借了很多人名物名，同時也大量借重歷史上的人物，像孔子、老聃等人，也描述了各自的時代特色、歷史背景或社會狀況，非常具體而生動。所以在寫作的方法及策略方面，莊子與老子完全不同。但兩者基本的觀點是相承相應的。

第二點，就思想的主旨來說，都是要說明什麼是「道」的。譬如《老子》第 25 章，指出這個「道」是既超越又內存的。它獨立而不改，代表它超越於有形可見、充滿變化的萬物之上；它又周行而不殆，代表它遍在萬物之中，到處都有「道」。老子說，大道像氾濫的河水，在左邊在右邊，簡直分不清楚，因為到處都是「道」。

如果學習老子，沒有清楚掌握這個「道」概念的話，那就等

於買櫝還珠。譬如，在莊子之後，有一位法家代表韓非，司馬遷的《史記》就寫的是〈老子韓非列傳〉，主要因為韓非的書裡面有〈解老〉，解釋老子；〈喻老〉，用故事說明老子。事實上，他只把握到老子的「術」，這一點我們在以前介紹老子《道德經》的時候已經作過說明了。

那麼，莊子如何呢？莊子描寫「道」的時候，使用四個字，就是「自本自根」，自己為本自己為根。「道」是自本自根，所以一定是永恆的，這類似於西方中世紀講到上帝的時候，喜歡用「自因」一詞，自己是自己的原因。自因的東西一定是永恆存在的。相對於此，在「道」之外的萬物都是以「道」為本、以「道」為根，所以我們一貫的把道家的「道」，理解為萬物的來源與歸宿，原因就在這裡。這種自本自根的「道」，當然是超越的。

什麼是超越？依照古希臘時代柏拉圖（Plato, 427-347B.C.）的說法，所謂超越，就是不隨著萬物的變化而變化，永遠不變就代表超越。但另一方面道又是內存的或內在的，就如老子說的「大道泛兮，其可左右」。別人問莊子「道」在哪裡？他回答「無所不在」四個字。「無所不在」代表「道」內存於萬物，萬物也內存於「道」。但因為「道」是超越的，所以道與萬物之間又有明顯的差異性。

進一步來說，老子講「道」之外，還有「德」。老子的「德」是什麼意思？莊子給他最清楚的定義，所謂「德」，就是「萬物得自於道者」，原來「德」字與獲得的「得」字相通。萬物既然從道而來，就從道獲「得」了各自的本性。譬如，一棵樹、一隻鳥、一條魚各有各的本性，也就是各有各的德。在人來

說的話如何呢？人的德就是人的本性，主要是指認知能力，所以才有人間世這麼多複雜而豐富的變化。人有認知，隨之就有欲望，後面再加上他可以自由選擇，結果造成這個世界熱鬧無比，在裡面翻來覆去，恩恩怨怨永遠搞不清楚。但這就是人生的目標嗎？道家認為不是，你要保存你的德，就是要修養它，同時要知道它的歸向是什麼，是要回歸於「道」。人生的希望在於「悟道」的可能性。

再進一步，講到修行的目標。在《老子》書裡面，出現最多的人物是一個虛擬的「聖人」，在 81 章裡面有大約 40 章，裡面都談到聖人或聖人的同義詞。

什麼是同義詞呢？聖人是悟道的統治者，類似的角色包括「古之善為道者」、「有道者」、「我」、「吾」等都是。所以老子是感嘆當時的天下大亂，那麼應該怎麼辦呢？他就虛擬了「聖人」來讓天下重新走上正確的軌道。

莊子採取不一樣的手法。他知道這樣的統治者永遠是極少數人，那怎麼辦呢？莊子就用了另外幾個虛擬的詞，來說明什麼？說明悟道的個人。他要把老子所謂的統治者轉換成個人；轉換成個人，每個人都有希望。《莊子》書中特別提到以下幾種人。

「聖人」一詞有兩種用法，在老子筆下是好得不得了，是悟道的統治者。但是在像儒家、墨家等其他學派的聖人，都是有問題的。所以《莊子》書中，比較麻煩的是「聖人」這個詞。你念的時候發現這個聖人有問題，代表那是屬於儒家、墨家的用法，或是一般所謂的堯舜這些人。如果講到正面的聖人，當然是老子所虛擬的聖人。所以，莊子另外發明了至少四個名詞，叫做真人，神人，至人，天人，這四個名詞所代表的都是悟道的人。

換句話說,在老莊筆下,光做一個平凡的眾人之一,是不夠的。人生下來是萬物之一,你如果只是按照自己的生命本能,把認知當作區分,後面產生各種欲望,同大家一起去追逐滿足這些欲望,到最後一場混戰。這樣的人生,在道家認為是浪費的。

那麼,什麼是真人?

一說真人,代表很多人是假人。假人就是活在人的社會上,用人的價值觀來妝點門面,一輩子扮演某些角色,好像演戲唱戲一樣,等過了之後才疑惑這一生在做什麼?

什麼是神人?「神」代表神妙無比,他的表現讓人讚嘆。如不吃五穀雜糧,吸清風、飲甘露。這樣的人,是在深山裡面修行的嗎?不是的,莊子說的是一種心靈的境界。

再看,天人,「天」在《莊子》裡面,一般都是指自然界或自然的;天人就是與自然合一的人。至人呢?「至」代表最高境界。這四種人都是指「悟道者」,所以莊子要提醒每一個人:只要認真修行,都有可能成為悟道的個人。

至於修行的方法,老子在第 10 章、第 16 章,專門講修行的方法,第 10 章列出六個步驟,第 16 章強調兩個字,「虛」與「靜」。莊子由此再充分發揮,深入探討如何修養。

莊子在〈庚桑楚〉所謂的「衛生之經」,有九個步驟。其中同老子說的一樣的是「抱一」,就是保持住「道」這個整體;也談到能像嬰兒嗎?就是回到人的初始的狀態。

另外,莊子談到修行有七個階段及九個階段兩種說法,最後的結果怎麼樣呢?進入到一種非常神妙的境界:大妙,或是不死不生,一種永恆的境界。所以,莊子的寫法比起老子當然是活潑多了。事實上,莊子認為自己是接著老子講的,而不是「照著

講」。

怎麼知道呢？莊子最後一篇〈天下〉，說當時有七大學派，他把老子與關尹列為一家，稱他們是「古之博大真人」，這是對學者最高的推崇了。而莊子另外自成一家，他這一家有什麼特色呢？由兩句話就知道莊子如何接著講，他確實認為自己有新的見解。一句是：「獨自與天地精神往來，而不輕視萬物；不質問別人的是非，而能夠與世俗相處。」另一句是：「在上與造物者同遊，在下與超脫生死、忘懷始終的人做朋友。」

他這裡使用了「造物者」這個詞，以及「天地精神」這個詞。說明什麼？他把本來很抽象很玄妙的那個「道」，落實下來，變成一種可以理解的境界，就是要與「造物者」做朋友。

至於「天地精神」，又什麼意思？是使天地成為天地的力量，那也正是「道」的具體作用。

所以這一來，我們就學會了什麼？

莊子對於老子的道家是「接著講」而不只是照著講。他的寫作方法與老子不同，具體而生動；他對「道」的理解，是「自本自根」又「無所不在」，這都是畫龍點睛，等於是話說出來就成為定論；而他修行的目標及方法，都是進一步發揮老子的思想。

引言 4
莊子與孔子的關係

　　說到莊子，他為什麼與孔子有關係呢？事實上，莊子對孔子，推而至於對儒家，是又愛又恨的。先說他怎麼愛儒家。

　　莊子的寫作筆法有三，就是寓言、重言與卮言。其中的重言是指借重古人的話。他在借重古人的時候，借重最多的是誰？是孔子。《莊子》全書三百多章，居然有 60 章提到孔子，將近五分之一，等於《莊子》每五章，就會出現孔子或仲尼這個名字。

　　他這麼喜歡借重孔子是為什麼呢？一方面，孔子在歷史上有很多故事，譬如孔子在陳、蔡之間受圍困，曾經七天沒有開火燒飯這件事，莊子提了三次。孔子在匡曾經被圍住而有生命危險；另外，有人笑他，「鳳兮！鳳兮！何德之衰？」這些都是有史實做根據的。

　　另一方面，孔子與儒家學派在戰國時代中葉已經天下聞名了。儒家負責教育，影響力是可以想像的。有些故事是莊子編的，譬如孔子想把自己的藏書，運到西邊的周朝的王室，而老聃反對這種做法。最驚世駭俗的一段是把孔子跟盜跖放在一起，讓他們進行辯論，等於是一正一反兩種價值觀，結果孔子居然辯輸了。他多次借重孔子，讓孔子與老聃同場出現，讓老聃好好教訓或開導孔子。這些地方一看就知道，莊子是在借題發揮，表示他的立場是在老聃這邊。他是道家，理當如此。

　　借重孔子之外，莊子也借用了孔子的幾位弟子。像三個窮學生，顏回、曾參與原憲受到莊子的肯定；還有子路與子貢，也出

現多次。

在欣賞孔子的同時，莊子也很討厭戰國中葉的儒家。我們前面提過，莊子與儒家的孟子處在同一個時代，但兩人沒機會見面，見面也可能沒什麼好談。莊子本人所見到的儒者，大都是做做表面功夫而已。譬如，莊子說儒家應該有真本事，不能只靠外表的服裝來打扮，只靠外表的服裝，怎麼可以算是儒家？儒家是有真本事的。

其次，儒家強調禮樂教化，但禮樂難道只是形式嗎？更重要的是情感與精神，不能只做個樣子而已。然後，儒家重視仁義，應該真正愛人，不能只是講口號而已。

並且，儒家應該有真正的智慧，而不能賣弄智巧，以小聰明蠱惑人心。由此可見，莊子批評儒家的時候，他心中有個標準。儒家有「真本事，真精神，真愛人，真智慧」，可惜的是，他當時所見的儒者都是走偏走岔了，以至於他忍不住要痛加批判。司馬遷寫《史記》，也寫到莊子這一點，說莊子喜歡對儒家、墨家當時檯面上的這兩大學派，盡量去諷刺他們，說他們是擾亂人心，混淆很多人間的價值，讓世人無所適從。最後的結果是：儒者成天倡言仁義，而後代就把仁義當作藉口，最後變成「人吃人」，就是說，不但沒有愛人反而去害人，損人利己，甚至把別人害死了也不用負什麼責任。

說明了莊子對儒家又愛又恨之外，我們再看第三點。

儒家後代使用的術語，很多都來自於莊子。譬如，從漢代以後，一談儒家就說「五常」，哪「五常」呢？「仁、義、禮、智、信」。在孟子只談「仁、義、禮、智」四善，而把「五常」這五個字合在一起，誰第一個說的？莊子。

莊子說的次序不一樣，是「禮、義、智、仁、信」，但是這五個字全在內。也就是後代常用的「五常」，其內容所指居然是莊子首先想到的。

接著，後代儒家喜歡描寫一個人的修養，最高境界是「內聖外王」。這「內聖外王」一詞也是首見於《莊子》一書。莊子認為古代的「道」及其應用（術），其理想就是「內聖外王」。這個「聖」代表聰明，內心覺悟了「道」，外在的作為呢？就與老子筆下的聖人一樣，是悟「道」的統治者。

但是儒家的用法不一樣，「內聖外王」以誰作代表？周公。周公的德行同聖人一樣，他又有帝王的身分可以照顧百姓。老子與莊子強調的是悟道，儒家強調的是德行。

還有，第三個語詞。談中國文化一定會講「天人合一」，請問，「天人合一」的觀念最早出現於何處？還是《莊子》。

《莊子》裡面不只一次，說一個人如果形體保持完整，精神恢復正常，可以與天為一。換言之，人要修練自己的身與心，恢復到完美的狀態，這時候與天就可以合一成為整體。他又說，「人與天，一也」。這時候要記得，莊子筆下的「天」，常常是指自然界，人與自然界是一個整體，為什麼？因為都在「道」裡面，人與自然界都在道裡面，所以可以說天人合一。

另外，宋朝學者喜歡講「復其初」，就是人要回復到最初的狀態，這個說法也是來自於莊子。

莊子在〈繕性〉，以批評的口吻說，很多人用世俗的學問來改善本性，希望能夠「復其初」，回復原始的狀態。這是搞錯了，根本不可能。真要恢復原始的狀態，只有設法努力「修道」，認真「悟道」。

再看，宋朝學者喜歡用一個詞「天理」。每一個人都談「天理」、「人欲」這些，但是在先秦的階段，談「天理」的只有兩個地方，一個是《禮記》的〈樂記〉，其中所謂的「天理」是指：人天生的理性。另外一處就是莊子，在〈養生主〉的「庖丁解牛」那一段。庖丁解牛為什麼精彩，因為他「依乎天理，因其固然」。什麼是「天理」？自然的條理。既然是牛，牛的自然的結構一定是大同小異的。但既然每一頭牛都不一樣，所以還要「因其固然」，依照牠特定的狀態下手動刀。這時用到「天理」這個詞了，但它與後代所謂的「天理」顯然有別。

今天以「杏壇」描寫老師的講台。我曾在山東電視台的「新杏壇」節目講過一系列的課程。古代以「杏壇」代表孔子講學的地方。「杏壇」這兩個字在〈漁父〉首先使用。

這一切說明什麼？莊子的說法被後代的儒家用得不少，甚至後代儒家把孔子稱為「素王」，有帝王的地位但沒有真正的王冠。「素王」一詞也出於《莊子》。

總之，學習《莊子》的附帶收穫，是從對照的觀點，更完整地認識儒家。

引言 5
莊子給我們的啟發

先說道家思想整體而言,給人類什麼樣的啟發。

首先,老子創建了道家,他的基本立場與儒家不一樣,因為儒家同其他學派都是以人為中心,由此想在人的世界解決人的問題。但唯獨老子不這麼做,老子跳開人的世界,從「道」來看問題。他的觀點是「不以人為中心」。因為一般人,像凡人或眾人,活在世間就接受世間的價值觀,什麼樣的價值觀?追求社會成就,享受名利權位,但是這樣一來永遠不會滿足,在身心方面都很辛苦。身心是有極限的,最後則是生命的結束。

其次,在世間的價值觀裡面,大家互相爭奪,苦多樂少,最可怕的結果是戰爭。並且,在世間得到所謂的成功會快樂嗎?你跟別人相處能夠沒有抱怨嗎?你跟萬物相處能夠協調良好嗎?你跟自己相處能夠平心靜氣嗎?

老子思想的特色,正是要超越世間價值觀造成的各種麻煩,於是虛擬一個聖人,做為悟「道」的統治者。

由此來看莊子。莊子強調個人也可以悟「道」。因為談到統治者,只有極少數人有機會,而統治者與悟道也沒有必然的關聯。但是「真人」則不然,《莊子・大宗師》一開頭就描寫「真人」,用了好幾章,材料非常豐富。我常常想到的是八個字,真人「其寢不夢,其覺無憂」,睡覺時不做夢,醒來後沒煩惱。我長期以這八個字做為目標,有時候一覺醒來,發現昨夜無夢,會覺得精神特別好,睡眠品質提升。接著要努力的是什麼?起床後

沒煩惱。這實在更為困難，要練習慢慢來不要著急，一步一步跟著莊子慢慢走。這是道家整體給人類的啟發。

然後，我們生活在 21 世紀的今天，被稱做「後現代社會」。明明是「現代」，為什麼稱為「後現代」？這是因為西方人先界定所謂的「現代」，是指西方啟蒙運動以來強調理性的作用，擺脫了過去在宗教上及政治上，各種傳統的約束或迷信的束縛。

「啟蒙」與「理性」的開發有關。啟蒙運動以後，西方人很樂觀，基本的想法就是「進步」。我們的理性展現出來了，以後人類社會越來越合理，但到了 20 世紀，兩次世界大戰使這個美夢破壞無遺。於是出現了「後現代社會」一詞？人類經過了理性思維，自以為掌握了世界，然後發現理性不可靠。戰爭不是非理性的行為嗎？這個「後」字是指理性有問題，所以「後現代社會」什麼意思呢？就是一句話：一切過去所肯定的價值，都需要加以重新估定。

譬如，從小父母教我們做好人做好事，老師也教我們忠孝仁愛這些德行，我們認真照著做，但這些都是正確的嗎？我們不會說不正確，但問題在於：一種價值，如果沒有經過自己的肯定就接受的話，它不會產生真正的力量，我們也不會認真去實踐。

「後現代社會」最大的特色，是把決定的權力，交給每一個「個人」，要這個人以為是真的，以為是善的，以為是美的，那才是真正的「真、善、美」。不是別人說了算，不是社會大眾都認為應該這樣那樣，就去接受它。這種觀點聽起來就覺得滿主觀的，好像以自我為中心，一個人主觀的想法就可以決定一切。

先不要問這樣對不對，可以先思考一下，苦樂是否在於自

己?譬如別人都以為這樣是快樂,你同意嗎?事實上我們知道,快樂會有刺激遞減的現象,第一次吃美食的時候,覺得是山珍海味,第二次第三次呢?到了後來,可能覺得毫無食欲,都是一樣的東西。

清朝的乾隆皇帝下江南,他認為最可口的是青菜豆腐湯,覺得那是山珍海味,勝過宮廷的御廚所做的食物。

誰來決定一切東西的價值?每個人自己。如何決定?還是需要觀念!你如果理解及接受某些觀念,就會以這個觀念做為判斷的標準。

那麼,莊子思想為什麼與「後現代社會」有關?這是因為他的做法是「先破再立」。先破,破除什麼?他要破除在先秦那個時代,由儒家、墨家以及後來的法家,所建立的各種價值觀。莊子對這些都要大膽的加以質疑。

在莊子看來,所謂忠孝信義,都是別人定的或社會定的,那麼應該怎麼辦呢?不是把它們全部排除,而是要先問自己:我這一生的目的何在?是為了別人而活?還是為了社會既定的價值觀而活?

莊子認為,首先你要為自己而活,就是要負責自己的人生。

其次,你要活出自己,要活得真實而真誠。

第三,你知道自己的生命在變化中,所以要設法悟「道」,在「道」裡面的變化是最安全最愉快的。

如果能夠為自己而活,又能夠活出自己,再進一步與「道」合一,如此一來,你與別人的關係可以和諧,對自然界的理解十分清楚,對「道」又有所覺悟,然後整個一切都可以合而為一,這就像「後現代社會」一樣,可以先破除傳統的價值觀,明白所

有的教條都有其限制,知道所有的價值如果沒有自己的體驗,就沒有活潑的、實踐的力量。

接著再「立」。所謂「立」,就是把一個場地清掃乾淨,重新建立一套價值觀。這時所建立的價值觀與原本社會的價值觀不一定有矛盾,但理由是我自己給的,我心甘情願去接受它實踐它。換言之,莊子並非只是破壞,如果只是破壞,那等於不負責任了。

道家立說的目標,是希望人覺悟。什麼是覺悟?它有三點內容。

第一,要由整體或全體來看。所謂整體,是說一個人雖然處在特定的空間與時間中,就是一個特定的社會及時代中,有他特定的成敗得失的考慮,但是從整體來看的話,都是在「道」裡面。

試問:如果沒有過去的失敗,今天會成功嗎?沒有過去的成功,今天的處境可以算失敗嗎?得與失也一樣是相對的,不論外面的評價如何,自己的感受才是重點。如果別人都認為你失敗,你自己覺得無所謂,不是更要緊嗎?這就是覺悟,從整體來看,可以化解所有情緒上的干擾。

第二,由永恆來看。永恆可能太遙遠,你可以從百年之後、千年之後來看自己的一生。譬如你今天看莊子,在兩千多年前,他當時活得很窮困,以織草鞋維生,餓得面黃肌瘦。但是今天念他的書,會覺得如何?跟他同一個時代,多少帝王將相與富商巨賈,他們吃飽喝足,住的是高樓大屋,財富多得不得了,然後呢?從永恆來看的話,就知道「滾滾長江東逝水,浪花淘盡英雄」。的確如此,所以必須怎麼樣?暫時擱下一切外在的評價,

設法追求自己認為比較安適的人生。

《莊子》經常會提到一種觀念，就是你不要只想讓別人過得舒適，替別人服務，照顧別人，你要設法讓自己活得舒適，要由整體來看，由永恆來看。

還有第三點，要珍惜現在。

你今天過得快樂嗎？現在開心嗎？並且要從做好手邊的事開始，不論你有任何偉大的理想，如果手邊的事情沒做好，不能夠享受眼前的快樂，那有什麼意思？同時，還要從小事做起，小事的磨練，讓你將來可以做大事，真正的大事則是悟道，成為真人。

以上五篇引言，簡單介紹了莊子的生平，他如何接著講老子的思想，他與儒家的關係，他對現代人的啟發。以這些為背景知識，我們可以滿心歡喜接受邀請，進入《莊子》的天地，品味他為我們準備的思想盛宴。

內篇

逍遙遊 第一

▎要旨

　　本篇莊子三度描寫大鵬寓言，意在肯定：人可以藉修行而成其大。由此上承老子所說的「道大，天大，地大，人亦大。」（《老子》第 25 章）。人若成其大，則有望成為至人、神人、聖人，抵達無待之境而自在逍遙，也化解了世俗所在意的有用無用之爭。

1〈逍遙遊 1・1〉
先把眼界心胸放大幾千倍

1・1

> 北冥有魚，其名為鯤。鯤之大，不知其幾千里也。化而為鳥，其名為鵬。鵬之背，不知其幾千里也。怒而飛，其翼若垂天之雲。是鳥也，海運則將徙於南冥。南冥者，天池也。

【譯文】

北海有一條魚，名字叫鯤。鯤的體型龐大，不知有幾千里。他變化為鳥，名字叫鵬。鵬的背部寬闊，不知有幾千里。牠奮起高飛時，雙翅張開有如天邊的雲朵。這隻巨鳥，在海風大作時，就會遷徙到南海去。南海，是一個天然大池。

莊子開篇講了一個寓言，這個寓言是有根據的，下一章就會看到。在這裡，我們首先要注意到他的表達方式。莊子的表達方式大致的次序是：什麼地方？什麼東西？什麼名字？名字是關鍵。接著，什麼狀況？什麼發展？這五個「什麼」，正是說故事的基本條件。

我們要思考的是：為什麼要說這個故事？然後，在今天這個時代，可以從裡面學到什麼？

這五個「什麼」，中間的關鍵是名字。在北冥這個地方，有

一條魚這個東西，牠有一個名字。名字為什麼重要？這裡要回想到老子的第一章「道，可道，非常道。名，可名，非常名。」講完道之後，立刻就要講名，為什麼？因為對人來說，人有認知能力，如果沒有概念就不可能進行思想的活動，而概念就是名稱。所以在老子來說也是一樣，講完道就要講名。

莊子了解這一點，因為不講名字的話，大家都會覺得有點抽象空洞。北海有一條魚，什麼樣的魚？牠的名字叫做「鯤」。搞定了！接著就要問，什麼狀況？大得不得了；然後有什麼發展？鯤變化為一隻鳥。

這隻鳥什麼名字？名字叫做「鵬」。什麼狀況，牠的背部寬闊，不知有幾千里。後面發生了什麼？鳥如何奮起高飛等等。所以，你首先學到什麼？任何東西要先有名字，人類才能思考。

其次，莊子為什麼要說這麼大的魚與鳥？「不知其幾千里也」這樣的描述，就是要讓你無法想像，希望你不要用一般的常識去限制牠。因為他要接上《老子》第 25 章所說的「道大，天大，地大，人亦大」。說「道」是大的，完全沒有問題，萬物的來源與歸宿當然至大無比；「天大，地大」也無可置疑，天無所不覆蓋，地無所不承載，但是，「人亦大」就有問題了。人的身體比起馬、牛、象小得很，那為什麼說人也大？

原來人的大不在於有形可見的身體，而在於無形可見的心靈的力量。所以，莊子為什麼要講這樣的寓言來使人側目？他要接上老子所謂的「人亦大」。這個「大」有個特色，就是能夠變化。如果是魚，再怎麼大也不能離開海洋；牠變成鳥之後只需要空氣，自由的程度遠遠超過魚。人也是如此，小時候在一個環境裡面生活，不可能超越，長大之後越來越多的知識讓他可以思

考，心靈的自由顯然擴大提升了。

不但如此，這隻大鵬鳥飛的時候，後面還會談到要飛到九萬里那麼高。但這裡只是先說牠的大，要了解的是「其翼若垂天之雲」，「垂」代表邊，像今天說的邊陲。垂天之雲就是天邊的雲朵。再怎麼大的東西，不可能把整個天空都遮住，但可以看起來像天邊的雲朵，這已經夠大了。

大鵬鳥有什麼活動？牠要從北冥飛到南冥。「冥」這個字是說黑暗、神祕莫測、難以想像，所指的就是某種海洋，因為魚沒有海洋是不能生存的。從北冥飛到南冥，則與中國的地理環境有關。中國在北半球，百姓生活在黃河流域一帶，南方代表太陽、光明、溫暖，所以古代的帝王要面向南方治理百姓，所謂「南面而王」。在《易傳》裡面也提到帝王要「向明而治」，面向光明治理百姓。從北冥飛往南冥，都使用「冥」字，代表牠是從無邊的黑暗，進入到另一種黑暗，就好像人出生以前與死了之後，那種難以理解的情況。但是，你要把握的是人生的過程，從黑暗飛向光明，這才是重點所在。

本章最後加上一句「南冥者，天池也」，南冥是天然的大池，用池來形容「冥」，也說出了冥就是海。從北冥飛往南冥，代表人生不是要停下來的，而是有其方向與目標，要去完成一個任務。這個任務顯然不是人間的某種成就，而是要讓人的精神可以提升到自由翱翔的層次。

莊子在〈逍遙遊〉一開頭，就把老子的思想非常精準地接過來了。任何東西的存在，對人而言，一定先要有名字，沒有名字就無法對它思考，至於它如何存在則是另一回事。有了名字以後，就知道是這個而不是那個。

接著要強調「大」，肯定人的心靈可以無限擴大。莊子在〈逍遙遊〉關於大鵬鳥講了三章，這大鵬鳥後來怎麼樣了？事實上，出了〈逍遙遊〉範圍之外，大鵬鳥不見了，好像真的飛到南冥去了，或者飛到九萬里那麼高，不見蹤影了。莊子可以用的寓言故事很多，鯤與鵬就在這裡出現，後面還有別的許多生物要做為寓言角色，準備上場。

莊子肯定「名」的重要與「大」的涵義，是要描寫人的心靈有一種覺悟的能力，這樣才可以突顯莊子整部著作的明確目標。他不只是在講寓言故事，也不在意是不是真有這種魚變成鳥的事。從他說「不知其幾千里也」這句話，就知道不必為人設下限制。一個小孩子慢慢成長，他的心智能力與精神狀態，是有無限的可能性，這種無限的可能性讓你覺得神妙無比。人不就是如此嗎？每一個人的心智都有無限成長的空間，要像大鵬鳥一樣，先脫離海水，進入空中往上飛，飛到什麼地方？後面會繼續說明。

《莊子》首章提醒我們他的寫作策略。後面還會看到很多例子：什麼地方？什麼東西？什麼名字？名字一出現，就可以掌握到大致的情況，後面再問什麼狀況？什麼發展？這五個什麼，可以說明莊子為什麼講這樣的寓言故事，到底要告訴我們什麼。所有的寓言，都要應用到人的身上。

總之，人本來同天地一樣大，「人亦大」，你不要把自己看小了，你要發展心靈，就是精神狀態的潛能，發展到最後，可以達到逍遙的境界，那才是人生真正的目標。

2〈逍遙遊1・2〉
從天空看地面也是很美的

1・2

　　《齊諧》者，志怪者也。《諧》之言曰：「鵬之徙於南冥也，水擊三千里，搏（ㄅㄛˊ）扶搖而上者九萬里，去以六月息者也。」野馬也，塵埃也，生物之以息相吹也。天之蒼蒼，其正色邪？其遠而無所至極邪？其視下也，亦若是則已矣。

【譯文】

　　《齊諧》，是一本記載怪異事件的書。這本書上說：「當大鵬要往南海遷徙時，水面激起三千里波濤，牠拍翅盤旋而上，飛到九萬里的高空。牠是乘著六月颳起的大風而離開的。」野馬似的空中游氣，四處飛揚的塵埃，都是活動的生物被大風吹拂所造成的。天色蒼蒼，那是天空真正的顏色嗎？還是因為遙遠得看不到盡頭的結果？從天空往下看，也不過是像這樣的情況吧！

　　本段內容是接著前一段的大鵬鳥而來的。先說《齊諧》，這是書名，「諧」是詼諧的「諧」，就是齊國有一本記載各種怪異事件的書。其中提到這一段，說大鵬鳥要遷徙到南海的時候，水擊三千里。「擊」是「激起」，水面激起三千里波濤。為什麼會這樣呢？後面就提到牠是乘著六月颳起的大風而離開的。

在解釋上要分辨清楚，不可望文生義，說大鵬鳥一飛飛了六個月才抵達南海，這如何可能？大鵬鳥這麼大，飛到九萬里那麼高，牠如果飛六個月的話，可能飛到月亮上去了。寓言故事可以誇張，但不能違背人的想像力。

　　莊子是東周人，周朝的六月是夏朝的四月。夏朝的曆法相當於今天的農曆，四月是夏天開始，海洋上的旋風、颱風、龍捲風等，在春夏之交特別多。颶風來的時候，水面上就激起三千里波濤。這是一個時機，可以有機會有條件往上飛了。因為大鵬鳥再怎麼厲害，從魚變成鳥之後，也需要各種條件配合，而不可能靠自己立刻就飛上去。要往上飛就要等待時機成熟。

　　接著說的這句話要留意，原文是「摶扶搖而上者九萬里」，許多人把「摶」念成「搏」（ㄊㄨㄢˊ），「摶」是轉圈圈或團團轉，好像鳥飛的時候是以螺旋式的團團轉，這樣往上升。但並非如此。「摶」這個字，是指拍翅，鳥都是拍翅往上飛的，飛到一定高度，才可以扶搖，就是像由下往上的旋風，現在稱為龍捲風或扶搖風。這一飛，飛到九萬里的高處。

　　九萬里怎麼可能呢？我們搭國際航線的飛機，頂多是幾萬呎。所以莊子不是在說真有客觀上的九萬里那麼高。莊子說的是寓言，他引用的《齊諧》是齊國記載怪異事件的書，不這麼說怎麼可以稱為怪異呢？重要的是什麼？牠飛到這麼高，是要飛到對流層上方進入平流層，如此牠可以乘著風力，這樣就可以不費什麼力氣，往南冥的方向飛去。這邊也講牠是「乘著六月颳起的大風而飛起來的」。

　　注意「息」這個字。後面直接說野馬呀！塵埃呀！生物都是以「息」相吹，這個「息」就是大風。前面的六月「息」也是指

大風。大風吹拂造成的現象，像空中的游氣，四處飛揚的塵埃；這說明萬物都是在大氣的醞釀及發展中，不斷在互動的。

然後，天色看起來蒼蒼茫茫，那是天的顏色嗎？還是因為遠得不得了，看不到盡頭，才有這樣的視覺效果。我們看天空，會覺得藍天白雲很安靜很祥和。事實上，美國的太空船第一次登陸月球時，有一位宇航員回頭看地球說：地球真美。這代表什麼？你從地上看天上，覺得天空很美，你從天上那個位置反觀地球，也會覺得地球很美。

距離容易產生美感。一有距離之後就不會有利用的觀念，不會在乎是否對我有利，還是對誰有利。利害的計較通通取消，只是純粹的欣賞。所以這種觀點非常精彩，距離產生美感。地上看天空多美，倒過來看，天空看地上也一樣那麼美，然後，你活在地上就要敞開心胸，不要斤斤計較每天發生的瑣碎小事，不必多想這個對我有利那個對我不利等等，人與人之間也可以因為有這樣的覺悟，而減少互相之間鉤心鬥角的情況。

莊子最後說：「從天空往下看，也不過是像這樣的情況吧！」意義就在這裡。我們學到了什麼？學到了為什麼莊子在〈知北遊22‧3〉會說「天地有大美而不言」，天地之間充滿了無限的美妙，但它不用說話。它一直「存在」在那兒，就看你從什麼樣的角度，以什麼樣的心態去看它。你如果保持遙遠的距離，不牽涉個人的得失成敗，會發現所有的一切都值得欣賞。

如此一來，活在人間不是喜悅快樂勝過煩惱痛苦嗎？換句話說，從地面看天空很美，因此從天空看地面也很美，然後從地面看地面一樣很美。再從自己看別人，每一個人都有各自的姿態，各自的生命特色，也都值得欣賞。推而至於萬物都值得欣賞。

所以，莊子的意思是，一個人要讓自己的「大」展現出來，接著要往上飛，飛得高飛得遠，代表要有超越性，超越了個人的利害考慮之後，就可以欣賞一切。等這些都準備好了，可以再進一步往南追求光明，追求溫暖。

所以本章為什麼提出《齊諧》呢？這表示他在第一章講「北冥有魚」那一段的時候，是在講一個有根據的寓言故事。這個故事不是莊子自己編造的，是有古代的書可以做為根據的。由此可以了解莊子後面所說的各種寓言故事也都有參考的資料，可惜古代這些資料大都失傳了，加上儒家的教導「子不語：怪、力、亂、神。」（《論語‧述而》）這一類故事大都已經被遺忘在歷史的陳跡裡了。莊子不是想恢復這些古代的傳奇故事，他只是要告訴你：你不要以為我講的是這些生物，我講的其實一直是「人」。

莊子提醒每一個人：你有豐富的潛能，除了身體必須受制於時空條件之外，「心」與「靈」，也就是精神的層次，有無限發展的可能。他要強調這一點，否則光講這樣的寓言，去追究說在什麼地方有這麼大的鳥，或是再回到什麼地方有這麼大的魚，就不是莊子的的意思了，就不是寓言故事，變成研究生物學上有沒有這種東西了。

事實上，當莊子說「不知其幾千里也」，等於一句話就讓人的理解力完全消解，完全沒有用武之地了。

現在需要的是什麼？是以心靈去想像及體驗。我們且讓莊子繼續發揮。他的習慣是在講了寓言故事之後，會表述他的心得，或者綜合起來概括成幾句話。那才是他要告訴我們的。

3 〈逍遙遊 1・3〉
莊子搭過飛機嗎？

　　這個題目聽起來有點像開玩笑的口吻，但不要忘記，大鵬鳥往上飛到九萬里那麼高，再往南冥飛去。我們搭飛機先是往上飛，到了目的地還要落地的。所以在這裡可以聯想到思想上的一種發展，就是所謂的「上回向」與「下回向」。

　　一個人的思想如果沒有擺脫現實生活的範圍，那麼他永遠只能考慮每天發生的事，各種具體的利害關係。他如果往上提升，暫時超越這一切，就可以看看能有什麼樣的心得。

　　方東美先生講過一個經驗。他是安徽桐城人，第一次到北京的時候，去參觀天壇這個著名的古蹟。他在天壇四周繞了幾圈，怎麼看都很難理解天壇的建築有什麼特別的地方，這個時候忽然聽到天上傳來雁子的叫聲，他立刻把注意力投射到雁子身上，從那個角度再回頭去看天壇，然後由此掌握到天壇的全貌。

　　這個故事說明什麼？說明要了解莊子的思想，必須提升心靈到一個高度，才能看到全貌。否則永遠在一些枝節上面打轉，探究這個字什麼意思，那個字什麼意思，恐怕很難學會莊子的思想。

　　現在進展到〈逍遙遊〉的第三章，就根據前面兩段談到到鯤變成鵬、鵬往上飛的寓言，做了一個簡單的結論。

1・3

且夫水之積也不厚，則其負大舟也無力。覆杯水於坳（ㄠ）

堂之上，則芥為之舟；置杯焉則膠，水淺而舟大也。風之積也不厚，則其負大翼也無力。故九萬里，則風斯在下矣，而後乃今培（ㄆㄨˇ）風，背負青天而莫之夭閼（一ㄢ）者，而後乃今將圖南。

【譯文】

再說，積存的水不夠深，它就無力承載大船。倒一杯水在低窪之處，只有小草可以當船；放上杯子它就著地不動了，這是水淺而船大的緣故。積存的風不夠大，它就無力承載巨大的翅膀。所以，大鵬飛到九萬里的高空，才算抵達風的上方，這樣才可以乘著風力，背靠著青天完全沒有任何阻礙，然後才可以開始飛向南方。

前兩句用水與風做比喻，說的是我們可以檢驗的常識。的確，你在家裡門前的凹地倒一杯水，可以用一片小草當船，但是放一個茶杯，一放就著地。為什麼？要浮起茶杯需要更大量的水。接著說到風，風才是這裡的重點，風的累積不夠深厚的話，怎麼承載那麼大的、不知其幾千里的大鵬鳥呢？所以一定要飛到高處，飛到高處才能累積深厚，所以莊子特別強調九萬里。

古人喜歡講九，是因為數字一到九是單數，十就變成兩位數然後可以一直累積下去了。所以一到九這個「九」變成到了極點，然後風就在下方了。

接著有一個詞，原文說「而後乃今培風」，「而後乃今將圖南」。「而後乃今」是說前面的條件具備了，然後你才可以做什麼事。這說明人在修練的時候必須一步一步來，不可能一步登

天,立刻就有什麼成果。

譬如,有一個美國人,想要練武術替自己的哥哥報仇。他去日本找一個武術大師,問他說:我要多久可以練成武術,成為合格的武師,可以打敗我的敵人?師父說:大概十年。他說:我能不能加倍努力,別人休息我繼續練習,這樣可不可以早一點畢業?師父說:你加倍努力是嗎?那就需要加倍的時間才可畢業。

比別人加一倍的時間練習,就要比別人加一倍的時間才能畢業。這不是數學,他在說什麼?學習功夫要漸漸累積實力,才會水到渠成,如果你說,要一步併兩步趕快跑到終點,你可能會摔跤。

這裡有個詞,要注意讀音,就是「培風」,原文是要念成「培(ㄆㄡˇ)風」,「培」字在此表示憑藉,憑藉的「憑」字與它相通。

學莊子的困難之一,是形音義的問題。形狀類似意思相通,聲音類似意思相通,所以很多字不能只看現在的讀法。現在講「培風」當然沒問題,但原文講的是「培(ㄆㄡˇ)風」,是憑藉風力而不是培養風力,因為大鵬已經到了九萬里那麼高,還要培養什麼呢?

抵達風的上方,表示早就培養完成了,現在要「憑藉」這麼高的位置,就是在風的上方,如此背靠著青天完全沒有任何阻礙。

有一年我到馬來西亞去講學,當地華人辦的學校稱為「獨中」,裡面就有一所學校叫做「培風」中學。我在開始時,稍微講解《莊子》這一段,從校長到老師到學生都一臉茫然。因為培風中學聽起來很好,要培養深厚的實力,基本上沒有問題。但

是，說到出處是莊子〈逍遙遊〉，並且要念成「培風」，培是憑藉的意思。我們現在學《莊子》，很多詞與一般的用法不一樣。語言文字的意思以約定俗成為主，但還是應該了解《莊子》的原意是什麼。

其次，「而後乃今」所說的是「將圖南」，「將圖南」代表什麼？

現在已經到那麼高的地方，風在下方了。你看老鷹飛翔，翅膀可以不用拍了，因為牠在風的上方，雖然不至於到整個風的上方，至少比麻雀高太多了，麻雀拚命拍翅膀也飛不高。老鷹在空中不需要拍翅，稱為翱翔，大鵬鳥更厲害千萬倍，這時候可以怎麼樣？

飛那麼高是有目的的，可以開始飛向南方。

前面第一章提到要從北冥飛往南冥。對於人生，雖然你不知道怎麼來的，也不知道將去何處，但還是有一個發展的方向。人生是有目的的，要讓自己的「大」從潛能變成實現，讓它展示出來。至於「發展」，要透過人的理解力及想像力，就是一般說的「認知」方面的能力，這當然需要精神上的修練，同時要不斷往上提升。所以我們會問：莊子搭過飛機嗎？

方東美先生說過，莊子是一個宇航員或太空人。他等於是搭過火箭的，因為飛機頂多飛三萬呎，飛到九萬里，不是到了外太空嗎？這個時候才能看見前面所說的，地球真美。因為所見的周圍的星球只有地球是彩色的：海洋是藍色的；北方飄雪是白色的；南方的森林是綠色的；黃土高原是黃色的，這是多美的地球！

但更重要的是發現什麼？真正美的是人類做為萬物之靈。所

以從這裡可以知道，原來莊子的思想是有層次的。年輕時有所等待，是因為人活在世界上不可能一步登天。很多人羨慕禪宗的「頓悟」，但沒有前面漸漸的修練，你「頓悟」什麼？「頓悟」之後也可能很快忘記。

所以在這裡我們學到了《莊子》的成語，確實有所啟發。譬如一個孩子學校畢業了，你祝他「鵬程萬里」，進入社會工作之後希望他「扶搖直上」，這些都是很好的觀念。如果想要逍遙自在，也可以說「野馬塵埃」，好像大風吹起來讓許多生物在空中飛舞，事實上這是被動的。更重要的是主動讓自己的生命有個方向，向著光明去發展。

並且我們學會了什麼是「培風」？你必須往上飛到高處，高到不能再高，然後才有所「憑藉」，那種憑藉讓你可以不費什麼力氣，自然就可以無心而為了。

4 〈逍遙遊 1・4〉
麻雀為什麼嘲笑大鵬鳥？

　　〈逍遙遊〉前面三章，兩度提到大鵬鳥寓言，最後描寫牠是如何飛到九萬里那麼高，到風的上方再憑藉風力，向南冥飛去。這個寓言故事中，還有三個小角色也要上場。如果少了這三個小角色，寓言就不完整了。大鵬鳥如果只顧自己的目標及方向，而沒有對照，就顯不出這個寓言的全貌。

　　寓言所針對的都是人的世界。莊子學習老子，要突顯人之「大」，這個「大」是指發展心靈的潛能，再往上飛，飛到很高的地方。然而，天下像「大鵬鳥」這樣的人有幾個？那麼大多數人怎麼辦？大多數人難免從他們的角度用他們的眼光來判斷，質疑這是怎麼回事。所以接著上場的是蟬與小鳥。

　　這兩隻小東西一輩子沒有離開過牠們居住的樹林，這時發現遮天蔽日，就問：這隻大鵬鳥在幹什麼？我們也是會飛的，有必要那麼麻煩嗎？一個人自己不具備條件，有時候就會反過來諷刺別人，說何必呢？有必要嗎？人生不就是過日子嗎？你這樣**轟轟烈烈**到底在幹什麼？

　　人與人之間是不容易了解的，從這裡也看得出來。所以接著的第四章材料不多，莊子就分兩段來說。

　　第一段是「蟬與小鳥笑之曰」，笑是嘲笑。後面提出簡單的質疑：同樣是飛翔，何必飛那麼遠呢？原來去近的地方與去遠的地方，準備工夫是完全不一樣的。

1・4

　　蜩（ㄊㄧㄠˊ）與學鳩笑之曰：「我決起而飛，搶榆枋（ㄈㄤ）而止，時則不至而控於地而已矣，奚以之九萬里而南為？」適莽蒼者，三飡（ㄘㄢ）而反，腹猶果然；適百里者，宿舂（ㄔㄨㄥ）糧；適千里者，三月聚糧。之二蟲又何知！

【譯文】

　　蟬與小鳥譏笑大鵬鳥說：「我們一縱身就飛起來，碰到榆樹、枋樹就停下來，有時飛得不高，落在地上也就是了。何必要飛到九萬里的高空，再往南飛去呢？」前往附近郊外的人，只要帶著三餐，回來的時候肚子還是飽飽的；前往百里之遠的地方，就要準備過夜的糧食；前往千里之遙的地方，就要積蓄三個月的糧食，你們這兩個小東西又知道些什麼呢？

　　本章前半段是蟬（古代稱為蜩）與小鳥對大鵬鳥的嘲笑；後半段是莊子簡單加以評論。我念小學的時候去郊遊，去郊遊就想到吃三明治，因為三明治是比較方便攜帶的食物。吃完三明治也忘了去那邊做什麼。回來以後肚子還飽飽的，就跟本章所描寫的差不多。

　　去百里之遠的地方就要準備過夜的糧食，這個準備比較麻煩；那麼千里呢？當然更費工夫了。對照來說的話，蟬與小鳥沒有那種考慮，牠們想的是：我也會飛！我跳起來就飛了，飛到樹上就很高興，上不了樹，頂多落在地上就算了。何必要這麼麻煩？飛到九萬里那麼高，然後再往南方飛去。

逍遙遊　第一　53

人都習慣生活在自己的舒適圈中，與同溫層的人互相取暖。這是自然的現象，也沒有什麼好批評的。世界上大多數人不就是這樣過日子嗎？從祖先一路下來很多人也都這樣過，也可以維持一個社會的穩定啊！

　　莊子對這些都很清楚。事實上，從外表看莊子，他同一般人沒什麼差別，日子過得很平凡也很無奈。外表同別人可以一樣，一樣的生活模式、生活內容。但是做為一個人，最大的特色是心靈有潛力可以不斷發揮與提升。人有身心靈三個層次，一般人常把身體當作基礎，心與靈兩個字合在一起說。我們將來會談到心與靈的區分。道家認為人活在世界上，同其他生物不一樣，人是萬物之「靈」，「靈」在何處？

　　《老子》一書又名《道德經》，「道」是萬物的來源與歸宿；「德」是萬物各自從道所獲得的本性。人的本性最明顯的就是認知能力，認知能力屬於「心」，所以「心靈」二字合在一起，意思是：從心開始要往「靈」的層次發展。

　　怎麼發展呢？從「知」開始。人有認知能力，自然會想知道什麼情況，但人的「知」受限於時間及空間。空間比較明確，像蟬與小鳥一輩子沒有離開過一座樹林，如果讓牠們離開熟悉的樹林，能不能存活是個問題。這是空間的限制。

　　時間方面更麻煩，下一章會就「時間」舉例說明。這一章看到的「空間」確實如此，所以莊子設法在「空間」上做個對比。到附近的郊外走走，或者到百里之遠，進而到千里之遙，你要準備什麼？所謂準備，是說要飛到九萬里那麼高，才能夠抵達風的上方，才可以培風。如果只是在樹林裡面跳來跳去，那個算飛嗎？當然也算，蟬與麻雀的本能就是會飛，但是有必要只限於這

樣的地方嗎？

莊子的意思是，他並不質疑一般人的生活方式，他要強調的是不可忽略人的「大」，人需要培養、轉化、提升，然後立定一個飛行的目標。

首先把《莊子》編成 33 篇的是誰？是魏晉時代的郭象（252-312），郭象在編完之後，做了注解。中國的經典有一個傳統，誰最先把一部書編成，誰就有權力先做注解，他的注解會受到高度的重視。但郭象畢竟是魏晉時代的人，那個時代的氣氛不好，所謂「名士少有全者」，念書的人都有危險，所以大家都喜歡講「三玄」（《老子》、《莊子》、《易經》），談玄說理比較安全，不要去碰政治立場或教育原則這些與現實有關的問題。

如此一來，郭象的思想也受到限制。談到大鵬鳥與其他小東西對照的時候，他認為「小大雖差，各任其性」，小有小的本性，大有大的本性，大鵬鳥這麼「大」當然要飛那麼高，不飛的話牠的本性怎麼發展？

如果蟬與麻雀飛那麼高，早就被風吹走了！既然是不可能的事情，何必要求蟬與小鳥？問題是：這樣講的話，就忽略《莊子》寫寓言的用意了。

再強調一次，所有的寓言都是藉著外在的生物，包括植物與動物都在內，或者虛擬的人物，來講「人」的。講的是當時的人，也是每一個時代的每一個人。若非如此，怎麼算是寓言？難道莊子要我們研究生物學嗎？

如果研究生物學，首先要問：哪有那麼大的魚？哪有這麼大的鵬？你肯定蟬與小鳥的本性是在小範圍裡面飛飛就算了，那還

逍遙遊 第一 55

談什麼寓言故事？所以在這裡對於最早編輯《莊子》的郭象，我要提出簡單的質疑。因為如果照他說的「小大各適其性」，人生還需要努力嗎？莊子又何必寫這麼多東西？

事實上，莊子在〈天下〉特別提到自己，他怎麼描寫自己呢？

莊子說：「他用悠遠無稽的說法、廣大虛幻的言談、漫無邊際的語詞來表達他的思想」。由此可知，他有思想所以才要這樣說，他如果沒有自己的思想，何必拿這個來麻煩我們？

5〈逍遙遊 1・5〉
人可以突破時間的局限嗎？

前面出現蟬與小鳥嘲笑大鵬鳥，莊子做了初步的辯護，就是：看你要去哪裡，準備的工夫自然不一樣。本章進一步說明在「空間」方面固然有其限制，但「時間」方面的限制也很明顯。以「空間」來說，如果一個人在太平洋裡的一個小島，從來沒有見過廣大的陸地，你告訴他有一個喜馬拉雅山，有一個撒哈拉沙漠，他如何理解？

同樣的，一個人住在山區裡的小鄉村，你對他說有一個海洋一望無際，他也無法理解。空間的限制對人來說太明顯了，上一章提過蟬與小鳥受制於「空間」，本章所強調的是「時間」方面的限制。

1・5

小知不及大知，小年不及大年。奚以知其然也？朝菌不知晦朔（ㄕㄨㄛˋ），蟪（ㄏㄨㄟˋ）蛄（ㄍㄨ）不知春秋，此小年也。楚之南有冥靈者，以五百歲為春，五百歲為秋；上古有大椿（ㄔㄨㄣ）者，以八千歲為春，八千歲為秋，此大年也。而彭祖乃今以久特聞，眾人匹之，不亦悲乎！

【譯文】

小知識比不上大知識，小壽命比不上大壽命。怎麼知道是這

樣的呢？朝生暮死的菌蟲不明白什麼是一天的時光；春生夏死、夏生秋死的寒蟬不明白什麼是一年的時光。這些屬於小壽命。楚國南方有一棵冥靈樹，以五百年為春季，五百年為秋季；上古時代有一棵大椿樹，以八千年為春季，八千年為秋季，這些屬於大壽命。彭祖活了八百歲，到現在還以長壽特別知名，一般人跟他相比之下，不會覺得悲哀嗎？

所謂「小知不及大知」，是在總結前面所說的。接著說小壽命比不上大壽命，這是就「時間」上的長短來說的。但這裡先說明一點，莊子不會希望你特別長壽，他只希望你安於天年。「天年」就是自然的壽命，該活多久活多久，不要刻意去養生，當然也不要輕意讓自己陷入危險。

接著提到了兩種小生物。首先，「朝菌不知晦朔」，有的菌蟲是朝生暮死，牠怎麼會知道什麼是白天晚上？同樣的，有的寒蟬，像夏天生秋天死的，沒有過完春夏秋冬四季，怎麼知道什麼是一年？確實如此。

接著要講到大壽命，這裡特別有趣。

莊子說，楚國南方有一棵冥靈樹。原文所說的「冥靈」一詞有些爭議。有些人說楚國南方有一隻南海靈龜，這個扯得太遠了。他講的就是一棵樹，叫做「冥靈」。

在《列子‧湯問》有個注解，說「冥靈者木名也」，冥靈是樹木的名字，生在江南，「以葉生為春，葉落為秋」。這一點說得好，要不然以五百年為春，以五百年為秋，怎麼回事呢？一年不是四季嗎？它如何以「五百年為春，五百年為秋」？春季代表長葉子，五百年才能長成，然後再五百年葉子才會掉落，以「葉

生與葉落」代表生長的規律,這是合理的說法。如果是烏龜,請問烏龜如何以「五百年為春,五百年為秋」?怎麼計算?看龜殼嗎?

前面先說兩個最短暫的生物:菌蟲與寒蟬;接著講兩個長壽的植物,大樹一般比起動物要長久,沒有問題。然後呢?

上古時代有一棵大椿樹,「八千年為春季,八千年為秋季」,就是八千年才把樹葉長成,這樣的樹葉要落的話也需要八千年。前面冥靈樹,五百加五百,一千年,大概存活一千年;大椿樹八千加八千,一萬六千年,實在夠長久了。

這說明什麼?「小」與「大」在時間上怎麼比?

接著談到彭祖。彭祖是莊子書中第一位上場的古代人物。真有這個人嗎?據說在堯的時代,把他封在彭城,一直到商朝,活了八百多歲,他還常常覺得自己活得不夠久。為什麼叫他彭祖?因為他封在彭城並且活得很久,很多人的祖先與他是同一個時代的。《莊子》書中多次提到彭祖,以他為長壽的代表。一般人同他相比的話,不是會覺得悲哀嗎?我們頂多活一百歲,只有他的八分之一。活得久固然好,但也不能封閉在一個小空間裡。

譬如,晉朝的陶淵明(365-427)寫了一篇《桃花源記》,他描寫一個漁夫無意中跑進「桃花源」,同裡面的人聊天,才知道他們為了躲避秦國的戰禍,就逃到裡面去了,問「今世何世」,然後是「不知有漢,何論魏晉」。連漢朝都沒有聽說過,怎麼會知道現在到了晉朝?

如果封閉在一個像桃花源這樣的「空間」裡,對外面世界的變化完全不清楚,那就沒辦法了。「空間」的限制最直接,「時間」的限制最明顯,甚至不知道「今世何世」。

但人還是不一樣的。如果必須活到像彭祖這麼老才有智慧的話，誰有希望呢？人的生命不會受限於此。

我們學習道家，一定會提到老子《道德經》王弼的注解。王弼另外也注解了《易經》。宋朝編的《十三經注疏》中，《易經》部分就以王弼的注解做為代表。王弼活了幾歲？226到249，24歲。

同時，講到佛學的話，有一位從印度來的大師鳩摩羅什（344-413），他在中國有四大弟子，其中一位叫做僧肇。僧肇寫了三論，就是《般若無知論》、《不真空論》與《涅槃無名論》。這三論是研究中國佛學甚至中國哲學，都不能錯過的重要材料。

僧肇的年代從384到414，也不過活了31歲。我舉王弼與僧肇做例子，可以知道一個人到了20歲上下，就是念大學這個階段，思想已經趨於成熟，接著就看是否用功，是否有領悟的能力。如果既用功又聰明，然後認真去體會、去覺悟深刻的思想，那就沒有問題。不用活到800歲，甚至也不必活到80歲。他在人類智慧的成果上留下來的資料，可以傳之後代，勝過許多年紀大的人。

所以談到人的世界，情況就是不太一樣。一般來說，「年」決定「知」，活得越久就會知道越多。只有人可以不受這種限制，但需要下功夫。我們一再強調，莊子希望你活完自然的壽命，活得多久不是問題，但重要的是要悟「道」。如果沒有悟「道」，活得長短沒有什麼差別。悟「道」在道家來說，是唯一重要的事。人生有開始有結束，如果沒有悟「道」，就錯過這一生的目標。

因此大鵬鳥的寓言，這裡得出一個簡單的結論。人難免受到空間上與時間上的限制，但只要活到 20 歲上下，思想成熟了，可以獨立思考，後面的發展就全看自己了。

6〈逍遙遊1‧6〉
有理想的人難免被人諷刺

　　本章第三度上場鯤與鵬的寓言故事，可以看看莊子的說法有什麼不同。同時在這裡，水澤邊的麻雀也上場了，牠要加入蟬與小鳥的隊伍，一起來譏笑大鵬鳥。

　　在本章，首次出現了所謂的「重言」。莊子寫作的筆法有三，「寓言」占了十分之九，「重言」占了十分之七；這是因為寓言裡面又有「重言」。「重言」就是借重古人的話。為什麼要借重古人？因為當時莊子還沒有什麼名聲，也談不上什麼成就，他說的話別人不想聽，借重古人就不一樣了。

　　譬如本章借重了商湯，商朝的開國國君。像這樣的歷史人物，用他來當作說話的主要角色，別人就會豎起耳朵來聽：這個人這麼偉大，他的見解一定很特別吧。所以古代的聖賢，常被莊子借重來表達思想。首先上場的是商湯與他的一位大夫。

1‧6

　　湯之問棘（ㄐㄧˊ）也是已：「窮髮之北，有冥海者，天池也。有魚焉，其廣數千里，未有知其修者，其名為鯤。有鳥焉，其名為鵬，背若泰山，翼若垂天之雲，摶扶搖羊角而上者九萬里，絕雲氣，負青天，然後圖南，且適南冥也。斥鴳（ㄧㄢˋ）笑之曰：『彼且奚適也？我騰躍而上，不過數仞而下，翱（ㄠˊ）翔蓬蒿（ㄏㄠ）之間，此亦飛之至也，而彼且奚適也？』」此小大之辯也。

【譯文】

商湯詢問棘，得到這樣的說法：「在草木不生之地的更北方，有一片廣漠無涯的大海，是個天然大池。那裡出現一條魚，魚身寬達幾千里，沒有人知道牠有多長。牠的名字叫鯤。那裡出現一隻鳥，名字叫鵬，牠的背像泰山這麼高，雙翅有如天邊的雲朵。牠振動翅膀盤旋上升，直到九萬里的高空，凌越雲氣，背靠青天，然後飛向南方，準備前往南海。

水澤邊的麻雀譏笑大鵬說：『牠要飛到哪裡去呢？我一跳躍就飛起來了，不到幾丈高就落下，在蓬蒿草叢中翱翔，這也是飛行的絕技啊！牠還要飛到哪裡去呢？』」這就是格局小與格局大之間的分別。

我們看到，第三度出現的鯤鵬寓言，與前面兩次不太一樣。這一次是商湯請教一位大夫棘，棘顯然滿有學問，懂得奇奇怪怪的事，他就向商湯轉述這樣的故事。

他說最遠的北方有一個冥海。從「冥海」這兩個字，就知道我們在第一章把「北冥」翻成「北海」是有根據的。第一章提到「南冥，是一座天然大池」，「北冥」自然也一樣，就是冥海。

這裡唯一沒有提的是「魚變化為鳥」。但是在同一個地方，同一個天然大池裡面，這麼大的魚與這麼大的鳥，如何可能兩個一起存在？所以在那個空間裡面，魚變化成鳥，是合理的。

這裡再一次說了，大鵬鳥雙翅張開有如天邊的雲朵，《莊子》已經兩次說到「垂天之雲」都是指大鵬鳥。你將來會發現還有一次不是描寫大鵬鳥，是描寫什麼？等看到再說。

前面的蟬與小鳥嘲笑了大鵬鳥，現在換水澤邊的麻雀來了。

這說明什麼？在大鵬鳥的寓言中，確實會引起其他小生物的側目。

理想有時很難分享，因為別人不覺得有這個必要。這裡還是要注意一個字，就是「搏（ㄅㄛˊ）」，我們前面說過不要念成摶（ㄊㄨㄢˊ），「搏」好像團團打轉，不是鳥在起飛時的動作。

鳥開始起飛一定要拍翅膀，「搏」就是「拍」的意思，拍動翅膀。後面講扶搖加上羊角，是指螺旋式的上升。大鳥拍翅膀往上飛的時候，不是一飛衝天，而是盤旋而上。所以是「搏」扶搖羊角而上。像這些小地方不要誤讀，否則理解上會有困難。

寓言故事原本不必那麼計較，只要了解了基本的構想，知道都是在講「人」就可以了。這一次水澤邊的麻雀表態了，牠認為自己在蓬蒿草叢中翱翔，也是飛行的絕技啊！原文說「此亦飛之至也」，「至」代表最高水平。的確，牠看到地上爬的昆蟲，飛舞的蝴蝶這些小東西，牠覺得自己與牠們比較起來，已經很了不起了。牠就像將來在〈秋水 17・11〉會看到的「埳井之蛙」寓言。那隻蛙可不得了，牠在井底看到小蝌蚪或其他小蟲，當然認為自己有資格稱王稱霸。牠就是那個格局，只能看到這麼大的地方，牠還能怎麼樣？

本章值得注意的是「重言」的出現。莊子後面使用「重言」的地方非常多，包括古代有名的帝王，從黃帝以前，連伏羲氏在內，到後來的堯與舜，太多重要的人物了。

不過莊子對這些古人，連同孔子在內，也作了許多批評。他憑什麼有條件去批評古代所謂的聖賢？莊子有一套自己的觀點，根據道家的立場，不再以人為中心去思考人類所建構的狹隘的價

值觀。他要跳開人類所定的價值觀，如此才可以避免人類社會的各種紛紛擾擾，從根本上化解一治一亂的困境。但是要注意一點，莊子希望能出現的是悟道的個人，而不再是老子心目中的聖人或悟道的統治者。

莊子生當戰國時代中葉，沒辦法與那些統治者溝通，他只有期望什麼？少數個人覺得這樣的人生不夠理想，於是提升自己的心靈層次。如果人生還有更高的境界可以追求，那麼這樣的人看到《莊子》的文章就會覺得「於我心有戚戚焉」。

下一章會談到莊子對於逍遙的描述，前面講了三次鯤與鵬的故事，其實聚焦於大鵬鳥。至於成為大鵬鳥在人的實際生活上又會造成什麼樣的差異，後面會加以說明。

〈逍遙遊〉的內容還算清楚，莊子三度談到大鵬鳥的寓言，但他不是為了讓你覺得有趣，他是設法從三個角度三個來源，展現大鵬鳥的寓言，目的是要說明「人」不能夠只做一個平凡的人，走在人間就這樣平凡過一輩子，那太可惜了。

人的身與心要經過磨練、修練再提升上去，然後展現靈的力量。人的生命確實奧妙無比，經過莊子的示範你才知道，原來古人有這樣一種對人生的了解及體驗，而這種體驗充分顯示了對人的肯定與尊重，認為人性不是只有表面所見的一種層次，還可以不斷往上提升。

7〈逍遙遊 1・7〉
天下人都批評，你也不沮喪

　　〈逍遙遊〉第七章把前面六章做個總結。本章材料豐富，首先指出古代是一個階級有明顯區分的社會，能夠加入統治階級並且做得不錯，應該很好了。但是在莊子看來，這些都是平凡人，他們的努力在社會上取得相對的成就，都屬於蟬、小鳥、麻雀的層次。如果往上走的話，莊子另外列出三個層次。

　　第一層，在人間可以不受任何干擾。
　　第二層，同自然界的條件配合，可以過得自由自在。
　　第三層，到了真正逍遙的境界。

　　到了第三層，莊子提到三種人：至人，最高境界的人；神人，神妙其用的人；聖人，這個聖人近似老子的聖人了。這三種人都是悟道的，只有悟道才能逍遙。這是怎麼回事？我們先看原文。

1・7
　　故夫知效一官，行比一鄉，德合一君，而徵一國者，其自視也亦若此矣。而宋榮子猶然笑之。且舉世而譽之而不加勸，舉世而非之而不加沮，定乎內外之分，辯乎榮辱之竟，斯已矣。彼其於世未數（ㄕㄨㄛˋ）數然也。雖然，猶有未樹也。夫列子御風而行，泠（ㄌㄧㄥˊ）然善也，旬有五日而後反。彼於致福者，未數數然也。此雖免乎行，猶有所待者也。若夫乘天地之正，而御六

氣之辯，以遊無窮者，彼且惡（ㄨ）乎待哉！故曰：至人無己，神人無功，聖人無名。

【譯文】

　　因此，那些才智可以擔任一個官職，行事可以造福一個鄉里，德行可以投合一位國君，以致能夠得到一國民眾信任的人，他們看待自己的態度也和小麻雀一樣了。宋榮子就嘲笑他們。對宋榮子而言，即使全世界的人都稱讚，他也不會特別振奮，即使全世界的人都責備，他也不會特別沮喪。他能確定內在自我與外在事物的分際，辨別榮耀與恥辱的界限，只需如此就可以做到這一點。這樣使他不會汲汲追求世間的成就。宋榮子的表現雖然不錯，還有尚未達到的境界。

　　再看，像列子能夠乘著風勢而飛行，姿態輕巧美妙，過了十五天才回來。他對於圓滿的幸福並未汲汲追求。這樣雖然免於步行之累，還是要等待風力的配合。然後呢，如果有人能夠順應天地的的常道，由此把握自然界的變化規律，再遨遊於無窮的境界，那麼他還要等待什麼呢？所以說：至人化解自我，神人化解功績，聖人化解名聲。

　　本章開頭是說，有些人才智很高、能力很強，德行也不錯，由此得到一個國家的民眾所信任。但是在莊子看來，這些人與小麻雀差不多。我們不忍心這樣說，事實上小麻雀在牠的生活範圍中，也是一家之主，說不定是一方之霸。秦少游（1049-1100）的詞：「行到小溪深處，有黃鸝千百。」那千百隻黃鸝鳥在小溪深處，不就是自成一個王國、一個天下嗎？

逍遙遊　第一　67

接著，莊子提到三個層次的代表：第一位是宋榮子，第二位是列子，第三位就是至人、神人與聖人了。宋榮子在《莊子》最後一篇〈天下〉介紹古代七派思想的時候，有他的位置。但是宋榮子的水平誰做得到？想想看，全世界的人都稱讚，他不會特別振奮，全世界的人都責備，他不會特別沮喪。

說到這裡，我想到自己在美國念書時的一次簡單的觀察。我在耶魯大學念書，指導教授教是教宗教哲學的。他的口才表達原本就不錯，有一天上課的時候，不知道為什麼講得特別精彩，下課的時候一百多位同學忍不住全班鼓掌。這種事在美國大學裡是很少見的。美國大學生很少給老師鼓掌的，學生交了學費來聽課，老師講的好是應該的，下完課大家就走了，下星期再來上課。現在居然全班自動鼓掌，這位老師嚇了一跳，我當場注意到他臉色微變，有一點驚訝的樣子，似乎很享受那個感覺。我坐在教室第一排中間，看到他的表情，想起宋榮子的說法，我就知道他後面會有麻煩。

為什麼？一班同學一百多人鼓掌他就很興奮，那麼以後怎麼辦？果然，他以後每週來上課，下課的時候都會停個 10 秒鐘看看大家，但是從此以後沒有人再鼓掌了。那個鼓掌是偶爾一次意外，因為教授上課有時候講得特別精彩，學生忍不住就要鼓掌，但是你以為學生每一次都會這樣做嗎？後來他看沒有人理他，就垂頭喪氣走了。

一班同學稱讚他，他就很振奮，一班同學不理他，他就很沮喪。天下做老師的，幾人能超過這個水平？但宋榮子說的是全世界。莊子這種標準，我看了之後只覺得頭昏，一輩子也練不到萬分之一。

宋榮子的特色何在？就是不受人間干擾。他認為，人要區分內在與外在。內在的自我是根本，別人各種外在的反應，來來去去、多多少少、好好壞壞，不必太在乎。一般人都是重外而輕內，很容易受外在的一切所影響，現在開始要練習重內而輕外。重內輕外不是不理會別人，而是肯定自己心裡有數。所謂「文章千古事，得失寸心知」，別人說我的文章寫得好或寫得不好，其實我自己知道哪裡寫得精彩，哪裡寫得不夠理想。自己知道的話，何必在乎別人的批評？別人怎麼批評的呢？他今天心情好就說你好話，心情不好就說你有什麼問題。你何必在意這些？宋榮子的祕訣是分辨榮耀與恥辱的界線。我們先以這一點做為學習目標。

第二位代表是列子。《莊子》全書的倒數第二篇是〈列御寇〉，所指的就是列子。他是鄭國的思想家，在《莊子》書中出現了七次，每一次出場都很有意思，莊子多次描述他好學，認真向悟道者學習，獲得指教都非常感謝，也努力去實踐。

本章說「列子御風而行」，乘著風勢而飛行。這種說法也有一些根據。

《列子》一書是晉人張湛所編，但其中很多材料還是有古代的根據。《列子》有一篇〈黃帝〉，說列子學道之後，乘風而歸，隨風東西，好像一片樹葉，風往東吹他往東飄，往西吹就往西飄。我們很難想像是怎麼回事，最後他說：我真的不知道是風在乘著我，還是我在乘著風？這樣的心態實在瀟灑。

他的境界比宋榮子更高一層。宋榮子提醒自己不要受人間的干擾，列子進一步配合自然界的條件而行動，但在此之上，還有第三層的最高境界。就是：順應天地的常道，把握自然界的變化

規律,再遨遊於無窮的境界。這三句話第一次看,不太清楚在講什麼,因為太抽象了,重要的是兩個字:無待。

能做到這三句話,「乘天地之正,御六氣之辯,以遊無窮」,還等待什麼?逍遙一定要「無待」。無待於人的世界的支持,也無待於自然界條件的配合。外在適應各種變化,內在保存真正的自我,再去遨遊於無窮的境界。莊子列舉了三種無待的人,他們的表現如何?

一,至人無己,至人化解了自我。至人是指最高境界的人,他與道合一,化解自我而沒有任何執著。二,神人無功,神人化解了功績。「神」字是描寫奇妙的功效或作用,在凡人眼中無比神奇,有如鬼斧神工。但是神人悟道,既不費力也不居功。三,聖人無名,聖人化解了名聲。聖人在人間受到普遍的頌揚,但是他悟道而逍遙,不受名聲所拘束。

莊子並列這三者:至人化解自我,神人化解功績,聖人化解名聲。這表示超越自我、功績與名聲,才是真正的逍遙。這三者所指都是悟道的個人。

總之,人在悟道的過程中,先要了解凡人「重外而輕內」,要知道本章開頭所描寫的那些在人間取得成就的人,都是受制於時空條件及世俗價值觀的作為。因此,第一步要設法「重內而輕外」,以宋榮子為示範,排除人間一切干擾。第二步要學習列子,與自然界配合無間。超越人間再協調自然界,其目標是「有內無外」。再進一步要想達到「無待」之境,則須化解自我(至人),化解功績(神人),化解名聲(聖人)。這樣才是悟道並且與道合一的真正逍遙。

8〈逍遙遊1‧8〉
一隻鳥需要一座森林嗎？

〈逍遙遊〉第八章進入到重言的世界，借重古人的話。這次借重的是大人物，堯與他的老師許由。說到許由，真的有這個人嗎？司馬遷在《史記》寫〈伯夷列傳〉的時候指出，聽說許由在箕山隱居，他還前往箕山，探望許由的墳墓。本章所說的堯是天子，許由是老師。堯知道老師的智慧、能力、德行都比自己高，所以想把天下讓給老師。在《莊子》書中，五次談到堯要把天下讓給許由這件事，許由怎麼辦？他逃之夭夭，就是不要當天子，不要當帝王。

現在，本章第一段是堯把天下讓給許由；許由怎麼回答？第二段再說。

1‧8

堯讓天下於許由，曰：「日月出矣，而爝（ㄐㄩㄝˊ）火不息，其於光也，不亦難乎！時雨降矣，而猶浸灌，其於澤也，不亦勞乎！夫子立而天下治，而我猶尸之，吾自視缺然，請致天下。」許由曰：「子治天下，天下既已治也，而我猶代子，吾將為名乎？名者，實之賓也，吾將為賓乎？鷦（ㄐㄧㄠ）鷯（ㄌㄧㄠˊ）巢於深林，不過一枝；偃（ㄧㄢˇ）鼠飲河，不過滿腹。歸休乎君，予無所用天下為！庖人雖不治庖，尸祝不越樽（ㄗㄨㄣ）俎（ㄗㄨˇ）而代之矣。」

逍遙遊 第一 71

【譯文】

　　堯要把天下讓給許由，他說：「日月都出來了，而燭火還不熄滅，靠燭火來光照世界，不是很困難嗎？及時雨都降下了，而人還要澆水灌溉，靠澆水來潤澤作物，不是很勞累嗎？先生一旦即位，天下立刻大治，而我還占著這個位子。我自覺能力不夠，請允許我把天下讓給你。」

　　堯很有誠意，真是不容易。學生對老師這麼尊敬，要把天下讓給老師，實在還很少見。人各有志，也各有所長，老師未必什麼都行。中國後代有科舉制度，就流傳一句話：「有狀元的學生，沒有狀元的老師」。老師如果是狀元，早就做官去了，怎麼可能還當老師？但是，一個老師自己考不上狀元，他教的學生用功的話，也許可以考上。韓愈（768-824）說得好，「弟子不必不如師，師不必賢於弟子」。誰能保證堯當天子當得不錯，他的老師一定當得比他更好。還沒有實現的事，不能只靠想像或一廂情願。重要的是，治理天下這樣的事，許由有興趣嗎？

　　接著第二段，看許由怎麼回答。

【譯文】

　　許由說：「你治理天下，天下已經安定了。這時我還要取代你，我是為了名義嗎？名義，只是實物的表徵。我是為了表徵嗎？小鳥在濃密樹林裡築巢，所需要的不過是一根樹枝；土撥鼠到大河邊喝水，所需要的不過是裝滿一個肚子。你請回去，算了吧！我要天下沒什麼用！廚師即使不肯下廚去料理祭品，負責祭神與執禮的人也不會越過酒樽俎案去代替他的職務。」

許由的回答可圈可點，他確實有自知之明。

首先，許由在乎的不是名聲。堯已經安定天下了，何必由我來代替你？接著兩句話是值得傳頌的，「鷦鷯巢於深林，不過一枝；偃鼠飲河，不過滿腹。」一隻小鳥要築巢，一根樹枝就夠用了，給牠整片樹林有什麼用？一隻土撥鼠要喝水，整條河給牠，牠的小肚子喝飽了，河水還有什麼用？

這個比喻很生動，許由一方面有自知之明，知道自己就像那鷦鷯鳥一樣，像那偃鼠一樣，把自己看得很簡單，只需要過日子就好了，可以顧好自己。另一方面，他又把自己看得很高雅，是負責祭神與執禮的人。堯當帝王負責燒飯，廚房的事情歸你管，我是負責祭神與執禮的人，即使你不管廚房的事，我也不能「越俎代庖」，不能去管到你該做的事。並且我也不能尸位素餐，我占了我的位子，有我的事要做。只是這裡沒有說出來，許由到底要過什麼樣的日子。基本上，許由認為我要天下沒什麼用。天下這麼多人，什麼時候沒有天子沒有帝王？只要讓百姓過上安定的生活，何必計較誰可以做得更好？

《莊子》雜篇有一篇〈讓王〉，從堯舜開始總是想把王位讓給他們認為更了不起的人。這些人有的推辭，有的逃命，有的跳海投河不活了。他們的想法是：我日子過得好好的，你怎麼會認為我想取代你那個位子？

莊子說了好幾個這樣的故事，提醒我們人生除了外在的社會成就，還有更重要的事，就是修練自己，設法悟道。

古希臘時代有一個伊比鳩魯學派（由 Epicurus，342-270 B.C.所創），又稱享樂主義，強調適可而止的自我節制。他們談到人生的欲望，有一個簡單的三分法。

一是自然的也是必要的欲望，譬如吃飯、穿衣、住所等；二是自然的但不是必要的欲望，譬如要吃山珍海味，穿綾羅綢緞，住高樓大廈等；三是非自然的也非必要的欲望，譬如權力、名聲、地位，以及過多的財富等。一個人如果了解莊子，就會明白這個道理。

因此許由的表現不愧是堯的老師。堯當天子，我當老百姓，我不是沒事做，誰規定政治就是一切？你當天子，底下有層層的官員，難道一定要當官當統治階級，才是人生的目標嗎？不是的，莊子對這一點看得很清楚，尤其在亂世裡面很多事情都難以想像，所以還不如怎麼樣？各人有各人的功課要做，就看你怎麼設定自己生命發展的目標。

有身體的層次，由此取得有形可見可以量化的各種具體的成就，但這不是人生的一切，人還有心與靈的層次。

談人生哲學，可以從《莊子》裡面得到很多啟發，我們不必去否定、質疑，或批評別人如何過他的生活，但我們要覺悟每一個人有不同的選擇，如果只把目光的焦點都放在這個小小的人間的話，那麼歷史上很多故事告訴我們，大家你爭我奪，從競爭到鬥爭甚至到戰爭，實在太辛苦太麻煩了。

人可以活得輕鬆一點，就是得之我幸，不得的話也沒關係，我自己安排如何修心養性，讓自己在心與靈的層次不斷向上提升。

至於怎樣提升，記不記得宋榮子如何排除人間的干擾？列子如何配合自然界的條件？最後能不能抵達無待的境界？

無待並不是什麼都沒有而活下去，它是指一個人，沒有其他非自然的非必要的欲望。能做到這一點的話，所有愛好智慧的人，都會肯定你走上正確的路了。

9〈逍遙遊 1・9〉
神人真的存在嗎？

傳說中在姑射山上住著神人，究竟這是怎麼回事？我們看到《莊子》〈逍遙遊〉的第九章，這一章有寓言也有重言的成分，只是重言的這幾個人我們不太熟悉。其中出現三個角色：肩吾、連叔與接輿。接輿我們稍有所知，他就是跟在別人車後面唱歌警惕人的。在《論語・微子》出現過，提醒孔子「鳳兮！鳳兮！何德之衰？」

這三個人關係如何？肩吾請教連叔，請教的是他聽接輿說過的一段話，他覺得簡直難以想像，接輿本人並沒有出場。本章是這樣的情況。

1・9

肩吾問於連叔曰：「吾聞言於接輿，大而無當，往而不反。吾驚怖其言，猶河漢而無極也，大有逕庭，不近人情焉。」連叔曰：「其言謂何哉？」曰：「藐姑射（一せヽ）之山，有神人居焉。肌膚若冰雪，淖（彳ㄨㄛヽ）約若處子；不食五穀，吸風飲露；乘雲氣，御飛龍，而遊乎四海之外；其神凝，使物不疵（ちˊ）癘（ㄌ一ヽ）而年穀熟。吾以是狂而不信也。」

【譯文】

肩吾請教連叔說：「我聽過接輿談話，內容廣博而不著邊

際,任意引申而不再回頭。我既驚訝又害怕,覺得他的言論像銀河一樣遼闊無窮,簡直過分誇張了,不近人之常情啊!」

連叔就說:「接輿說些什麼呢?」肩吾說:「在遙遠的姑射山上,住著一位神人,他的肌膚有如冰雪,柔美有如處女;他不吃五穀,只是吸清風、飲甘露;他乘著雲氣,駕御飛龍,遨遊於四海之外。他的心神凝定,就能使農作物不受災害,造成五穀豐收。我認為他說的這些話是唬人的,所以都不相信。」

本章到此為止,下一章會有連叔的精彩的回答。這裡只是肩吾請教連叔,說他不能接受接輿的話,希望連叔能夠開導一下。

這裡出現幾句成語。譬如「大而無當」,一個人講話口氣很大,規模宏大而沒有重點。還有「往而不反」,走一條路不要往而不反,必要的時候要回頭。然後「大相逕庭」,「逕」是門外的路,「庭」是庭院,這兩者差得很遠。至於「河漢無極」,天上的銀河看起來無比的遙遠。然後「不近人情」,是大家常用的話。這些成語都出現了。那麼,肩吾認為接輿說的是什麼樣的話,讓他既驚訝又害怕呢?

他說,在遙遠的姑射山上,住著一位神人。神人我們記得,前面說過三種悟道者:至人無己,神人無功,聖人無名。

「神」代表神妙,神人的表現非常神妙,可以造出讓人讚歎的功績,這樣的神人是怎麼回事?肌膚像冰雪,柔美像處女;這兩點是從外表來觀察,看起來潔白閃亮、溫柔婉約。

接著看他的生活實況,「不食五穀,吸風飲露」,這八個字吸引了很多人去練習「辟穀」,辟穀是道教的一種養生方式,住在「道觀」裡面,一個星期不吃五穀雜糧,吸清風、飲甘露,再

吃一點補充營養的食品，下山之後覺得自己神清氣爽，比較健康了。

接著，這樣的神人「乘雲氣，御飛龍，而遊乎四海之外」。「龍」出現了，但莊子說的龍是什麼？是真正的龍嗎？不是的，這裡說「乘雲氣，御飛龍」，在〈齊物論 2・12〉提到的至人是「乘雲氣，騎日月，而遊乎四海之外」。除了「御飛龍」三個字，別的完全一樣，只是「御飛龍」改成「騎日月」。

所以什麼是「飛龍」？這個問題可以參考《易傳》。在乾卦的〈彖傳〉裡面，說到「時乘六龍以御天」，又有「乘」又有「御」。

什麼是「六龍」？「六龍」描寫太陽在白天的六個時辰，這六個時辰就像六龍的活動一樣，龍代表不斷變化的能量與過程。《易傳》可能是戰國後期的作品，代表當時習慣以龍描寫日月的變遷。因此，「御飛龍」表示日月不斷的運行，這裡說「御飛龍」，後面說「騎在日月上面」，代表完全順著自然界的條件而活動。重要的是下一句：「遊乎四海之外」。中國古人的觀念中，認為中國是一片廣大的土地，周圍是海洋，是四海。四海之外，就抵達自然界之外之上了，如此才可以作逍遙之遊。

〈逍遙遊〉真正的重點出現了。前面開頭講了三個大鵬鳥的寓言，雖然廣大無比，但還有具體的可以想像的鯤、鵬；接著進入到重言部分，借重古人來表達觀點，再把神人、至人、聖人突顯出來。這是莊子本篇寫作的筆法。

然後，這個神人有什麼特色？「其神凝」三個字。他的心神凝定，就能使農作物不受災害，造成五穀豐收。古代是農業社會，稻麥黍稷菽五穀能夠豐收，要靠農夫好好耕田，自然界風調

逍遙遊 第一 77

雨順，還需要神人的心神凝定，這又是怎麼回事？我們介紹老子時，強調他所說的無為是「無心而為」，只要順著自然的節氣，做該做的事，不要有刻意的目的，也不必特別努力去辛苦工作。

神人的功用何在？效果何在？為什麼說「神人無功」，要超越化解他的功勞？就因為他展現的神妙效果太明顯了，使農業社會可以豐收。

明朝末期的儒家學者王夫之（船山，1619-1692），對道家老莊也有研究，他說「其神凝」三個字是一部「南華大旨」。很多念書人欣賞孔子所謂的「《詩》三百，一言以蔽之，曰：思無邪。」孔子用三個字「思無邪」（一切出於真誠的情感）來描述《詩經》（《論語・為政》）。王夫之效法孔子，他認為：整部《南華》或《莊子》33 篇，核心觀念就是「其神凝」三個字。莊子的書被後代稱為《南華真經》，正如老子的書被稱作《道德經》。

「其神凝」提醒我們，學習莊子的祕訣是心神凝定。但心神如何可以凝定？方法很重要，就是要往上提升，從「重外輕內」提升為「重內輕外」，再提升到「有內無外」，最後悟道而與道合一，進入「無己、無功，無名」的至境。

神人「其神凝」就可以五穀豐收。這實在有些費解，難怪肩吾要拿接輿的話來請教連叔，並且強調這些話是吹噓的、唬人的，說的是狂言亂語，讓人難以相信，更不要說接受了。

重要的是什麼？我們看到了莊子對神人的描述。這樣的描述，將來談到「至人」的時候，也是一樣的說法，把「御飛龍」改成「騎日月」。由此可知，莊子筆下的神人、至人、聖人，以及將來出現的真人，都是類似的悟道的個人。

10〈逍遙遊 1・10〉
萬物是一個整體嗎？

　　上一章肩吾請教連叔一段話，這段話是不在現場的接輿所說的，描寫有關神人的，內容念起來會讓人嚮往。本章連叔要開導肩吾了。他先批評肩吾，說他太執著了，局限在自己的狹隘心態中。然後他進一步描寫神人，聽起來比接輿所說的更誇張。他怎麼說呢？

1・10

　　連叔曰：「然，瞽者無以與乎文章之觀，聾者無以與乎鐘鼓之聲。豈唯形骸有聾盲哉？夫知亦有之。是其言也猶時女（ㄖㄨˇ）也。之人也，之德也，將旁礴（ㄅㄛˊ）萬物以為一。世蘄（ㄑㄧˊ）乎亂，孰弊弊焉以天下為事！之人也，物莫之傷，大浸稽天而不溺，大旱金石流、土山焦而不熱。是其塵垢粃糠，將猶陶鑄堯舜者也，孰肯以物為事！」

【譯文】

　　連叔說：「是啊！對瞎子，沒辦法給他看五彩的美觀；對聾子，沒辦法給他聽鐘鼓的樂聲；哪裡只是身體上有聾有瞎？人的心智上也有的！這種話就是針對你而說的。神人啊，他的能力啊，將會包容萬物，混同為一體。世間的人只期望天下太平，神人怎麼會勞勞碌碌把治理天下當成一回事呢！神人啊，外物不能

逍遙遊　第一　79

傷害他，洪水滔天不會使他溺斃，嚴重的旱災熔化了金石、燒焦了土山，也不會使他燠熱。他發揮一點剩餘無用的力氣，就可以造就堯、舜那樣的功業，他哪裡肯把世間的俗務當成一回事呢！」

水災來了如何？旱災來了又如何？一般人誰擋得住水災、旱災？神人不一樣。水災淹到天那麼高，他不會溺斃。旱災造成金石流、土山焦，他不會覺得燠熱。自然界的各種壓力，根本不是問題。然後，「物莫之傷」是重點，萬物都不能傷害他；更重要的是「旁礴萬物以為一」，神人可以包容萬物，混同萬物為一體。

莊子經常提到「一」，像混同萬物為一，這種說法有個背景，就是從老子以來所肯定的：道是萬物的來源與歸宿。萬物有共同的來源及共同的歸宿，本來就在「道」裡面，在「道」裡面自然是一個整體。所以要習慣把莊子筆下的「一」，理解為一個整體。老子在《道德經》第 25 章，描寫道是「獨立而不改」，「獨立」代表唯一的，獨自存在當然是唯一的，在它之外沒有東西；接著才說「周行而不殆」，就是到處都有它。成為一個整體的話，再區分各種細節就沒什麼必要了。

連叔前面先教訓肩吾，提醒他不要像瞎子與聾子。瞎子能看到五彩繽紛的美觀嗎？聾子能聽到鐘鼓演奏的樂聲嗎？現實生活裡面，有些人可能瞎也可能聾，這是無可奈何的。但是人的知也有問題。有些人在認知方面，也可能像盲者聾者的情況。我們特別強調，人從道所獲得的本性就是認知能力，而這個認知能力有可能陷入困境。我們介紹老子思想的時候，一再指出「知」有三

個層次。

首先是把「認知」當作「區分」，由此產生欲望與衝突。

其次，見多識廣，人生歷練豐富之後，就把認知當作「避難」，因為已經知道各種事情的前因後果，由此可以避開災難。這個「知」就比「區分」要好多了，但是避開災難、全身保真還不夠，「知」還要達到「啟明」的層次。所謂啟明，就是從「道」來看待一切，本章所描述的神人，就代表了啟明的境界，做到旁礴萬物以為一。學習《莊子》，要由白話文理解他的意思。今天把《莊子》原文背下來有什麼用呢？背下來之後，很多字再怎麼解釋別人也不見得聽得懂。重要的是明白原文的意思，像莊子所強調的「得意忘言」：明白一段話的意思，就可以忘記它本來說的是什麼樣的文言文。不過，其中有些名言金句很值得記下來，譬如他描寫神人「大浸稽天而不溺，大旱金石流、土山焦而不熱。」這些句子並不是很對稱，好像成語或詩句一樣，但是學習莊子以後，自然就熟悉了。但是，懂不懂還是要看你能不能用白話文說清楚，更重要的是去體會、去實踐。

莊子本章所寫的那麼神奇的情況，到底是真的還是假的？事實上他講的是一種境界，這種境界不是屬於身體層次的。旱災使金石流、土山焦，而神人不覺得熱，那當然是指精神的境界。了解這些之後，才能夠接到第二篇〈齊物論〉所說的：身體像槁木一樣，心像死灰一樣。最後的結論很有趣。神人發揮一點剩餘無用的力氣（塵垢粃糠），就可以造就堯、舜那樣的功業。堯舜是儒家推崇的先王，在莊子筆下並不突出，並且經常受到批評，這是因為他們「有心而為」，努力符合人間的價值觀。與莊子所標舉的悟道的神人比起來，他們實在很平凡。

莊子的結論是：神人哪裡肯把世間的俗務當成一回事。莊子借重古人之後會說，古人的情況不夠理想。但不夠理想的人之中，也會有一些比較好的，比較好的就得替莊子說出心裡想說的話。譬如，本章的連叔比較高明，但連叔是誰？很抱歉，後面連叔就不見了。倒是肩吾後來又出現了幾次，其中一次，他居然成為泰山之神（〈大宗師 6・5〉）。泰山之神還比不上連叔，這實在不容易說清楚。由此可見莊子寫作的自由放任的筆法。

因此，堯與許由一起出現，許由代替莊子來教訓堯，而堯是人間的天子。連叔出現時，要去開導肩吾，代為解釋接輿的話。莊子的重言寫法常是如此。在同一章裡面如果有兩位或三位虛擬的人物，其中總有一位可以代莊子發言。通常最明顯的是老聃，只要老聃出現，往往代表莊子的想法，而孔子出現的話，往往要接受莊子的開導。誰教莊子是作者呢？

11〈逍遙遊 1・11〉
衣服帽子未必用得上

〈逍遙遊〉第十一章很簡短，只有兩句話。他在表達什麼？就是文化程度比較高的地區，有各種人文產品；然而，是不是每一個人都需要呢？這是一個問題。

1・11

宋人資章甫而適諸越，越人斷髮文身，無所用之。堯治天下之民，平海內之政，往見四子藐姑射之山，汾水之陽，窅（一ㄠˇ）然喪其天下焉。

【譯文】

宋國人運禮冠到越國去販賣。但是越國人的習俗是剪光頭髮、身上刺青，根本用不著禮冠。堯治理天下百姓，安定國家政事之後，前往遙遠的姑射山，亦即位於汾水北邊的那座山，去會見四位先生，渾然忘記了自己的天下。

內容可以分兩段來說。

首先，提到宋國人。莊子是宋國人，他對宋國的情況當然很清楚。《莊子》書中也三次談到宋國的國君宋元君，故事雖然不長，但每一次都很精彩。那麼，宋國的特別之處何在？

當初，周朝革命取代了商朝，把商朝的後裔封在宋國。宋國有兩個特色。

第一，宋國的國君原本是商朝的王室，地位崇高，所以在春秋時代，各國諸侯大都稱侯或伯，只有宋國的國君稱「公」。公是公侯伯子男五等爵位的第一等。國君稱「公」，代表政治地位比較高，因為他的祖先是商朝的王室。

　　第二個特點是負面的。宋國人是被取代的商朝的後裔，因此難免成為人們取笑的對象。譬如一個農夫耕田的時候看到兔子撞到樹幹昏倒，就想可以每天「守株待兔」，那是哪一國的農夫？宋國的。

　　孟子說過，一個農夫看到苗長得太慢了，就想幫忙拔高一點，然後回家說今天真累壞了，我幫助苗長高了。他兒子趕快跑去田裡看，苗都枯槁了，這叫做「揠苗助長」，哪一國的農夫？宋國的。

　　由此可知，講學也好聊天也好，拿宋國人開玩笑，不會有什麼後遺症，因為他國勢很弱。但不管怎麼樣，宋國文化水平高是沒有問題的。

　　商朝統治中國六百多年，在最後階段周朝是西部的一個諸侯，在當時是比較落後的。周朝統治天下之後，還是要學習商朝的文化傳統。本章說的是：有個宋國人把禮冠運到越國去販賣。越國位在長江流域下游，文化水平有限。在春秋時代後期，吳國越國相爭，也影響到中原各國，所以後面會提到這兩國打仗的事情。

　　這麼好的禮冠，只有高度文化素養的人群才用得上。把這樣的文化資源送到越國去賣，就好像早期有個朋友做鞋子生意的，去了非洲一趟，說一定發財了。為什麼？非洲人大都沒穿鞋，他把鞋賣到非洲去，一個人買兩雙他就發財了。但事實上在非洲過

日子穿鞋不見得方便。現在的情況當然不同了，這個朋友其實沒有發財。

莊子怎麼描寫越國人呢？四個字——「斷髮文身」。

什麼是「斷髮文身」？把身上的毛髮剃光，並且要刺青。《漢書・地理志》說到越國人為什麼要斷髮文身。他們是要躲避蛟龍的傷害。譬如後代有「周處除三害」的故事，他上山打老虎，下水殺蛟龍。一般人不是蛟龍的對手，所以越人怎麼辦？把頭髮剃光，身上都刺青，外表樣貌與蛟龍是同一類的，蛟龍就不會傷害人了。

換句話說，各地區的生活條件不一樣，禮冠禮服未必用得上。就好像今天把一些華麗的服飾或日用品，送到太平洋一個小島上去，當地百姓看了不知道該怎麼辦。穿戴這些服飾好看嗎？給誰看？並且穿了未必舒適。事實上，太平洋上有個小島，島上居民對女子美醜的判斷是：脖子越長越美。女孩子在發育期間，就在脖子上套了一層層銅環。她們看到外地來的人就覺得好醜，脖子那麼短。所以每個地方，都有不同的風俗習慣與審美標準。把商朝的高度文明發展成的禮冠禮服，送到越國去賣，而越國人每天都必須在水中捕魚討生活，根本用不上這些產品。

換言之，一個社會以為有用的，並不是普遍的有用。任何東西都要看適不適合，不能以偏概全。譬如，西方人發現新大陸，以為當地的居民很落後，於是就去傳教，說你們信的是迷信，我們這個才是宗教。事實上不見得，西方人顯然太主觀太武斷了。

本章第二段又使用重言，以堯為代表。堯治理百姓，天下太平之後，往見四位先生，去什麼地方？「藐姑射之山」。前面說過，神人就住在藐姑射之山。「藐」是遙遠，用以描寫姑射山，

所以稱為「藐姑射之山」。這裡說的四位先生是誰？我們簡單說明一下。一是堯的老師許由，二是許由的老師齧缺，三是齧缺的老師王倪，四是王倪的老師被（ㄆㄧ）衣。「四子」所指的是：許由、齧缺、王倪、被衣。許由將來還會多次上場，齧缺、王倪與被衣也會上場，到時候再作介紹。堯去藐姑射之山拜見四位先生。許由的境界已經這麼高了，把天下給他都不要，而許由的老師、太老師等人應該也都是修行有成的人。

這山在哪裡？汾水之陽，汾水的北邊。「陽」這個字講山，是指山之南；講水，是指水之北。譬如，「泰山之陽」是指泰山的南邊，而「汾水之陽」是指汾水的北邊。會見四位先生之後，堯渾然忘記了自己的天下。莊子喜歡使用「忘」、「化」這些詞。化，如鯤化為鵬；現在堯「喪其天下」，「喪」也是「忘記」的意思。

12〈逍遙遊 1‧12〉
一樣東西的小用與大用

上一章談到宋國人運禮冠去越國，結果沒有人要買；後面接著討論「有用」與「無用」的問題。一樣東西要看怎麼用，用在什麼地方才有效果。〈逍遙遊〉的最後兩章很精彩，出現了惠子與莊子的辯論。惠子是《莊子》書中唯一有名字的莊子的朋友，他有三點值得介紹。

一，惠子原名惠施，同莊子一樣是宋國學者。他在《莊子》書中上場大約 15 次，與莊子辯論就有 8 次，重要性由此可見。

二，惠子是名家的代表，名家的思想在最後一篇〈天下〉會介紹，專門討論名詞、邏輯等有關辯論的問題。

三，惠子曾經從政，擔任過梁惠王（魏惠王）的宰相，惠子與莊子年紀差不多，但是比莊子早了 22 年過世，莊子也許看到他的例子就不願意從政了。

本章要分兩段來看。首先，惠子提到魏王送他一個大葫蘆的種子，種了之後結出的葫蘆太大了，沒有任何用處，多大呢？五石那麼重。依古代的計算方式，「石」指重量的話，一石就是 120 斤，講容量的話一石是 10 斗，可以想像一下，大概有一輛摩托車那麼大了。這麼大的葫蘆根本不能用來舀水，也沒有水缸容得下，所以惠子就把它打碎了。莊子對他說，你實在是不懂得怎麼用一樣東西。後面莊子舉的例子很有意思，一樣東西用對地方的話效果驚人，東西大小皆有可用之處。

1・12

惠子謂莊子曰:「魏王貽(一ˊ)我以大瓠(ㄏㄨˋ)之種,我樹之成而實五石(ㄉㄢˋ)。以盛(ㄔㄥˊ)水漿,其堅不能自舉也。剖之以為瓢,則瓠落無所容。非不呺(ㄒㄧㄠ)然大也,吾為其無用而掊(ㄆㄡˇ)之。」莊子曰:「夫子固拙於用大矣,宋人有善為不龜(ㄐㄩㄣ)手之藥者,世世以洴(ㄆㄧㄥˊ)澼(ㄆㄧˋ)絖(ㄎㄨㄤˋ)為事。客聞之,請買其方百金。聚族而謀曰:『我世世為洴澼絖,不過數金;今一朝而鬻(ㄩˋ)技百金,請與之。』客得之,以說吳王。越有難,吳王使之將,冬與越人水戰,大敗越人,裂地而封之。能不龜手,一也,或以封,或不免於洴澼絖,則所用之異也。今子有五石之瓠,何不慮以為大樽而浮乎江湖,而憂其瓠落無所容?則夫子猶有蓬之心也夫!」

【譯文】

惠子對莊子說:「魏王送給我大葫蘆的種子,我把它栽植成長,結出的葫蘆有五石的容量。用它來裝水,則它不夠堅固,無法負荷本身的重量。把它剖開做成瓢,它又寬大得沒有水缸容得下,這個葫蘆不可說不大,我卻因為它沒有用而打碎它。」

莊子說:「先生真是不善於使用大東西啊!宋國有人擅長調製不讓手龜裂的藥物,世世代代都以漂洗絲絮為職業。有一位客人聽說這件事,願意出一百金購買他的藥方。這個人就召集全家人來商量說:『我們世世代代漂洗絲絮,所得不過數金而已;現在一旦賣出藥方就可以賺到一百金,就賣給他吧!』

這個客人拿了藥方,便去遊說吳王。正好越國興兵來犯,吳王派他擔任將領,冬天與越人在江上作戰,結果大敗越人,並因而得到封地做為獎賞。能夠不讓手龜裂,所用的藥方是一樣的;但是有人可以獲賞封地,有人不得不繼續漂洗絲絮,這是因為所用之處不同啊!現在你有五石大的葫蘆,為什麼不綁在身上當成腰舟,讓自己浮游於江湖之上,卻還要擔心水缸容不下它呢?可見先生的心思還是不夠通達啊!」

從莊子的回答就知道他善於說故事,立刻就講一則宋國流傳的故事。有一家人世世代代都替別人洗衣服,冬天的時候手很容易龜裂,這個家族有一個秘方可以不讓手龜裂,這樣才能夠長期從事這個行業。有一個外來的人聽說了這件事,就向這家人買藥方,付的價錢是他們好幾年才賺得到的。這家人決定賣給他藥方,因為這並不妨礙他們繼續洗衣服的行業。這個客人拿了藥方去遊說吳王,當時吳國與越國正在作戰,吳王派他出任將軍,他讓吳國士兵都塗上不讓手龜裂的藥,越國士兵沒有這種藥,所以他獲得大勝。大勝之後吳王就封他一塊土地。

同樣的藥,有的人可以得到一塊封地,有的人世世代代還是在洗衣服。莊子的意思是:任何東西都有它「用」的地方,用對地方效果可觀。大的東西可以用在大的地方,前面所說的葫蘆有多大呢?像一輛摩托車那麼大,把它當作小船可以浮游於江湖,莊子喜歡「江湖」一詞,後面會提到魚在江湖裡面互相忘記了對方。因此,大東西要用在大的地方,何必擔心沒有地方可以使用這個大葫蘆呢?結論是,惠子的心思不夠通達,有各種障礙,整天想著現實上的利益。

關於小用與大用，可以參考戰國時代孟嘗君的故事。齊國的孟嘗君既有本事也很聰明，秦昭王曾經請他擔任宰相。戰國時代有辦法的讀書人，可以到不同的國家去發展。孟嘗君出任秦國宰相不久，有人就說孟嘗君是齊國人，終究會對秦國不利，秦昭王心中起了疑慮，想要加害孟嘗君。孟嘗君養了很多食客，其中有兩個人就是雞鳴、狗盜之徒，一個人會學雞啼，一個人會學狗叫，原本其他的食客都看不起這兩個人。現在，孟嘗君怎樣逃出秦國呢？狗盜先去偷竊秦昭王的寵姬所要的一樣寶物，這個寵姬得到寶物就勸秦昭王放走他們。秦昭王同意放走他們，但過關怎麼辦？函谷關規定，雞啼的時候才能開門讓旅客通行。秦王反悔了，派秦兵在後面追來。這時天還沒亮，於是雞鳴就學雞叫，接著所有的雞都叫了，守關的人以為天亮了，就開門讓他們走了。如果沒有雞鳴狗盜這些看起來沒什麼用的人，孟嘗君可能早就死於非命了。

　　所以平常看起來好像沒用的人或沒用的東西，在關鍵的時刻就不一樣了。莊子所要說的是：大東西有大用，你要敞開心胸，不要只注意現實上的考慮。到下一章會看到「逍遙」兩個字出現了。〈逍遙遊〉開始有大魚叫做鯤，然後變成大鵬鳥，結束的時候先說一個大葫蘆的寓言。下一章是〈逍遙遊〉最後一章，講的是一棵大樹。從前面的鯤與鵬，到後面的大葫蘆與大樹，莊子總是想盡辦法，從自然界的動物、植物來描寫什麼是大，提醒我們：人的心胸可以無限擴大，可以與天地一樣大，要不然憑什麼可以逍遙？

　　莊子與惠子的辯論將來還有好幾場，每一場都很精彩，光是辯論有用無用就有三次。這裡說的是第一次，接著上場的是第二

次。我們從這種高手之間的對戰,可以學到怎樣提出自己的理由與根據,怎樣建立自己的論述。

本章我們看到莊子與惠子的第一次辯論,談到大東西有用嗎?結論是:東西用在對的地方效果就不一樣;其次,大東西可以用在大的地方,何必擔心?天地如此開闊,人的精神甚至可以超越天地,遊乎四海之外。

13 〈逍遙遊 1‧13〉
無用也可以省去不少煩惱

到了〈逍遙遊〉的最後一章,上場的同樣是莊子與惠子。上一章他們辯論大葫蘆怎麼用,本章談到大樹有沒有用處。開始也是惠子先提出挑戰,他認為有的大樹根本毫無用處,就好像莊子說的話根本一無可用,沒有人會聽的。莊子面對這種直接的挑戰,如何回答呢?

1‧13

　　惠子謂莊子曰:「吾有大樹,人謂之樗(ㄕㄨ)。其大本擁腫而不中繩墨,其小枝卷曲而不中規矩。立之塗,匠者不顧。今子之言,大而無用,眾所同去也。」莊子曰:「子獨不見狸狌乎?卑身而伏,以候敖者;東西跳梁,不避高下;中於機辟,死於罔罟(ㄍㄨˇ)。今夫斄(ㄌㄧˊ)牛,其大若垂天之雲。此能為大矣,而不能執鼠。今子有大樹,患其無用,何不樹之於無何有之鄉,廣莫之野,彷徨乎無為其側,逍遙乎寢臥其下。不夭斤斧,物無害者,無所可用,安所困苦哉!」

【譯文】

　　惠子對莊子說:「我有一棵大樹,人們稱它為樗。它的樹幹臃腫而不合於繩墨;它的樹枝捲曲而不合於規矩。就是把它種在路旁,木匠也不屑一顧。現在你所說的話,內容廣博而毫無用處,大家都會棄之不顧的。」

這對莊子是直接的挑戰。我們念《莊子》，偶爾也會想，這些話這麼高妙，離人生好像很遙遠，講這些東西別人聽不聽有什麼差別？這是一個很好的問題，莊子怎麼回答呢？

【譯文】

莊子說：「你難道沒有看過野貓與黃鼠狼嗎？牠們彎曲身子埋伏起來，等著要抓出遊的小動物；東跳西躍地追捕，不管位置是高是低；最後卻中了機關，死在陷阱中。再看那犛牛，他的身軀大得像天邊的雲朵。這可以說是夠大了，但卻沒辦法捉老鼠。現在你有一棵大樹，擔心它沒有用，那麼為何不把它種在空虛無物的地方，廣闊無邊的曠野，再無所事事地徘徊在樹旁，逍遙自在地躺臥在樹下。它不會被斧頭砍伐，也不會被外物傷害，沒有任何可用之處，又會有什麼困難苦惱呢？」

莊子的回答分兩段。第一段是：你說我大而無用，那麼你很有用嗎？的確，野貓、黃鼠狼很有用，在追捕小動物時「東西跳梁」，今天形成一句成語「跳樑小丑」。你們很厲害嗎？為了抓那些更小的動物，最後中了機關，死在羅網裡面；再看那犛牛，就是所謂的長毛牛，生長在喜馬拉雅山這樣的高原地帶。長毛牛體型龐大，莊子說，「其大若垂天之雲」。〈逍遙遊〉三度提到「垂天之雲」，前面兩次都是描寫大鵬鳥翅膀張開有如天邊的雲朵，現在一頭牛居然也大得像天邊的雲朵。由此可知莊子寫文章是如何自由，不受任何限制的。長毛牛怎麼可能那麼大？莊子就喜歡讓人無法想像。惠施要比較「有用」與「無用」，牛那麼大應該是無用的，連抓老鼠都不會。然而野貓與黃鼠狼可以抓老

逍遙遊 第一 93

鼠,但也可能中了機關被獵人捕去。世間所有一切有用的東西,都是一層又一層的,食物鏈的最上層就是你嗎?沒那回事。人的世界各種食物鏈的情況非常複雜,你認為自己有用,那個有用馬上變成別人要使用你。若是無用,反而暫時避開了壓力。就像惠子所說的那棵大樹,看起來真是沒用,樹幹臃腫而不合於繩墨。為什麼木匠不理它?這樣的樹幹不能當棟樑。對人類來說這是沒用的木頭;它的樹枝捲曲而不合規矩。樹枝最好怎麼樣?有的是直的,有的是圓的,都有各自的用處。現在樹幹沒用樹枝也沒用,連需要砍樹的木匠都懶得看它。

事實上一棵大樹能長到這麼大,主要的原因也是因為「無用」,有用的話早就被砍掉了,就好像後面莊子所謂的「直木先伐,甘井先竭」〈山木20‧5〉。一棵樹長得挺直先被砍掉,因為它很有用;水井的水清涼可口,很快被人喝光。這就是有用,立刻就有危險。那麼,難道莊子要我們活在世界上都變成無用的人嗎?當然不是,無用的話,連養活自己都有困難。他不是要你無用,而是要你不要只考慮有用。莊子的話有時像是解毒劑,你中毒太深的話,在人間什麼事都斤斤計較。他要讓你化解時,只能勸你把心胸放開擴大,天地這麼大這麼美,何必在那個地方糾纏不清?

上一章提醒惠子,心思不要過於封閉,要設法通達一點。這一章就說,你有這麼大的樹,把它種在什麼地方?在「無何有之鄉、廣莫之野」,像這樣的語詞所說的什麼「鄉」什麼「野」,不是在人間可以看到的。所以不要從字面上去理解,要把它想成心靈的一個特別的地方。莊子一再重複類似的話,都是要強調:人除了具體的身體有長寬高三個維度,還需要一個大的地方才能

夠生存，才能夠發展。人除了身與心之外，還有一個所謂「精神」的層次。

我想到在二戰的時候，一個猶太孩子的故事。有一家猶太人原本在波蘭生活，納粹來了要抓捕猶太人，父母就把十歲的小男孩寄養在朋友家中。這是很危險的事情。小男孩藏在狹隘的閣樓中，他只能躺著蹲著，而不能站起來，這樣才不會被發現。他在裡面待了四年，每天念書及思考，四年下來之後終身駝背，因為身體窩在這種地方一定會有後遺症。這個孩子後來成為一位文學作家。當然，人生的路很多時候不是可以自己選的，碰上了就碰上了，怎麼辦？不必擔心，人除了身與心，還有精神方面的能量，可以無限制地開展。

總結〈逍遙遊〉全篇，莊子首先描寫大鯤與大鵬的寓言，是要接上老子所說的「道大，天大，地大，人亦大」。莊子的思想就從這個「人亦大」開始，他要說明人的「大」在什麼地方。不是身體，也不只是心智，還有精神的層次。發展這個層次的話，每一個人都有希望，不但不會互相競爭衝突，也沒有什麼根本的矛盾。最後本章說：可以在大樹周圍無所事事地徘徊，「逍遙乎寢臥其下」，逍遙自在地躺臥在樹下。「逍遙」一詞顯然不是說一個人無用或什麼都不做，而是自得其樂過日子。

一天有二十四小時，你可以空出一小段時間，讓心思沉澱一下，精神可以自由翱翔，你可以找個小小的空間，發揮想像力自由馳騁。這樣一來，莊子第一篇〈逍遙遊〉的基本立場確定了。但是要達到這樣的境界談何容易，我們首先要經過下一篇〈齊物論〉的考驗。

齊物論　第二

要旨

　　感官讓人迷惑於現象，理性使人執著於自我。形如槁木與心如死灰是修行過程，由此擺脫相對的知見與價值，回歸「道通為一」的整體。此時的體驗是「天地與我並生，而萬物與我為一」，進而可以領悟至高智慧：未始有物。在道之中，萬物平等，而人依然有所不同，有其悟道的可能性。

14〈齊物論2‧1〉
怎麼會弄得槁木死灰？

〈齊物論〉是《莊子》全書最難的一篇，也是最重要的一篇。其中提及古人的最高智慧是什麼，又談到到人生最深刻的體驗。這兩個「最」就值得我們認真思考了。但也有一點麻煩，這一篇光是篇名三個字就有兩種念法，一種是把前面兩個字連在一起，念成「齊物」論，第二種是把後面兩個字連在一起，念成齊「物論」。

我原本都是照前面的念法，所謂「齊物之論」，就是要討論萬物平等的，聽起來不錯，人與萬物一樣。但是「萬物平等」這個觀念往往是一個結論，而不是思考的過程。我現在的念法是「齊」各種「物論」。什麼是「物論」？就是許多人討論萬物是怎麼回事，萬物有沒有開始？怎麼發展成的？結果又如何？萬物是不是真的存在？由此出現各種討論，甚至爭論及辯論。莊子要把這些「物論」全部加以消解，強調這些都是一樣的，不必再浪費力氣去做這樣的討論。

如此理解，才知道〈齊物論〉為什麼難懂。莊子要指出，一切煩惱都來自人的「認知」所造成的困擾，像各種理論就是最明顯的例子。

2‧1

南郭子綦（ㄑㄧˊ）隱几（ㄐㄧˇ）而坐，仰天而噓，荅（ㄉㄚ）焉似喪其耦（ㄡˇ）。顏成子游立侍乎前，曰：

「何居乎？形固可使如槁木，而心固可使如死灰乎？今之隱几者，非昔之隱几者也？」子綦曰：「偃，不亦善乎，而問之也！今者吾喪我，女知之乎？女聞人籟而未聞地籟，女聞地籟而未聞天籟夫！」

【譯文】

　　南郭子綦靠著桌子坐著，抬頭向天、緩緩吐氣，神情漠然好像忘了自己。他的學生顏成子游侍立在旁，請教他說：「這是怎麼一回事？形體固然可以讓它如同槁木，難道心神也可以讓它如同死灰嗎？老師今天靠桌而坐的神情，跟以前靠桌而坐的神情不一樣啊？」

　　從開頭這一段，可以知道這是老師與學生之間在討論問題。老師靠著桌子坐著，或許是在修練，學生立刻發現情況跟以前不一樣。老師以前靜坐修練的時候，身體像槁木一樣，這還比較容易，但是這一次老師的心神好像死灰一樣。從臉上的表情看來，好像老師根本不是活著的人。學生立即請教說：難道可以形如槁木、心如死灰嗎？我們常說的「槁木死灰」一詞來自於此。

　　面對這個問題，老師怎麼回答？老師的回答並沒有針對問題，而是轉個方向。先看看老師怎麼回答。

【譯文】

　　南郭子綦說：「偃（顏成子游的名字），你問得正好！今天我做到忘了自己，你知道嗎？你聽說過人籟，卻不曾聽說過地籟，即使聽說過地籟，也沒有聽說過天籟吧！」

這就是〈齊物論〉第一章。學生請教老師說：老師怎麼變成槁木死灰的樣子，難道這也算修行？老師回答說：你懂不懂什麼是人籟。地籟，天籟？籟是竹子做成的樂器，像簫、笛之類的。

人籟是指人發出的聲音，地籟是指自然界發出的聲音，最高的是天籟。他到底在說什麼？明明是請教老師怎麼變成槁木死灰，老師卻反問學生知不知道這三種樂器發出的聲音。人籟比較容易了解，像前面講的笛子或簫，吹奏的話，聲音優美，曲子動聽。

事實上，人所發出的聲音都屬於人籟。譬如我在說話，介紹莊子思想，這說話也是人籟。有什麼問題呢？說話以及演奏音樂都有一個目的，就是說話有節奏，就跟演奏音樂或唱歌一樣，希望你能聽懂我的意思。於是聽的人就有壓力了，心想有沒有聽錯，會不會誤解了，老師講的是不是這個意思。久了之後壓力很大，所以學生上課容易打瞌睡，原因就在這裡。

人籟給人壓力，因為人有想法需要傳達。再好聽的音樂都有它的節奏與結構，旋律怎麼開始怎麼發展，最後怎麼結束，你在聽的時候會跟著想：是不是快結束了？它表達了什麼意思？我是不是懂得這曲子的意思？這樣的享受能不能延續下去？

本篇開頭，子游明明是問老師怎麼變成槁木死灰；老師卻回答有三種籟，他為什麼這樣回答？他是要強調：只有變成槁木死灰，才可以真正懂得什麼是天籟。這是要「齊」人間各種「物論」的第一步。

要明白天籟，必須再一次說明道家思想的架構。這是非常重要的觀念，也就是我一直強調的 2+1 的結構。「2」是指人類與自然界。人籟是人類發出的聲音。人有認知能力，所以人所發出

的聲音,包括說話與唱歌,都表達了某種意念、情感或想法,聽話與聽歌的人,就會感覺壓力,擔心自己聽錯了,會不會有問題?

其次,看地籟。地是指自然界,天地之間的一切皆是自然界,因此,地籟是自然界發出的聲音。對人類與自然界都了解之後,怎麼還會有一個天籟?在此要特別留意,地籟與天籟,不是指地上與天空的對照。這裡講天籟,我們要想到什麼?「人法地,地法天,天法道,道法自然」(《老子》第 25 章)。在這句話裡,地與天,以及其中的萬物,構成了自然界。而「道」就是「2+1」的「1」。最後的「道法自然」,是說:道「體現於萬物自己的樣子」。因此,所謂「天籟」,所指的是「道」的層次;「地籟」所指的是天地之間的自然界;「人籟」所指的是人類。

老師要教導學生有關「天籟」,方法就是要他超越人類與自然界,再覺悟背後的「1」,就是做為萬物來源與歸宿的「道」。〈齊物論〉所要「齊」的「物論」是什麼?人類的各種觀念,形成不同的對萬物的理論,就是形形色色的「物論」。根本不知道誰對誰錯,甚至各有各的是非,莊子要把這樣的「物論」通通去掉。「齊」是整齊,化為相對,就是沒有任何「物論」是絕對的。所以莊子後面談到古人的最高智慧,就是能夠了解沒有萬物存在(未始有物)。如果沒有萬物存在是最高智慧所能領悟的道理,那麼還講什麼「物論」?

譬如,說萬物是好的或不好的,說人性是善的或惡的,有什麼意義?人類所發出的一切「物論」來自何處呢?

一,來自人的感官所得到的信息,看到什麼?聽到什麼?

二,來自人的思想所產生的各種想法。

所以現在知道了,前面為什麼要說「形如槁木,心如死灰」,為什麼要把人的感官感覺的能力,以及人的認知思想的能力,兩方面都加以限制,甚至予以消解,讓它們不要產生複雜的作用,然後才有可能真的去悟道。人的身與心所構成的困擾實在太多了。

〈齊物論〉這一篇為什麼難念?因為後面連續幾章談到人的感覺是什麼情況,心智的發展又如何,人類社會構成的各種知識複雜無比。有了知識之後形成各種言論,各執一詞,言人人殊,最後根本不可能進行辯論,因為找不到客觀的人當裁判。如此一來,才知道為什麼南郭子綦這位老師,在回答學生的問題「怎麼身體像槁木一樣,心智像死灰一樣」時,他會說:你懂不懂什麼叫做人籟、地籟、天籟?這樣前前後後才可以連起來。

事實上我念《莊子》也有很多年了,對〈齊物論〉是第一次有這樣完整的理解。為什麼問的是槁木死灰,而老師要談到三籟?原因就在這裡。因為所有的「物論」都是人類自尋煩惱,等於是天下本無事,庸人自擾之。各種學派的爭論,莊子後面特別提到儒家墨家的爭論,都是沒有必要的。誰贏了又如何?誰輸了又如何?怎麼判斷輸贏?誰一定是贏的?誰一定是輸的?每一個人各有他的道理!

〈齊物論〉有好幾章不容易了解,原因就在這裡。

15〈齊物論 2・2〉
人籟、地籟、天籟都是些什麼聲音？

本篇開頭是學生請教老師：為什麼你靜坐的表現是形如槁木，心如死灰？老師回答說：你也許懂得人籟，但你不懂得地籟，更不要說天籟了。

本章學生接著請教，老師回答一大段有關地籟是怎麼回事。這一大段是《莊子》書中很生動的文字。所謂地籟，地是指大地，就是自然界，到底它怎麼發出聲音。這一段描寫的白話翻譯已經很生動了。原文最後一小段再提出與天籟有關的問題。

2・2

子游曰：「敢問其方。」子綦曰：「夫大塊噫（一）氣，其名為風。是唯無作，作則萬竅怒呺（ㄏㄠˊ），而獨不聞之翏（ㄌㄧㄠˊ）翏乎！山林之畏佳（ㄓㄨㄟ），大木百圍之竅穴，似鼻，似口，似耳，似枅（ㄐㄧㄢ），似圈，似臼（ㄐㄧㄡˋ），似洼（ㄨㄚ）者，似污者。激者，謞（ㄒㄧㄠˋ）者，叱（ㄔˋ）者，吸者，叫者，譹（ㄏㄠˊ）者，宎（ㄧㄠˇ）者，咬者，前者唱于而隨者唱喁（ㄩㄥˊ）。泠（ㄌㄧㄥˊ）風則小和（ㄏㄜˋ），飄風則大和，厲風濟則眾竅為虛。而獨不見之調（ㄊㄧㄠˊ）調，之刁刁乎？」子游曰：「地籟則眾竅是已，人籟則比（ㄅㄧˋ）竹是已。敢問天籟。」子綦曰：「夫吹萬不同，而使其自己也，咸其自取，怒者其誰邪（ㄧㄝˊ）！」

【譯文】

　　子游就請教了：「請問其中的道理。」老師說：「大地吐出的氣息，名字叫風。這風不發作則已，一發作則萬物的竅孔都怒號起來。你難道沒有聽過狂風呼嘯的聲音嗎？山陵中高低錯綜的形勢，百圍大樹上的大小竅穴：有的像鼻子，有的像嘴巴，有的像耳朵，有的像瓶罐，有的像瓦盆，有的像石臼，有的像深池，有的像淺洼。發出聲音時，有的像湍水沖激，有的像羽箭離弦，有的像喝叱，有的像吸氣，有的像吶喊，有的像嚎哭，有的像呻吟，有的像哀嘆。前面的風嗚嗚地唱著，後面的風呼呼地和著。小風則小和，大風則大和；強風吹過之後，所有的竅孔都寂靜無聲。你難道沒有看見這時草木還在搖搖擺擺的模樣嗎？」

　　老師這一段描寫真是生動，如果見識過颱風或龍捲風，就會同意他說的與現實情況差不多，小風則小和，大風則大和，強風吹過之後，所有的竅孔都寂靜無聲。這裡描寫的是地籟。
　　學生接著問天籟。

【譯文】

　　子游說：「這樣說來，地籟是眾多竅孔所發出的聲音，人籟是從簫管所吹出的聲音。請問天籟是什麼？」南郭子綦說：「風吹萬種竅孔，聲音各自不同，但都是由竅孔自己去發聲。一切聲音都是自己造成的，使它們發聲的還有誰呢？」

　　最聰明的回答，就是用問題來回答問題，讓提問的學生自己去想。人籟是人吹奏簫笛所發出的聲音，也包括唱歌說話所發出

齊物論　第二　103

的聲音,前面已經大致談過了。

那麼,地籟呢?前面一大段描寫風吹過山林,山上千百棵樹,樹身有各種凹洞,什麼樣的形狀都有,風吹過去發出千百種不同的聲音,生動無比。像這樣的聲音是由自然界發出的,沒有特定的意義要傳達,不會希望聽者了解什麼情況,所以聽的人感覺輕鬆自在。

我小時候住在海邊,最初聽到浪濤的聲音,覺得很吵干擾睡眠,後來習慣了。因為海浪的濤聲或竹林裡的風聲,都是無目的的,不會告訴你什麼樣的含意,所以聽久了就覺得心裡輕鬆。住在鄉下時,半夜聽到犬吠蛙鳴,天剛亮時聽到雞啼,都是自然界的聲音。這種聲音是配合各地的條件發出的,不是故意去制作的,也沒有特別的含意要人去分辨了解,這叫做地籟。

那麼,天籟呢?要明白天籟,首先要超越比較的心理,也化解因果的觀念。因果觀念可以解釋地籟,什麼因與什麼果可以配合。至於天籟,則聽的聲音不重要了,重點回到聽聲音的主體,也就是說天籟並沒有什麼特別的聲音要你聽,而是要聚焦於你聽聲音的態度。

要想了解天籟,可以參考《莊子》的〈人間世 4‧5〉,其中提到一個觀念。人在聽東西時有三種方式:一是用耳朵去聽,二是用心去聽,三是用氣去聽。

我是念到〈人間世〉的這一章才了解什麼是天籟。換句話說,天籟不是聲音,而是聽的態度。用耳朵去聽,能聽到聲音,聲音的大小,聲音是不是悅耳。用心去聽,可以了解它的意思。當然,我們未必了解自然界有什麼意思,但通常會設法了解其他人的說話,或唱歌、演奏樂曲的含意。

那麼,到底什麼是天籟?天籟不是指某一種聲音,因為所有的聲音,或來自人類,或來自自然界,不可能還有其他的來源。所以天籟就要針對「聽的態度」,就是用氣去聽。氣是什麼?彌漫萬物裡面的都是氣,相通為一,形成一個整體。用氣去聽,就是以不聽為聽,聽到任何聲音都把它當作「理當如此」,都是氣的運作。因此,人籟與地籟,在這個時候都有可能轉化為天籟,只要有正確的「聽的態度」:聽就是不聽,不聽就是聽。因為條件成熟,聲音就出來了。

譬如我走在街上,旁邊一輛摩托車緊急剎車,發出難聽刺耳的聲音。我懂莊子的意思,就知道這也是天籟。為什麼?條件成熟,聲音就出現,這樣的聲音,你不接受也得接受。那還不如敞開心胸,不要去預設什麼聲音比較好,什麼聲音比較差,也不要預設應該聽到什麼樣的聲音。這樣就達到天籟的層次了。

再說一次,為什麼我在上一章特別提到〔2+1〕這樣的格局?這是我研究哲學超過半個世紀最重要的心得。哲學家在思考的時候,所能掌握的對象永遠只有兩個:一個是人類,另一個是自然界。但是人類與自然界都在變化中。請問,它們有來源與歸宿嗎?如果沒有的話,人生如夢,所有的一切只是一場夢而已!談不談這些問題其實沒有什麼差別。所以,應該是有來源與歸宿的。

道家的重要性就在這裡。做為來源與歸宿,「道」是勉強取的名稱,人生最高的境界是要悟道。透過人的世界或透過自然的世界,都是要讓人覺悟,它們有來源與歸宿;掌握到來源與歸宿,人的生命就可以放下一切煩惱。就好像我們活在世界上,由何處來弄不清楚;往何處去也不明白;如果覺悟了有來源也有歸

宿，一顆心就可以安頓了。莊子的目的就在這裡。

所以，〈齊物論〉為什麼先談地籟？因為人籟不用多作解釋，人的世界各種聲音還不多嗎？各種音樂還不多嗎？即使是你最喜歡一首樂曲，聽 10 遍受得了嗎？這說明人籟的限制很大，是人類給自己造成的複雜無比的困擾。地籟的限制比較小，自然的條件具備，有這樣的竅孔，風吹過去自然發出這樣的聲音。並不是風要發出聲音，而是那個竅孔在那裡，是那個條件讓聲音出現了。

因此，人籟與地籟都是配合現成的條件而展現。天籟呢？不要用耳朵去聽，不要用心去聽，要用氣去聽。用氣去聽就是：聽了就接受它。放空自己，進入「形如槁木，心如死灰」的狀態，那麼聽到的任何聲音都會變成天籟。明白這一點，接著要探討人類世界的各種「物論」是怎麼回事。

16〈齊物論2・3〉
人的情緒居然有十二種

從〈齊物論〉第三章開始連續8章，都是理論方面的探討，引申發揮莊子的重要觀念，理解起來也不太容易。

首先要了解人的身心狀態，如此才會明白為什麼要「形如槁木，心如死灰」。人的身心狀態是怎麼回事？關於人與人之間的互動，莊子的觀察很深刻，寫法也很犀利，他偏重比較負面的這一邊。人對於萬物所發表的意見、想法或理論，都有其問題。一個人接受世俗的價值觀，他與別人說話的時候，會互相比較及炫耀，努力爭鬥及求勝，由此造成了各種困擾。

在本章，莊子描寫人的世界有認知、說話、恐懼等表現，他直接點出勾心鬥角的複雜狀態。後面接著描寫12種情緒與心態，由此可知莊子對於人類心理狀況的理解。情緒往往是被動的，受外來的影響而產生某種反應，由此也帶來某些心態，加起來共有12種。人的世界確實麻煩，一個人忽然就喜怒哀樂，忽然就處於某些狀況。很多時候是身不由己的。

2・3

大知閑閑，小知閒（ㄐㄧㄢ）閒；大言炎炎，小言詹詹。其寐也魂交，其覺也形開，與接為構，日以心鬥。縵者、窖者、密者。小恐惴（ㄓㄨㄟˋ）惴，大恐縵縵。其發若機栝（ㄍㄨㄚ），其司是非之謂也；其留如詛盟，其守勝之謂也；其殺（ㄕㄞˋ）若秋冬，以言其日消也；其

溺之所為之，不可使復之也；其厭也如緘（ㄐㄧㄢ），以言其老洫也；近死之心，莫使復陽也。喜怒哀樂，慮嘆變慹（ㄓˊ），姚佚（ㄧˋ）啟態；樂（ㄩㄝˋ）出虛，蒸成菌。日夜相代乎前，而莫知其所萌。已乎，已乎，旦暮得此，其所由以生乎！

【譯文】

大的知識廣博通達，小的知識精細分明；大的言論疏淡平凡，小的言論喋喋不休。人們睡覺時心思紛擾，醒來後形體不安，與外界事物糾纏不清，每天勾心鬥角。有的人善於偽裝，有的人心機深沉，有的人思慮細密。小的恐懼提心弔膽，大的恐懼失魂落魄。

他們發動攻擊時，好像射出利箭，專門針對別人的是非來下手；他們按兵不動時，好像賭咒發誓，要求每一次都非勝不可；他們精神衰頹，好像季節步入秋冬，一天天地消沉下去；他們耽溺於自己的所作所為，沒有辦法回復本性；他們頭腦閉塞，好像被箱子封住，愈來愈老朽枯竭；像這種接近死亡狀態的心，是無法讓它恢復生機了。

這一段話實在犀利。有關知識方面，大知識小知識以前說過了，接著說的是大言論小言論，以及大恐懼小恐懼。一個人在與別人往來的時候，確實會看到這樣的情況：有人善於偽裝，有人心機深沉，有人思慮細密等等。最後他說接近死亡狀態的心，無法讓它恢復生機了。這句話提醒我們沉溺於人間的各種作為的後果。每天與很多人來來往往，講不了幾句真話，心理狀態進入老

朽枯竭的情況，自己也沒有感覺，日復一日，明天還是一樣。這一切可以推源於底下的 12 種情緒與心態。

【譯文】

這些人時而欣喜，時而憤怒，時而悲哀，時而快樂，時而憂慮，時而嘆息，時而反覆，時而恐懼，時而輕浮，時而放縱，時而張狂，時而作態；這些表現就像聲樂從虛孔中發出，又像菌類由地氣蒸發而成。它們儘管日日夜夜不停地輪流出現，卻不知道是從哪裡萌生的。算了吧，算了吧，一切都是偶然如此，大概這就是它們出現的緣由了！

這裡提到「喜怒哀樂，慮嘆變慹，姚佚啟態」這 12 種情緒及心態。在古代經典中，一次列出 12 種情緒及心態的，真是難得一見。我們比較熟悉的是前面四種，像《中庸》說的「喜怒哀樂之未發，謂之中；發而皆中節，謂之和。」事實上只有喜怒哀樂這四種情緒嗎？不止，莊子這裡說的 12 種顯然比較完整。但問題在於：你知道這些情緒及心態怎麼出現的嗎？很多時候弄不清楚，不知道為什麼就放縱了，輕浮了，張狂作態了；不知道為什麼就憂慮嘆息了，反覆恐懼了。往往是莫名其妙，有如地氣蒸發了就出現菌類，有如空氣穿過了就發出聲音。這些日日夜夜不停地輪流出現，身不由己，也莫名所以。這是莊子對人的感受與情緒，以及對人的認知與言論所做的初步觀察。人的狀況既然如此，難怪人的世界爭論不休，就算只有兩個人開會，他們開完會之後說的話也不完全一樣，後面加上有人猜測，最後根本弄不清楚什麼是真相。

齊物論 第二　109

自有人類以來，從來就沒有所謂的真相，大家就按照習俗與習慣生活下去。生活在一個虛幻的世界裡，因為根本不知道什麼是真實。已經到了這個地步，你還要進一步宣稱自己有一種理論，認為這世界是有神還是無神，是唯心還是唯物，這不是給人類製造更多困擾嗎？你在感覺方面無法自己控制，而你的認知或言論，往往是先入為主，或者是正好聽到什麼就說什麼。哪一個人不是如此？當然，如果嚴格要求的話，或許沒有人可以說話了。的確如此，因此不要以為自己說的一定對。了解莊子的意思，就會各退一步，不必再相爭，因為相爭也不會有什麼結果，就算贏了又如何？事實勝過雄辯，但事實不能脫離人的認知能力。就算真有事實，怎麼知道那就是事實呢？任何事實都需要解釋，正如歷史是後人所作的解釋。

　　歷史有真相嗎？誰贏了誰寫歷史。寫的人絕對有把握嗎？也不一定。像司馬遷寫的《史記》，成為歷史寫作的典範，但後代研究《史記》，指出其中錯誤的人，不知道有多少？但是不管怎麼錯，後人還是要以他的著作為參考，才能知道怎麼樣去修改。因此還是不可以整個推翻大的基本架構，但那個架構一定是對的嗎？也很難說。

　　任何一個人在說話的時候，都難免受到自己的情緒及心態所干擾，同時也難免受到其他人的影響。譬如你出生的環境如何，父母的工作行業及階級如何，對你的觀念都會造成影響。既然人人如此，那麼人類所提出的各種理論，是不是更要謹慎面對？不要以為只有哲學如此，科學也一樣。科學家的言論都很客觀可靠嗎？科學一直在進步，就表示它的理論一直在改善之中。所以科學精神是開放的、謙虛的。哲學方面亦然，以莊子為例，他首先

要澄清人的真實狀況,指出:人如果未能修養身與心,則所有看法皆可能是偏差的。〈齊物論〉的目的是希望消解人間各種「物論」,轉而探求那做為存在本身的道。

17〈齊物論2‧4〉
忙碌一生卻看不到成功的人生是一片茫然嗎？

　　〈齊物論〉第四章。人有身體，就難免有前面所說的 12 種情緒與心態，確實非常複雜。

　　接著，莊子在本章談一個重要的觀念。他是以存疑的方式來表達，譬如人的認知是相對而成的，那麼請問，有沒有超越人與萬物之上的主宰？再問，就一個人而言，他的身體各種官能在互動，那麼有沒有主導的力量？或者，有沒有一個「心」在主導？在此，莊子發明了兩個詞：真宰與真君。「真宰」是說，宇宙萬物之上有沒有一個真正的主宰？換言之，有沒有「道」？「真君」是說，人的身體各種官能在互動，有沒有一個真正的君主？有沒有一個心在主導？然後，莊子詳細描述人的生命，指出人心如果沒有清楚的覺悟，後面就麻煩了，最後是一片茫然。

2‧4

　　　　非彼無我，非我無所取。是亦近矣，而不知其所為使。若有真宰，而特不得其朕。可行已信，而不見其形，有情而無形。百骸、九竅、六藏（ㄗㄤˋ），賅（ㄍㄞ）而存焉！吾誰與為親？汝皆說（ㄩㄝˋ）之乎？其有私焉？如是皆有為臣妾乎？其臣妾不足以相治乎？其遞相為君臣乎？其有真君存焉！如求得其情與不得，無益損乎其真。一受其成形，不亡以待盡。與物相刃相靡，其行盡如馳，而莫之能止，不亦悲乎！終身役役而不見其

成功，茶（ㄋㄧㄝˊ）然疲役而不知其所歸，可不哀邪！人謂之不死，奚益！其形化，其心與之然，可不謂大哀乎？人之生也，固若是芒乎？其我獨芒，而人亦有不芒者乎？

我們要分三段來介紹。

【譯文】

沒有外在的一切，就顯不出我的存在；沒有我的存在，也無法肯定外在的一切。這兩者其實關係密切，只是不知道是誰造成這樣的對立狀態。好像有個「真宰」存在，可是又找不到它的跡象。它的運作效果十分真確，可是看不到任何形象，它是真實而無形可見的。

這是第一段，這裡所謂的「真宰」，可以理解成「道」。因為它提及我與萬物相對照，兩者是不能互缺的。沒有萬物，我怎麼知道我是我？沒有我，也不能肯定這些是萬物。那麼，上面有沒有「真宰」存在？「真宰」所指的是「道」。原文強調「有情而無形」，它是真實而無形可見的。為什麼它是指「道」？因為在〈大宗師 6‧5〉談到「道」的時候，有兩句話，「有情有信，無為無形」；這正是本章所說的「有情而無形」。既然如此，這不是在講「道」嗎？這裡提醒我們：一個人在認知的時候，都是把自我當作一方，把萬物當作對方，兩者其實不能互缺。在兩者之上有一個做為來源與歸宿的「道」，這是第一段所說的。第二段講到人。

【譯文】

　　百骸、九竅、六藏都齊備於人的身體，我與哪一個部分比較親近呢？你全都喜歡嗎？還是有所偏愛呢？這樣看來，它們都像是臣妾嗎？而臣妾沒有辦法互相管理嗎？還是它們輪流扮演君臣呢？或者有個「真君」存在啊！無論我們是否了解它的實際情況，都不會增加或減少它的真實性。

　　百骸、九竅、六臟，是我們身體的各個部位。你喜歡哪一部分？有所偏愛嗎？它們都是臣妾嗎？注意「臣妾」一詞，將來還會看到。古代所謂「臣妾」，是說一個家有一個主人，他的僕人男的稱臣，女的稱妾。甚至一個普通的工匠見到了國君，也可以自稱為臣。那麼，人身的這些官能，互相作為臣妾嗎？譬如，我什麼時候要用到腳走路，腳就最重要；什麼時候要用到我的手，手就最重要；什麼時候要用到身體裡的某一種內臟，那部分就最重要。這些都是看情況而定，互相作為君臣。但是不要忘記，或許有一個「真君」存在。我的生命有身體的各種部位及其功能，但是，我的心才是主導的力量。我的心可以決定我要用手拿什麼，我要走路去哪裡等等。

　　最後一段是結論，聽起來讓人震撼，等於對人生做了簡單的描述。

【譯文】

　　人承受形體而出生，就執著於形體的存在，直到生命盡頭。它與外在的事物互相較量摩擦，追逐奔馳而停不下來，這不是很可悲嗎？終身勞苦忙碌，卻看不到什麼成功；疲憊困頓不堪，卻

不知道自己的歸宿；這不是很悲哀嗎？這種人就算是不死，又有什麼好處！他的身體逐漸耗損衰老，心也跟著遲鈍麻木，這還不算是大悲哀嗎？人生在世，真是這樣茫然嗎？還是只有我一個人茫然，而別人也有不茫然的嗎？

在人的世界，人們來來往往，出現各種複雜的情況。當時是戰國時代中葉，合縱連橫。學者專家使出渾身解數，希望得到國君的重視，可以發揮自己的理想。表面上是要造福天下百姓，但中間的過程呢？可能發生各種戰爭。莊子這時想的是，世界是怎麼回事？我與外在的一切，是相對的嗎？

當我思考的時候，肯定自己是「我」，與我不同的就是「非我」。「非我」是宇宙萬物，「我」是一個單獨的個體，那麼就要問，有沒有「真宰」？如果有「真宰」，有個「道」，它賦與人的本性是認知能力，因而可以說：有一個自我，同時還有一個廣大的非我。換言之，在兩者之上還有一個「真宰」。如果沒有這個「真宰」，人類即使有天大的本事，最後死了還是要回歸於萬物之中。

接著，人的身體有六臟，有各種器官及其作用，這些作用哪一個為主？這要看你什麼時候需要它，但不要忘記人還有「真君」，也就是心。談到身與心的關係，心應該做為主導。心有時被忽略了，但不可認為它不存在。也就是這裡所說的，無論是否了解它的實際情況，都不會增加或減少它的真實性。一個人有身與心，另外還有第三個層次，稱作靈或精神，這一點將來會談到，但是，「心」顯然是關鍵。

莊子認為，人活在萬物之中，上面有一個「道」。個人生命

有各種能力、作用與需求,但不要忘記有個「心」做為主導。忘記這一點就麻煩了。一有形體出生,就執著於形體的存在,直到生命盡頭。哪一個人不是如此?與外在事物互相較量摩擦,追逐奔馳而停不下來。人的一生不就是如此嗎?

以上簡單幾句話,就展現了莊子思想的架構。人生最麻煩的是「其形化,其心與之然,可不謂大哀乎?」身體慢慢老化耗損,內心也跟著遲鈍麻木,這不是大悲哀嗎?如果身體衰老,而「心」保持年輕的話,是什麼意思呢?「心」有可能悟道,或者走在悟道的路上,那麼,身體的衰老就不會構成太大的壓力,因為一切有開始也有結束,身體是人的心與精神所需要的基礎,不要讓它陷入困境。因此,由心來做主導,也就是所謂的「真君」,真正的君主就是人的「心」。「心」要作選擇,選擇什麼?往上尋找「真宰」,「真宰」就是「道」。如果沒有這麼做,身體衰老了,「心」也跟著衰老,那就是大悲哀啊!《莊子》書中多次提到「大悲」、「大哀」。人生最大的悲哀就是「哀莫大於心死」,這也是莊子的話。身體難免會老會死,「心」如果跟著老了死了,那將完全錯過生命的目的,等於這一生白白做一個人了。心有認知能力,要從區分提升到避難,再提升到啟明。在啟明的階段,心展現出精神,與「道」結合,人的生命才會進入一個正常的軌道。

莊子花了許多篇幅,提醒人注意情緒的干擾與認知的偏差,目的就是要我們對於各種有關萬物的理論(所謂「物論」),不要過度執著,不要自以為是,不要因而阻礙了悟道的契機。

18〈齊物論 2・5〉
哪些成見在左右我們的頭腦？

〈齊物論〉第五章。本章指出：沒有成見就不會有是非。但人怎麼可能沒有成見？有成見代表有所知，有「知」之後還要「言」，發出言論。人因為有成見所以有言論，言論本來是人可以使用的利器，譬如莊子寫作的時候，使用了寓言、重言與卮言。但現在言論居然構成大問題。本章後半段進而談到「道」與「言」的對照。

在《老子》首章，先說「道，可道，非常道」；接著就說「名，可名，非常名。」「名」是概念，人的認知作用首先就需要概念。有了概念之後，就會發表個人心得，構成各種言論。因此莊子對比「道」與「言」，是值得注意的。

2・5

夫隨其成心而師之，誰獨且無師乎？奚必知代？而心自取者有之，愚者與有焉！未成乎心而有是非，是今日適越而昔至也。是以無有為有。無有為有，雖有神禹且不能知，吾獨且奈何哉！夫言非吹也，言者有言，其所言者特未定也。果有言邪？其未嘗有言邪？其以為異於鷇（ㄎㄡˋ）音，亦有辯乎？其無辯乎？道惡乎隱而有真偽？言惡乎隱而有是非？道惡乎往而不存？言惡乎存而不可？道隱於小成，言隱於榮華。故有儒墨之是非，以是其所非而非其所是。欲是其所非而非其所是，則莫若以明。

【譯文】

　　如果追隨自己心中的成見，以它為老師，那麼誰會沒有老師呢？何必要明白變化之理呢？從自己心中去找就有了，愚笨的人也一樣有的啊！如果說心中沒有成見，卻有是非觀念，這就好像說今天去越國而昨天已經抵達了一樣。這是把「沒有」的當成「有」。把「沒有」的當成「有」，就算是神智如大禹也不能理解，我又有什麼辦法呢！

　　人們發言，並不是風聲吹過；發言的人有所論述，只是論述的內容尚未定案。它們真的有所論述嗎？還是不曾有過論述呢？他們以為自己的發言與雛鳥的叫聲不同，這兩者有分別嗎？還是沒有分別呢？

　　一個人有成見，就會有各種是非的判斷，說出自己的想法，與其他人的不見得可以配合。這裡指出，如果你說自己沒有成見，卻有是非觀念，那就好像說我今天去越國，但昨天就到了，這不是矛盾的話嗎？接著特別提到大禹。前面多次出現堯與舜，而禹在此第一次出現，並且原文說「神禹」，等於是肯定大禹的智慧。像大禹這麼聰明的人都無法理解，因為你說的是矛盾的話。什麼意思？一個人只要有自己的是非觀念，一定會有特定的成見及立場。有些人常說自己客觀，那是很好笑的事。以前在學校開會，雙方的意見堅持不下時，常有一位同事起來說：你們兩邊不要爭了，聽我說幾句，我這個人最客觀。大家聽了都笑了，因為說「我最客觀」這句話就不太客觀了。哪一個人說話的時候，會承認自己主觀，所以請大家不必重視他的意見？誰會這樣說？人在說話的時候都是先預設自己是客觀的，是沒有成見的。

本章後半段的重點,談到「道」與「言」的對比。

【譯文】

道如何會被隱蔽,以致出現真偽的呢?言論如何會被隱藏,以致出現是非的呢?道如何會去任何地方而不存在的?言論如何會存在而有說不通的?道被小有見識的人物所隱蔽,言論被巧飾浮華的詞句所隱蔽。因此才有儒家、墨家的是非之爭,他們互相肯定對方所否定的,並否定對方所肯定的。如果要肯定對方所否定的,並否定對方所肯定的,那還不如以清明的心去觀照一切。

「道」是怎麼被隱蔽的?你說這是真的那是假的,最後「道」就被混淆了,沒有人知道「道」在哪裡,因為每一個人各有體會。至於「言論」,就比較清楚,因為「道」對我們來說顯得比較高遠而抽象。「言論」比較明顯,但「言論」是如何被隱蔽而出現是非的呢?一個人說話對不對,有沒有是非?他一定是有所對有所錯。

「隱蔽」一詞很有意思:西方在古希臘時代所用的「真理」一詞,原意就是「揭開隱蔽」,真理(alétheia)就是揭開來(to discover),把蓋子揭開。意思是:你用言論去表達真理,則表達多少就遮蔽多少。換句話說,每一個人說話都會覺得有點辭不達意,說完之後發現聽的人情況不一樣,理解也不同。但是我說的還是原來的話。於是說出多少就遮蔽多少,等於是我說了一半,另一半被遮蔽起來了。這也正是教書的困難。

我上課時介紹哲學思想,總是盡力而為,認真舉例說明,但學生還是只聽到他能接受的部分,不可能超越那個範圍。就好像

齊物論 第二 119

杯子有圓的也有方的，倒進去的水自然就變成圓的與方的，要依杯子的形狀而定。杯中如果有其他東西的話，倒進去的水也被混淆了，所以莊子說：「道被小有見識的人物所隱蔽，言論被巧飾浮華的詞句所隱蔽。」

說到「道」被隱蔽，《莊子》書中的例子還真不少。有的人同莊子討論甚至辯論，他的觀點往往就是：我就是這樣的立場。譬如在〈逍遙遊〉最後兩章，莊子兩度同惠子辯論，談到大葫蘆沒用，大樹沒用，那就是惠子的想法。他對於「有用」已有固定的看法，這一來就看不到一樣東西的其他用處。他先有一個成見，認定這樣才是好的，而其他的好處就看不到了。

我們小時候以為這樣好那樣好，長大之後發現不一定，最後才覺悟：所有的一切，只要發生都有它的理由。就像你要聽天籟，就必須敞開心胸，對於任何聲音，不管是人發出的或自然界發出的，只要是聲音，你改變態度，沒有任何執著或立場，都可以把這些聲音當作天籟。

本章第一次提到儒家墨家的是非之爭。儒家我們比較熟悉，墨家墨子的年代比孟子早而比孔子稍晚。所以一般以儒家墨家在戰國時代並稱顯學。「顯學」就是站在台面上的學問，莊子常常提到儒家墨家爭論不休。儒家主張對一個人的愛要有差等，先愛自己的家人、親人，再往外推。墨家則主張要以平等的態度愛每一個人。這就是他們的是非之爭，誰對誰錯？各有其道理，不能說誰完全錯。儒家主張人死之後的埋葬，要按照身分，安排適當的規格。墨家則認為最好簡單一點，把資源用在活的人身上。中國歷代很多珍寶都埋在地底下，後代出現一個特殊的行業「盜墓賊」。這樣看起來墨家的想法比較好嗎？但如果照墨家的做法，

也有別的問題。

　　在《莊子》最後一篇〈天下〉，有兩章提到墨家，也說明了問題何在。儒家與墨家，互相肯定對方所否定的，並否定對方所肯定的，真是針鋒相對，是其所非而非其所是。最後的結論是：真要這麼做，不如以清明的心去觀照一切：莫若以明。「以明」二字是莊子常用的詞。什麼是「以明」？「以明」就是不要有特定的成見，在〈齊物論〉提到「以明」這是第一次，後面還有兩次，就是強調一切是非都是相對的。是非有時是出於立場觀點的不同，有時是由於語詞使用的疏忽，有時是因為現實利害的衝突，有時甚至只是意氣之爭而已。你用清明的心關照一切，就可以提升到更高的層次，看清雙方各自為什麼會有這樣的主張，了解之後就比較容易接受他們各自的優點。

19〈齊物論2・6〉
爭了半天，結果誰對誰錯？

〈齊物論〉第六章。這一章是既有趣又難懂的。它在說什麼？宇宙裡面萬物的存在是相對的，所謂相對是指相待而生，少了一個就沒有相對的另一個。人對萬物的判斷也是相對的，人在判斷時使用的概念，與個體不可能一樣，像「馬」概念與「這匹馬」不一樣。如果概念與個體不一樣，還能爭論什麼？還能提出什麼樣的理論？人的語言不可能完全說明白具體存在的萬物，那還不如放下這一切。

莊子怎麼描寫這樣的觀點呢？

2・6

　　物無非彼，物無非是。自彼則不見，自是則知之。故曰，彼出於是，是亦因彼。彼是方生之說也。雖然，方生方死，方死方生；方可方不可，方不可方可；因是因非，因非因是。是以聖人不由，而照之於天，亦因是也。是亦彼也，彼亦是也。彼亦一是非，此亦一是非，果且有彼是乎哉？果且無彼是乎哉？彼是莫得其偶，謂之道樞。樞始得其環中，以應無窮。是亦一無窮，非亦一無窮也。故曰：莫若以明。以指喻指之非指，不若以非指喻指之非指也；以馬喻馬之非馬，不若以非馬喻馬之非馬也。天地一指也，萬物一馬也。

【譯文】

　　萬物互相形成「彼此」：萬物沒有不是彼的，也沒有不是此的。從彼那一面就看不見此這一面，從此這一面才會了解自己。所以說，彼是由於此的對待而出現的，此也是因著彼的對待而形成的。彼與此是相對而生的，不過，它們同時並起也同時幻滅，同時幻滅也同時並起；同時可以成立也同時不能成立，同時不能成立也同時可以成立。順著說它們是，也要順著說它們非；順著說它們非，也要順著說它們是。所以聖人不採取上述觀點，而以自然之理來照明這一切，也就是順著狀況去做啊！

　　這是第一段，文中出現了「聖人」一詞。前面談過不少關於神人、至人的。聖人是怎樣的情況？從老子的觀點看來，他是悟道的，這是正面的意思。所以一般而言，聖人是正面的描述。但是在談到儒家與墨家所推崇的聖人時，那就是負面的意思了。遇到這樣的聖人，我們會特別加以說明。這一段所指出的是：萬物都是彼此相對待而生，「方生方死，方死方生」；它們同時並起也同時幻滅；沒有「彼」就沒有「此」；同時幻滅也同時並起；同時可以成立也同時不能成立，同時不能成立也同時可以成立。這是莊子的寫作模式之一，就是不斷進行辯證對照，讓你正反兩面都想，最後才明白他的意思，結論是順著狀況去做。譬如春天就穿春天的衣服，夏天就做夏天的事，各種情況包括與人群相處也都一樣，順著狀況去做，不會非要怎麼樣不可。聖人正是以自然之理來照明這一切。接著看第二段。

【譯文】

　　此也是彼，彼也是此；彼也有一套是非，此也有一套是非。真的有彼此之分嗎？真的沒有彼此之分嗎？使彼此不再出現互相對立的情況，就稱為道的樞紐。掌握了樞紐，才算掌握住圓環的核心，可以因應無窮的變化。

　　這裡出現一個詞「道樞」，道的樞紐。掌握道的樞紐，可以「得其環中，以應無窮」。這是莊子的一句名言。把握住一個圓環的中心，就可以對應無窮。圓環上的每一點都是開始也都是結束，再怎麼變化都不能超越核心的範圍。換言之，「彼」與「此」是對立的情況，任何觀點說出來之後，你只要掌握住樞紐就知道這個可以對，那個也可以對，看你的立場在哪裡。這就是所謂的掌握住圓環的核心。

　　最後的結論，很有趣。

【譯文】

　　「是」也是一個無窮的系列，「非」也是一個無窮的系列。所以說，不如以清明的心去觀照一切。用手指來說明手指不是手指，不如用非手指來說明手指不是手指；用馬來說明馬不是馬，不如用非馬來說明馬不是馬。天地其實就是一根手指，萬物其實就是一匹馬。

　　聽到最後這一段可能會頭昏，並且不知道它在說什麼。這裡要稍作解釋。當時有一派思想，就是以惠施為代表的名家，另一位代表是公孫龍。公孫龍有兩個理論很有名。第一個是「指物

論」。「指」代表名詞或概念,「物」就是個體,個別的東西。名詞與個體的關係如何?指物論探討這個問題。另外一個是「白馬論」,就是一般所說的白馬非馬。

莊子本章提到指與馬,他要表達什麼?

他說「以指喻指之非指,不若以非指喻指之非指也」。可以這樣了解:有一根蠟燭,上面點火,火很熱;你拿出一張紙,上面寫一個「火」字,請問這個字熱不熱?不熱啊!真正的火是熱的,而火的概念是不熱的。真正的火同「火的概念」是不是相差很遠?如果你說真正的火其實不是火,不是概念上的「火」這個字,兩者差別很大,就好像水與火不一樣。別人聽了可能會頭昏。

現在我說,真正的火是熱的,而紙上寫的「火」字是不熱的。兩者的差別就同水與火的差別那麼大。這樣說你懂了。

用手指來說明「手指不是手指」,不如用「非手指」來說明「手指不是手指」。重要的是「手指不是手指」在說什麼?具體的一根手指,並不等於「手指」這個概念。就像我說這裡有一匹馬,這一匹馬有長寬高、體重,毛色,牠同我寫在紙上的「馬」這個概念是不一樣的。

換言之,這匹馬是個別的、特殊的,而「馬」概念是普遍的、共通的,兩者的差異就像牛與馬不同一樣。牛與馬的差別太明顯了。這一匹馬與「馬的概念」的差別也是太明顯了。就個別的馬來說,天下沒有兩匹馬是一樣的,個別的馬有各自的特色。牠在特定的時空,有特定的體質上的差異。沒有兩匹馬是一樣的,但通通屬於「馬」這個類。

莊子為什麼講到這麼複雜的一段話呢?可能是因為當時的名家提出類似的說法,造成思想上的混亂。所謂「指物論」,

齊物論 第二 125

「指」是指名詞,是一個「類」(這一類);「物」是指個體,這一隻或這一匹。「指」與「物」不同,就是在說概念與個體不同。概念包含眾多個體,而個體與個體是不一樣的,所以概念與個體差別很大。

莊子講話的用意是希望大家不要再爭論,因為這些只是名詞的分辨而已。莊子說的言簡意賅,但名家公孫龍子那一派學者,講得比這些複雜多了,足以讓一般人頭昏。

結論是什麼?天地其實就是一根手指。天地代表大,一根手指代表小。天地那麼大,其實就像手指一樣。萬物代表多,其實就是一匹馬。大與小不用區分;多與少也不用區分,因為都在「道」裡面。所有的區分都是人在區分。人的認知能力可以獲得各種概念,用概念去掌握個體的時候,才可以進行思考活動。這本來是十分自然的事。

譬如,老子《道德經》第一章說「無名,萬物之始;有名,萬物之母」。第一句是依帛書本把「天地之始」改為「萬物之始」,意思是:名稱未定之前,那是萬物的起始。重點在於第二句「有名,萬物之母」,意思是:名稱出現之後,就是萬物的母體。譬如,有了「馬」這個概念,就可以涵蓋所有個別的馬。等於是「馬」這個概念是母親,而個別的馬如同母親所生的子女。

講到這裡就可以告一個段落,何必還要像公孫龍這些人,去詳細分辨「指」與「物」不一樣,或者白與馬可以分開,最後弄出許多詭辯,讓天下人聽了頭昏腦脹。像這樣的理論該不該把它消解?指出它沒有什麼特定的價值,沒有誰對誰錯的理由?

然後,儒家與墨家也不必爭了,所有環繞這些名詞與概念在辯論的人,都是費盡力氣而沒有什麼成果的。

20〈齊物論2・7〉
少年得志與老來富貴，你選哪個？

〈齊物論〉第七章。上一章最後說：天地就是一根手指，萬物就是一匹馬。莊子希望人們泯除大小的爭論、多少的分辨。那麼，接著要想：對萬物採取什麼看法必較好？本章要談類似的問題。基本上可分三段。

首先，關於萬物，人首先給它們取名字，然後互相比較。譬如，太陽比月亮大，古代比今天好，這些都是有了名字之後加以比較，但事實上，萬物差不了多少，都在變化之中。各有其生成的過程，也有其毀滅的方式。需要知道的是：萬物從「道」而來，再回歸於「道」。這是莊子思想的基調。

第二段提醒你要明白萬物相通為一，在道之中合成一個整體。明白的話，就知道何謂「平常心就是道」。

最後會談到本章的標題，所謂少年得志，就是朝四暮三；而老來富貴就是朝三暮四。你要選擇哪一樣？

2・7

道行之而成，物謂之而然。惡（ㄨ）乎然？然於然。惡乎不然？不然於不然。物固有所然，物固有所可。無物不然，無物不可。可乎可，不可乎不可。故為是舉莛（ㄊㄧㄥˊ）與楹，厲與西施，恢詭譎怪，道通為一。其分也，成也；其成也，毀也。凡物無成與毀，復通為一。唯達者知通為一，為是不用而寓諸庸。庸也者，用

齊物論 第二　127

也;用也者,通也;通也者,得也。適得而幾矣。因是已,已而不知其然,謂之道。勞神明為一而不知其同也,謂之朝三。何謂朝三?狙(ㄐㄩ)公賦芧(ㄒㄩˋ),曰:「朝三而暮四。」眾狙皆怒。曰:「然則朝四而暮三。」眾狙皆悅。名實未虧而喜怒為用,亦因是也。是以聖人和之以是非而休乎天鈞,是之謂兩行。

【譯文】

路是人們走過才形成的,萬物是人們稱呼才是如此的。為什麼說「是」?「是」有「是」的道理;為什麼說「不是」?「不是」有「不是」的道理。萬物本來就有「是」的道理,萬物本來就有「可」的道理。無一物「不是」,無一物「不可」。「可」有「可」的道理,「不可」有「不可」的道理。因此之故,像樹枝與屋樑,醜人與西施,以及各種誇大、反常、詭異、奇特的現象,從道看來都是相通為一體的。有所分解,就有所生成;有所生成,就有所毀滅。所以萬物沒有生成與毀滅,還會再度相通為一體的。

這一段清楚告訴我們,萬物從道而來,又回歸於道;在一來一去的過程中,人類給萬物取名字,進行各種比較,但事實上都在變化之中。萬物都在道裡面,所以相通為一體。明白這一點,就知道為什麼人們可以說「平常心是道」。

【譯文】

只有明理的人知道萬物相通為一體,因此就不再爭論而寄託

於平庸的道理上。平庸,就是平常日用的;平常日用的,就是世間通行的;世間通行的,就是把握住關鍵的。能到把握關鍵的地步,就接近道了。這正是順著狀況去做,達到此一階段而不知其中緣故,就叫做道。

明理的人不再爭論。人類在世界上分成許多族群,使用各自的語言,有類似的也有不同的觀念,所以在很多事情上都會爭論,這是可以理解的。但是最後你會發現,還是平常的道理最好。

有一部美國西部片,片裡的主要角色都是槍手。有一個農夫的兒子,很羨慕當槍手的主角,一直對主角說,我希望向你學習槍法。槍手最後告訴這個孩子,他說,你父母親是農夫,他們才是真實的生命的基礎,與土地結合,老老實實過日子。千萬不要羨慕我,像我這種槍手四海為家,其實是浪跡天涯,到處都沒有家。你以為我在主持正義,但事實上很難判斷誰錯誰對,所以你還是走平常的道路,尊重你的父母親,好好過日子。

這正是莊子所說的:平常的狀況裡面就有「道」,否則不可能長期流傳下來,又能夠讓人們按這個方式去生活。這裡面就有「道」了。所謂「道通為一」,可以說明人間的許多事情,在「名」與「實」方面都不需要去比較或計較。

【譯文】

人們費盡心思去追求一體,卻不知萬物本來就是相同的,這叫做「朝三」。什麼是朝三呢?有一個養猴子的人拿栗子餵猴子,說:「早上三升,晚上四升。」猴子聽了都很生氣。他改口說:「那麼早上四升,晚上三升吧!」猴子聽了都很高興。名與

實都沒有改變,而應用之時可以左右猴子的喜怒,這也是順著狀況去做啊!所以聖人能夠調和是非,讓他們安頓於自然之分,這就叫做「兩行」:是非並行而不衝突。

「朝三暮四」與「朝四暮三」,這兩句話以及相關的猴子的故事,也曾見於《列子‧黃帝》,代表這是古人熟悉的寓言。古代有些人養猴子,越是聰明伶俐的猴子,越是先被人捕捉到。今天熟悉的是馬戲團,在古代則是猴戲團,用猴子來表演各種有趣的動作,可以招來大人與小孩的喜愛。

因此,有一個專門飼養猴子的人,養到後來可能經濟出現問題,要節約一下食物,就跟猴子商量。寓言故事裡的人與動物可以溝通,可以互相了解。於是養猴子的人就說:以後早上吃三升栗子,晚上再吃四升栗子。猴子聽了都很生氣。

這裡說的猴子是比喻我們一般人,一般人聽到早上給三升,晚上給四升,為什麼生氣呢?總數加起來是七。但很多人不會想得那麼遠,他們只想說先拿到三升太少了。那麼這個養猴子的人就順著狀況去做(因是),什麼意思呢?你遇到什麼樣的人,同他相處時,不要勉強。譬如我們遇到外國人,或者念書的時候看到古人的情況,不要勉強說誰一定對誰一定錯,而要了解他的情況及他的需求。

養猴子的人很聰明,立刻改口說:好吧!以後給你們早上四升栗子,晚上三升栗子。猴子聽了都很高興。我們旁觀者清,會覺得猴子的算數不太靈光,前面3+4=7;後面4+3也是7。總數都是7,為什麼那麼在意兩者的差別呢?

早與晚其實是有差別的。「早」是指一個人少年得志,才

20歲上下就神采飛揚，嶄露頭角，受到大家的重視。所以早上四升很好。至於晚上誰管他，已經晚上了看不清楚。但人總是要慢慢活下去啊！然而有些人擔心沒有把握可以活到很老，還不如先享受再說。

這也是為什麼大多數人會喜歡先拿多的，聽到「少年得志」，總覺得是美好的事情，好像一個人的才華很早就表現出來，受到人們的肯定，贏得很多掌聲。如果等老的時候再來表現，可能許多跟你同代的人都離開了。

人們常常想要衣錦還鄉，如果錦衣夜行有什麼意思呢？功成名就，就要回家鄉。家鄉的父老看到我會說，想不到這個人以前很平凡，現在還真不錯。

以漢高祖劉邦為例，他當了皇帝之後，還要同父親計較一下。他父親以前常常教訓他：學學你二哥，你二哥生意做得多好，賺很多錢，你呢？在街上當混混。劉邦現在問他爸爸：請問父親大人，您現在覺得我跟二哥比較怎麼樣啊？這有什麼好比的？你都是天子了，天下都是你的。由此可見劉邦這個人很有趣，同時記憶力也不錯。他就是標準的「朝三暮四」。不止四了，可能到十了。所以人活在世界上，經常會考慮這些事情，這是難免的。

莊子的寓言提醒我們：總數是一樣的，所以對於早拿多或晚拿多，要看開一點。早有早的得意，晚有晚的樂趣，腳踏實地好好活著，珍惜每一天，掌握每一次機會，表現自己的本事最重要。並且不要忘記，在「道」裡面萬物是一個整體。既然是整體，則這一生大大小小的煩惱，都可以化解，何況是「朝三暮四」或「朝四暮三」？

21〈齊物論2・8〉
古人的最高智慧居然是看穿一切

〈齊物論〉第八章。本章是〈齊物論〉的核心部分，也是整本《莊子》書中的一個重點。他在說什麼呢？我們介紹〈齊物論〉時，一開始就強調，要把這三個字理解為「齊」各種物論。如果古人的最高智慧看穿了一切，發現根本是「無物存在」，從來沒有任何東西存在過，那麼還談什麼物論？他從根本上就把所有的物論通通消解，不必再有任何糾纏了。

本章可分三段來說。首先提及古人的智慧，到底是怎麼回事？由此一路往下分幾個層次。接著說明「道」為什麼會虧損，以及人間為什麼會有各種專長的表現。最後強調人間的成就都是相對的。

2・8

古之人，其知有所至矣。惡乎至？有以為未始有物者，至矣，盡矣，不可以加矣。其次以為有物矣，而未始有封也。其次以為有封焉，而未始有是非也。是非之彰也，道之所以虧也。道之所以虧，愛之所以成。果且有成與虧乎哉？果且無成與虧乎哉？有成與虧，故昭氏之鼓琴也；無成與虧，故昭氏之不鼓琴也。昭文之鼓琴也，師曠之枝策也，惠子之據梧也，三子之知幾乎，皆其盛者也，故載之末年。唯其好之也，以異於彼，其好之也，欲以明之彼，非所明而明之，故以堅白之昧終。

而其子又以文之綸終,終身無成。若是而可謂成乎?雖我亦成也;若是而不可謂成乎?物與我無成也。是故滑(ㄍㄨˇ)疑之耀,聖人之所鄙(ㄅㄧˇ)也。為是不用而寓諸庸,此之謂以明。

【譯文】

　　古代的人,他們的知識抵達頂點了。抵達什麼樣的頂點呢?有些人認為根本不曾有萬物存在,這是到了頂點,到了盡頭,無法增加一分了。其次,有些人認為有萬物存在,但是萬物之間未曾區分。再其次,有些人認為萬物之間有區分,但是未曾有誰是誰非的爭論。是非一旦彰顯,就造成道的虧損。

　　這是第一段,其中關於人的境界分為四個層次。
　　最高的境界是明白根本不曾有萬物存在,莊子特別強調「至矣,盡矣,不可以加矣。」簡直是不能再多說半句了。這句同樣的話在〈庚桑楚 23·6〉再度出現,可見莊子非常重視這個觀點。
　　我接觸西方哲學超過半個世紀,有一句話印象最深,就是西方哲學家一路探討下來,經常問一個問題,「為什麼是有而不是無?」這句話什麼意思?宇宙萬物是「有」,為什麼不是「無」?提出這個問題,是因為「無」比較合理。所謂合理,就是說宇宙萬物一直在變化之中,它們的本質是虛無的。凡變化之物,皆有開始有結束,根本上是沒有存在的必要的。現在它們居然存在,所以必須做解釋。哲學就是對這種現象加以解釋。
　　古希臘時代的哲學家強調,「哲學起源於驚訝」。這個世界

充滿變化而居然存在,實在讓人驚訝,所以要尋找理由,要尋找什麼?要找到存在本身,以此做為萬物的來源與歸宿。哲學的目標就在這裡。哲學的原意是「愛好智慧」,要追求「究竟真實」,就是最後的真相。西方哲學家問:宇宙萬物為什麼是「有」而不是「無」?因為「無」比較合理。結果呢?莊子在兩千多年前已經說了:古人的最高智慧,是明白「根本不曾有萬物存在過」。聽到這句話,你立刻想問,那麼我現在是在做夢嗎?

不是做夢,你要了解萬物的本質並不保證存在,真正存在的向來只是一個「道」,萬物從道而來,回歸於道。萬物在變化之中,你說萬物存在,真的存在嗎?道家的意義就在這裡。這樣才可以化解在存在上的虛無主義的危機,這一點我們在講老子的時候,強調過很多次了。這第一層知識太難了,聽起來就有很大的壓力。

其次,第二層知識是什麼?是肯定萬物存在,但是其間沒有區分。不要去分什麼天地、山河、海洋等等。

第三層知識是有區分,但是沒有誰是誰非的爭論。凡存在之物都在「道」裡面,但是人的現實世界連這一層都達不到,總是要彰顯是非,結果造成了「道」的虧損。

【譯文】

　　道因而有了虧損,偏好也因而有了成就。真的有成就與虧損嗎?真的沒有成就與虧損嗎?有成就與虧損,這表現在昭文彈琴上;沒有成就與虧損,這表現在昭文不彈琴上。昭文擅長彈琴,師曠擅長舉杖擊節,惠子擅長據梧論辯,這三個人的才智都相當傑出,也都有各自的成就,所以事蹟被人記載下來。正因為他們

所愛好的異於眾人,又想把自己所愛好的讓別人明白,別人不可能明白而勉強他們明白。結果就會像惠子一樣,一輩子抱著無人能懂的堅白論。而昭文的兒子只會繼承他父親的技藝,以致終身都沒有成就。

這一段比較具體,說明人類的世界由於某些人發揮各自的專長,比較各自的才智,結果使統一的「道」虧損了分裂了,分裂之後才有人間的成就。

譬如,一個人專注於練習彈琴,另一個人專注於辯論技巧,然後他們在各自的領域遠遠超出一般人。他們的成就看起來很傑出,因為到今天還有各項世界紀錄的保存者,一般人以他們做為標竿想要超越,就要下很大的功夫,把一生的力氣與聰明才智,全部用在一項技藝上面,才有可能突破。但是,這一來可能忽略生命中其他的部分,可能連基本的生活能力都不太熟悉,連基本的做人處世都有問題。這是好事嗎?

莊子在此舉例批評三個人才。第一位是音樂家昭文;第二位是師曠,也是音樂家;第三位是惠子,就是前面與莊子辯論過的名家學者。莊子批評惠子一輩子抱著沒有人能懂的「堅白論」。「堅白論」是名家的重要理論。一個人不能說「堅白石」三個字,只能說堅石或白石。用手去摸一塊石頭,摸到它的堅硬,但摸不到它的白色;用眼睛看,可以看到石頭的白色,但看不到堅硬。堅與白來自不同的感官,可以分開使用但不能同時用在石頭上。這種爭論實在無聊,所以莊子嘲笑他的說法是別人一輩子都聽不懂的。就算「堅白論」你說的對,別人辯不過你,你去得意吧!得意什麼?也沒有人知道。就像前面公孫龍主張的「白馬

論」,他宣稱白馬不是馬。有一次他騎馬進城的時候,城門要收馬的稅,公孫龍說,我這是「白馬」,不是「馬」,所以不用交稅。守關的人說:那麼你留下白馬吧!你可以辯稱白馬非馬,但進關的時候還是必須老老實實交稅,一毛不能少。

【譯文】
　　像他們這樣可以說是有成就嗎?那麼即使是平凡的我也有所成就了。像他們這樣還不能說是有成就嗎?那麼眾人與我也都無所成就了。所以,迷亂世人的炫耀行為,是聖人所鄙視的。因此,不用再爭論而寄託於平庸的道理上,這就叫做:以清明的心去觀照一切。

　　最後再度出現「以明」,就是以清明的心觀照一切,不要有混亂的思想、是非的觀念,這樣才可以看透真相。前面提到的三個人,看起來很有成就,但是他們算是有成就的話,哪一個人沒有一點成就?每一個人都有他的專長,孔子也說過「三人行,必有我師焉」,這當然出於教育的考量:「擇其善者而從之,其不善者而改之」。莊子認為自己也有專長,至少辯論的本事比惠子高明,將來還會看到相關的例子。

　　但另一方面,這三個人如果還不能說是有成就的話,那麼天下人也都沒有什麼成就可言了。江山代有才人出,在當時都是轟動一時,萬方矚目。但是,一段時間之後,情況改變了,誰在乎誰?把歷史上有本事有名聲的人列出來的話,不知道有多少?西方哲學家蒙田(Montaigne, 1533-1592)說過:在本國大名鼎鼎的人,到了地球的另外一邊,誰知道他是誰?連他的名字怎麼拼都

拼不出來。

　　本章在這個地方又提到聖人了。莊子筆下的「聖人」在內七篇大都是正面的。譬如，〈逍遙遊 1・7〉並列「至人無己，神人無功，聖人無名」，表示他們都是悟道的。一般人聽到「聖人」會比較尊重，但如果是儒家、墨家所說的「聖人」就有問題了，這一點將來再說。

　　結論是什麼？不要炫耀自己的特殊作為，一切事情平平常常就夠了。平庸的道理最好，由此可以推展出人們常說的「平常心就是道」。

　　本章談到古人的最高智慧，是領悟了「從來不曾有萬物存在」。想一想，百年之後、千年之後，今天存在的一切還在嗎？可能除了冥靈樹、大椿樹通通不見了，而那兩棵大樹也有一定的期限啊。

　　對照古今中外的思想，都有相通的地方。西方哲學界最大的問題就是：為什麼是「有」而不是「無」？這個問題的含意，是要從萬物都是虛幻的開始探討。所以人生一定要找到做為來源與歸宿的「道」。

22〈齊物論 2‧9〉
原來萬物與我是一個整體

　　〈齊物論〉第九章。首先要請你思考：向過去追溯，能夠掌握到「開始」嗎？能夠掌握到「有」嗎？「開始」代表時間上最早的那一點，「有」代表有萬物存在。那麼，能不能找到「開始」及「存在」的東西呢？前面說過，古人的最高智慧是明白不曾有萬物存在，那麼，人的思想在回到根源的時候有什麼東西？就算掌握到的話，能夠說得清楚嗎？

　　莊子認為，如果可以整齊看待天下萬物，各種區分都沒有必要了。從無限來看，萬物在空間上的大小，完全化解了；從永恆來看，萬物有的長壽有的夭折，也沒有差別了。那麼，區分有什麼意義呢？因此，泯除一切區分，在時間上、空間上消解之後，就會發現「天地與我並生，而萬物與我為一」。

2‧9

　　　　今且有言於此，不知其與是類乎？其與是不類乎？類與不類，相與為類，則與彼無以異矣。雖然，請嘗言之：有始也者，有未始有始也者，有未始有夫未始有始也者。有有也者，有無也者，有未始有無也者，有未始有夫未始有無也者。俄（ㄜˊ）而有無矣，而未知有無之果孰有孰無也。今我則已有謂矣，而未知吾所謂之其果有謂乎？其果無謂乎？夫天下莫大於秋豪之末，而大（ㄊㄞˋ）山為小；莫壽於殤（ㄕㄤ）子，而彭祖為夭。

天地與我並生，而萬物與我為一。既已為一矣，且得有言乎？既已謂之一矣，且得無言乎？一與言為二，二與一為三。自此以往，巧歷不能得，而況其凡乎！故自無適有，以至於三，而況自有適有乎？無適焉，因是已！

【譯文】

現在譬如有人在這裡說了一番話，不知道這番話與別人說的是相同呢？還是不同？不管相同或不同，既然同樣都是說話，彼此就沒有差別了。雖然如此，還是讓我試著說說。宇宙有它的「開始」，還有它的「尚未有開始」的階段，更有它的「尚未有『尚未有開始』」的階段。

宇宙有「有」的狀態，也有「無」的狀態，還有「尚未有無」的狀態，更有「尚未有『尚未有無』」的狀態。忽然之間出現了「有」與「無」，但不知道這個「有」與這個「無」，究竟誰是「有」誰是「無」。現在我已經說了一番話，但不知道我所說的這一切，真的有說嗎？還是真的沒有說？

這一段聽起來不易了解。如果宇宙有開始，那麼請問開始之前是什麼？是「尚未有開始」。在這個之前呢？——「尚未有『尚未有開始』」。這樣一直往前推，能夠說得完嗎？說不完。所以，如果萬物有開始，就要一直問「開始之前是什麼」？

譬如，談到萬物的開始，有的人會想到是不是「霹靂說」，就是大爆炸理論。他可以問，請問大爆炸以前是什麼？莊子就是問類似的問題。大爆炸以前一定有什麼東西，否則是什麼東西在爆炸？那個東西之前又是什麼東西？最後，問題無解。

以人的理性來說，不論「霹靂說」或「黑洞說」，都沒有辦法說清楚開始的情況，因此只能把問題放在一邊。但是要記得，今天世界上有萬物的存在及變化，既然在變化，就表示它本身沒有自己的基礎，所以需要去尋找來源與歸宿。

　　接著看存在的東西，宇宙有「有」的狀態，也有「無」的狀態。「有」與「無」這兩個字，在老子的時候比較簡單。「有」代表有形，「無」代表無形，有形之物來自於無形之物（《老子》第40章）。人的視覺是掌握一樣東西最直接的方法。

　　到了莊子的時候，用詞更進一步，「有」與「無」是指兩種狀態，而不再是有形、無形。「有」就是有東西，有萬物。在此之前呢？「無」萬物。萬物在變化，當然有「無」的可能性。任何東西只要有開始有變化有結束，都有一個它還沒有出現的階段，這稱做「無」。

　　說有「無」，就有「尚未有無」的狀態，「無」之前是什麼？如果「無」之前也是「無」的話，那不是重複嗎？「無」之前是一種「尚未有無」的狀態，只能這樣講。莊子推了兩次，「尚未有『尚未有無』」的狀態，不能再推了，再推的話就是無限後退，不會有結論。

　　這裡可以聯想一下。西方人怎麼談論他們信仰中的上帝呢？他們相信上帝創造一切，我們可以用莊子的方式來問：上帝是怎麼來的？上帝之前是什麼？我女兒小時候上幼稚園，聽到老師說，上帝創造世界。她回家就問我說，上帝是誰造的？我當時沒有辦法回答這個問題，因為跟她講不清楚。她如果念大學的話，我就可以回答她了。

　　我們可以這樣設想。

「假設上帝是 X 所造,則 X 才是上帝。上帝的名詞用錯地方了。再問 X 怎麼來的?假設 X 是 Y 所造,那麼 Y 才是上帝。你可以繼續問,XYZ 再從 ABCD 開始,你一直問,我一直這樣回答,結論是什麼?結論是,上帝的定義是:他本身不能是被造的。

這樣聽起來有一點像在詭辯。但這不是詭辯。後面會念到〈大宗師 6‧5〉,莊子講「道」的時候,用了四個字:「自本自根」,自己為本、自己為根。自己為本自己為根的話,就是它可以創造萬物,或者萬物從它而來。但它本身不能有別的來源,因為它「自己為本,自己為根」。這同我剛剛回答大學生的模式一樣。

你問上帝是誰造的,我只能回答你:假設上帝是 A 所造,那麼 A 才是真的上帝。你原先說的那個上帝,用錯地方了,他被 A 所造,A 才是上帝。那麼 A 被誰所造?你不能再問,因為上帝的定義是他不能被造,他是「自本自根」,因而做為萬物的來源。

西方人用來描寫上帝的詞是「自因」(Causa sui):自己是自己的原因。這正是「自本自根」。由此可見,大家都是有腦袋可以思考的,結論也都是類似的。

【譯文】

天下沒有比秋天兔毛尖端更大的東西,而泰山還算小呢;天下沒有比夭折的嬰兒更長壽的人,而彭祖還算短命呢。天地與我一起存在,萬物與我合為一體。既然合為一體,還能有話說嗎?既然說了合為一體,還能沒有話說嗎?合為一體,與說「合為一

體」這句話，加起來就是二；二與最原始的一加起來就是三。如此推演下去，就是善於計算的人也數不清楚，何況是普通人呢？所以，從無到有，已經推算出三了，何況是「從有到有」呢？不要再追逐這些問題了，順著狀況去做就對了。

這一段內容豐富，前面所謂秋天兔毛的尖端，「秋毫之末」，那是最細的東西。結果它變成最大的，而泰山還算小的，怎麼說？不要說泰山了，從遠處看，地球只是一個黑點。你拿秋毫之末與泰山相比，怎麼比？誰在比？這個比有什麼意義？這是講空間大小的相對性，那麼時間長短呢？嬰兒生下來幾天夭折了，彭祖活了八百歲，但莊子說天下沒有比這夭折的嬰兒更長壽的，彭祖還算短命的。因為從永恆來看，一個月比起八百歲，有什麼差別？差別都是人的感覺與人的認知所造成的後果。所以接著這句話太好了——「天地與我並生，而萬物與我為一」。

什麼是「天地與我並生」？對一個人來說，他去世的時候，天地對他還有意義嗎？不是跟他一起結束了嗎？而他出生的那一剎那，天地對他來說不是才展現出來嗎？「萬物與我為一」，是說萬物與我構成一個整體，為什麼？因為一切都在道裡面，我同萬物原本沒有什麼分別。莊子這句話被翻譯為外文之後，西方學者基本上都認為莊子屬於密契主義（mysticism）。什麼是密契主義？以前把它翻譯成「神祕主義」，不是很恰當。密契主義是肯定自己與宇宙萬物合而為一，關鍵是「合一」的觀念。很多宗教徒信仰神或信仰佛，在禱告的時候忽然有一種感受，感覺自己與信仰的對象合而為一，因而喜悅無比，這就是密契經驗。

西方學者認為「萬物與我為一」就是密契經驗的表現。說實

在，我們不必講這麼複雜的詞。莊子是道家，道家希望人悟道，能夠瞭解「道是萬物的來源與歸宿」，人生的一切變化都可以安頓在「道」裡面，這不就夠了嗎？

比較麻煩是後面所說的「一、二、三」，看到莊子說「一、二、三」，會想到老子《道德經》第 42 章所說的「道生一，一生二，二生三，三生萬物」。這裡要指出，莊子說的與老子說的是兩回事。

老子說的比較具體，後面接著說「萬物負陰而抱陽，沖氣以為和」，這裡有一個上下文的脈絡。這一點可以參考我對老子的解說。

至於莊子這裡說的是什麼？他認為人以言語來談論這些是徒勞的。人的說話都在使用認知能力與分辨的技巧，分辨這個一樣那個不一樣，分辨了半天都是白費力氣，這些分辨只有對人的世界有點用處。

前面聽過朝三暮四、朝四暮三，這裡講到一、二、三，很多東西都是人類說話所造成的問題。盡量少說話，或者盡量約束說話的範圍，問題就消失了。

23〈齊物論 2・10〉
不知就承認不知，才是真正的高明

　　〈齊物論〉第十章。〈齊物論〉從第三章到第十章，是理論性很高的內容，要理解這些觀點會覺得相當困難，但是又十分重要。本章是一個簡單的結論，可以分兩段來說。首先對照「道」與「言」，藉此平息各種物論。其次，強調「五不」，就是關於真正高明的「道、辯論、仁德、廉潔、勇敢」，都要以否定來表示最大的肯定。這確實是悟道之後應有的作為。

2・10

　　夫道未始有封，言未始有常，為是而有畛（ㄓㄣˇ）也，請言其畛：「有左，有右，有倫，有義，有分，有辯，有競，有爭，此之謂八德。」六合之外，聖人存而不論；六合之內，聖人論而不議；《春秋》經世先王之志，聖人議而不辯。故分也者，有不分也；辯也者，有不辯也。曰：「何也？」「聖人懷之，眾人辯之以相示也。故曰：辯也者有不見也。」夫大道不稱，大辯不言，大仁不仁，大廉不嗛（ㄑㄧㄢ），大勇不忮（ㄓˋ）。道昭而不道，言辯而不及，仁常而不成，廉清而不信，勇忮而不成。五者圓而幾向方矣。故知止其所不知，至矣。孰知不言之辯，不道之道？若有能知，此之謂天府。注焉而不滿，酌焉而不竭，而不知其所由來，此之謂葆光。

144　傅佩榮講莊子：第一冊・內篇

【譯文】

道本來是沒有疆界的,言語本來是沒有定論的,為了爭一個「是」字,就有了分界。讓我來說說這些分界:「有贊成左邊的,有贊成右邊的,有談論的,有評議的,有區分,有辨別,有強說,有對辯。這是八種各有所得的表現。」對於天地之外的事,聖人存察於心而不談論;對於天地之內的事,聖人談論而不評議;對於記載先王事蹟的《春秋》史書,聖人評議而不爭辯。因為這是在區分中有所不分;在爭辯中有所不辯。要問「這是怎麼回事?」「聖人包容萬事萬物,眾人則靠爭辯事物來互相誇耀。所以說,爭辯的人總有未見之處。」

「六合之外,聖人存而不論」。「六合」是指天地與四方,六合之外的事,像有沒有外星人,就存而不論。「存」是指存察於心,保持關懷。譬如其他星球的狀況,甚至不同星系的狀況,聖人存而不論,並不是否定他們,而是關心但不用談論,因為古代沒有太多實證的根據。

其次,「六合之內」是指天地四方之內的事,可以談論但不用去評議。譬如,天為什麼那麼高?地為什麼那麼廣?這裡為什麼會有丘陵?那裡為什麼會有沙漠?沒有必要評議這些,它們就是如此存在,有高山就有深谷,相對而生,所以不用評議。

接著,記載先王事跡的《春秋》史書,聖人議而不辯。要評議,但不用爭辯,為什麼?都是歷史上已經發生的事情,譬如你說孔子在世受了委屈,這可以評議但不用辯論。有人說孔子是喪家狗,孔子本人並沒有很在意,所以不用辯論誰才是真正的喪家狗。

歷史上已經發生的事,辯論並不會使它改變。後面提到,這是在區分中有所不分,在爭辯中有所不辯。聖人包容萬事萬物,與眾人不一樣,眾人靠爭辯來互相誇耀。爭辯的人總有未見之處。這裡談到的三個層次,六合之外,六合之內與歷史事實,聖人以不同的態度來面對。

　　本章指出,道原本沒有疆界,一切都在道裡面;言語原本沒有定論,每個人說話都有些理由及根據,只是未必了解根據是什麼,而根據也未必普遍有效。

【譯文】

　　大道不需說明,大的辯論不需言語,大的仁德不需偏愛,大的廉潔不需謙讓,大的勇敢不需逞強。

　　一口氣說了五大:道、辯論、仁德、廉潔與勇敢。接著繼續發揮。

【譯文】

　　道,說得清楚就不是道;言論,要靠爭辯就有所不及;仁德,有固定對象就不能周全;廉潔,自命清高就不近人情;勇敢,逞強鬥狠就不能成功。這五者全都把握住,就差不多走上正確的路了。所以,一個人知道在自己所不知道的地方停下來,他的知識就達到頂點了。誰能知道不需言語的辯論,不需說明的道呢?如果有人能夠知道,這就叫做「天府」——自然的寶庫。無論注入多少水都不會滿溢,無論倒出多少水都不會枯竭,但又不知這種能力是怎麼來的。這就叫做「葆光」——含藏光明。

「道，說得清楚就不是道」，這句話非常精准。我們可以回到《老子》去看，《老子》第一章說，「道，可道，非常道」。意思是：道，能說得清楚的就不是道。關於《老子》第一章，有些人在斷句上別出心裁說「道，可道，非常道」，這六個字可以念成「道可，道非，常道」。聽起來很有創意，但並不是老子的意思。莊子才是繼承老子最有代表性的思想家，《莊子》書中一再出現「可以說出來的就不是道」，這與老子的說法是一致的。

我們要尊重作者，莊子這裡提到五方面：大的道、大的辯論、大的仁德、大的廉潔、大的勇敢。像仁、廉、勇都是正面的價值，但前面加一個「大」字，就有了超越性。一個人辯論時口若懸河固然不錯，但是大的辯論不能靠言語。佛教有一種境界叫「聖默然」，「默然」就是不說話，因為不可思議、不可言說，那是最高境界。所以佛陀說法45年，最後說，「我不曾說過一個字」，意思就在這裡。

真正要覺悟的，不是佛經的內容，也不是某一本書的文本，真正要覺悟的是其中的智慧。《莊子》書中，千言萬語都是要突顯這個智慧。然而人的問題就在這裡。人有認知能力，表現出來就是說話，說話造成各種理論，然後變成百家爭鳴。爭了半天，每一個人都有一些理由，也都不可能全對，真正的全對是不需要說話的。

人的行為也是如此，仁德、廉潔、勇敢都很好，但真正到大的層次，就是超越一般人所看到的，以為勇敢就是橫衝直撞，廉潔就是一文不取，最後別人會覺得你好勝逞強或自命清高。真正的仁德是沒有偏愛，就像老子說的，「聖人不仁，以百姓為芻

狗」。不仁就是沒有偏愛，沒有偏愛才可以一視同仁。悟「道」之後就要效法「道」，無所不照顧，讓一切順其本性去發展。

　　學習莊子有一些關鍵之處，像〈齊物論〉確實難懂，因為在短短的篇幅裡，說到古人的最高智慧。單單要了解「未始有物」這四個字，可能會覺得自找麻煩，好像沒有必要到那個層次吧！那麼可以往下走。有些人說，有萬物存在，但能不能做到不要分別呢？有些人說，不分別不行；但能不能做到沒有是非呢？是非就是要比較這個更好那個更差。把這些是非展示出來之後，人間所謂的天才人物與傑出的能力，通通出現了，出現之後麻煩也大了。哪一個人會覺得自己正常呢？會覺得自己不錯呢？恐怕沒有了。

　　換言之，古人智慧很高，我們學不到，但至少可以學到的是：不知道就承認自己不知道，那就不錯了。事實上，儒家的孔子有類似的看法，他曾教導子路，「知之為知之，不知為不知，是知也」（《論語・為政》）。意思是：知道的就說知道，不知道的就說不知道，這才是明智的態度，或求知的態度。莊子說「知止其所不知，至矣」。他在〈庚桑楚 23・5〉也說：「知止乎其所不能知，至矣」，意思類似，可見他很肯定一個人知道分寸，知道什麼時候該停下來，不知道就承認不知道。

24〈齊物論 2・11〉
大人有大量，要看開一些

〈齊物論〉第十一章。莊子在此又使用寓言與重言的手法。這裡講到堯與舜，他們的故事在儒家是非常熟悉的。〈逍遙遊 1・10〉提到過：神人用一點剩餘無用的力氣，就可以造就堯、舜那樣的功業。由此可知莊子認為堯、舜是人間的帝王，表現固然不錯，但距離他的理想還很遠。如果明白從來沒有東西存在過，就不必說任何沒有必要的話。本章莊子強調：不要依個人的感受與想法，輕舉妄動。下一章會進一步強調，不要以人類為中心去判斷其他的萬物。

這裡我想到英國哲學家培根（F.Bacon, 1561-1626）的一個觀念。他說，要進行思考，就必須先打破四種假象。一是種族假象，二是洞穴假象，三是市場假象，四是劇場假象。

一，種族假象，就是以人為中心，對萬物進行思考、判斷與評價。這等於是住在一個種族的洞穴裡面，只能看到人類這個種族所看到的。譬如，蘋果為什麼是紅色的？因為想引起我們的食慾；豬為什麼長得肥？因為要增加我們的營養。這實在太主觀了。

二，洞穴假象，就是每一個人都住在自己的洞穴裡。譬如，你是哪裡人？在哪裡長大？受過什麼教育？學過什麼本科？這造成每一個人都有他特定的情況，誰能避開呢？然後，就靠自己的這些條件，以管窺天，去看到自己想看的部分，對於所了解的情況做出評價。這不是以個人的感受與想法做為標準嗎？

三,市場假象,就是在市場裡有各種是是非非的傳聞與八卦消息,大多數不知是怎麼來的。

四,劇場假象,就是學者提出各種理論,包括哲學的、生物學的、物理學的。讓你好像在看一齣戲劇,以為原來真相是如此。譬如,宇宙開始的時候,是「霹靂說」還是「黑洞說」?這些都屬於劇場假象。

事實上,對這些假象要通通突破、通通化解,是不太可能的。莊子本章所要突破的接近洞穴假象。一般人從自己小小的世界去作判斷,許多時候也無傷大雅,但如果是帝王的話,後果就很麻煩。這裡提到堯與舜。

堯出身於帝王世家,他接位之後,用心治理天下。但是後面誰來接他的位子?他的九個兒子都不太成材,因為長在深宮之中,不能體恤百姓。於是他找大臣推薦,有人推薦了舜。

舜的背景如何?他是平凡百姓,處境堪憐。他母親早逝,父親昏庸,後母個性狂妄,而同父異母的弟弟壞透了。舜在這樣的問題家庭裡長大,但舜表現良好,二十歲就以孝順知名,三十歲受人推薦於堯。堯試用三年之後,就讓他做代理天子。換言之,堯在位七十年時遇到舜,舜當時三十歲,出任代理天子,二十八年之後才正式接任天子。古代有「堯天舜日」之說,堯是天舜是日,百姓生活幸福,他們成為古代君王的典型。莊子所編的故事,有寓言也有重言。

2・11

故昔者堯問於舜曰:「我欲伐宗、膾(ㄎㄨㄞˋ)、胥(ㄒㄩ)敖,南面而不釋然,其故何也?」舜曰:「夫

三子者,猶存乎蓬艾之間。若不釋然,何哉?昔者十日並出,萬物皆照,而況德之進乎日者乎!」

【譯文】

　　從前,堯問舜說:「我想討伐宗、膾、胥敖三國,每當上朝時總是耿耿於懷,這是什麼緣故呢?」舜說:「這三個小國的君主,就好像生存在蓬蒿艾草之中,您又何必放在心上呢?以前十個太陽一起出現,萬物都獲得照耀,何況是德行比太陽更偉大的您呢!」

　　簡單的一問一答。堯聽了可能很高興,因為舜推崇他的德行比十個太陽更偉大。古代是有十個太陽的傳說,《淮南子‧本經訓》提到堯的時候,「十日並出,焦禾稼,殺草木」,對農業社會是個災難。堯就派神射手后羿去射日,他射下了九個,所以現在只有一個太陽。但本章是以「十日」為普照天下,包容萬物。所指與原來的神話傳說不同。當時有三個小國不聽話,讓堯覺得不開心。因為天子總是希望萬國擁戴。「國」是分封的大大小小的諸侯,現在有些鄉村就是一個小國,但不可能萬國都擁戴天子。聽到堯的煩惱,舜的表現是稱職的大臣。
　　有關大臣,孟子有個說法,他說,「長君之惡其罪小;逢君之惡其罪大」(《孟子‧告子下》)。身為一個大臣,如果國君做壞事,你幫著他一起做,這樣的罪還比較小。那什麼罪比較大呢?國君做壞事,你幫他找理由,說他做得好、做得對,這個罪惡就大了,這稱為逢迎國君的壞事。現在可以參考孟子的話,也來編兩句。像舜這樣,「解君之惡其功小,與君之善其功大」。

大臣消除國君的惡念惡行，這個功勞比較小；如果支持國君一起行善，功勞就大了。自古以來所謂的良臣，大概都是如此。國君想做壞事，有偏差的觀念時，對他加以糾正、化解；國君想做好事時，就全力支持配合，使百姓可以得到照顧。

舜的說法很好，他告訴堯：你比太陽還偉大。說實在，對統治者說這樣的話，有時會讓他更有信心，更願意扮好自己的角色，把百姓照顧好。但問題是，將來到了〈人間世 4・3〉，堯終究把這三個小國滅掉了。所以本章只是講一段堯與舜之間的對話，說明舜是一位賢臣，總是希望天下和諧。他首先要避免大大小小的戰爭，因為戰爭對國家、對百姓，都是最可怕的事情，能免則免。

原文提到「而況德之進乎日者乎」，意思是：何況是德行比太陽更偉大的您呢？這裡提到「德之進乎日」，這讓我想到一位法國哲學家德日進，他曾在中國做過考古研究，也參與一起發現了北京人。他的原名是 Pierre Teilhard de Chardin（1881-1955），在中國待了二十幾年，有很多中國朋友，朋友給他取名「德日進」，德行天天進步，多麼文雅的名字。介紹德日進時都會提到他在中國做過考古研究，他也是一位哲學家，有獨到的觀點。

譬如，德日進認為，人為什麼成為萬物之靈？因為人與其他生物不同，人跨過了「反省的門檻」。反省的門檻就是：我可以意識到自己，由此出現了自我意識。其他生物只有對外的、直接的意識，而談不上自我意識。

我們介紹道家時，經常提到「人從道所獲得的本性，就是認知能力」。所謂認知能力與德日進所說的「人跨過了反省的門檻」，是一樣的意思。由於跨過反省的門檻，有了自我意識，然

後我開始認識世界,並且認識我自己。我講這一點是要強調所見略同。人的智慧是相通的。

25〈齊物論 2・12〉
不必執著於人的價值觀

　　〈齊物論〉第十二章。前面借重堯與舜的對話來強調,不要以個人的感受來決定別人的好壞,以免陷入所謂的洞穴假象。本章則說明,不要執著於人類的價值觀,以免陷入培根所說的種族假象。本章有寓言也有重言。它提到的是師徒二人對話。

　　這裡所謂的師徒,可以簡單複習一下。堯的老師是許由,許由的老師是齧缺,齧缺的老師是王倪,王倪的老師是被衣。在本章是齧缺請教王倪,這等於是借重堯的師長輩的對話,來顯示其重要性。齧缺是學生,王倪是老師,學生請教老師,通常老師說的話代表了莊子的看法。

　　齧缺喜歡提問,他請教了四個問題,但王倪四問四不知。在〈應帝王 7・1〉也提到「四問四不知」。他問了四次,老師都說:「我怎麼知道?」老師沒有說不知道,他只是說「我怎麼知道?」問到第三題的時候,老師就解釋:「我勉強說說看,你聽聽看。」然後,第四個問題是:「先生不知道利害的分辨,難道至人也不知道利害的分辨嗎?」到了這裡,情況變得有點複雜。

　　我先把本章的結構說一遍。學生的第一個問題是:「老師,您知道萬物相同之理,真是如此嗎?」萬物相同之理,正是前面念過的「萬物與我為一」。但在這裡學生請老師講清楚,老師就說:「我怎麼知道?」學生再問:「老師,您知道『自己不知道』嗎?」老師回答:「我怎麼知道?」學生再問第三個問題:「萬物都是無知的嗎?」連老師這麼高明的人都不知道,那麼萬

物都是無知的嗎？老師還是回答：「我怎麼知道？」

所以，當老師不難，只要一直說「我怎麼知道？」就可以了。但是王倪在這裡停頓一下，說明人的價值觀只限於用在人的世界，不能以人為中心去判斷萬物的價值。最後，第四個問題是關於「利害」的，老師還是說他不清楚，但是老師不知道利害的分辨，難道至人也不知道嗎？在此，至人上場，後面又峰迴路轉。

2·12

齧缺問乎王倪曰：「子知物之所同，是乎？」曰：「吾惡乎知之？」「子知子之所不知邪？」曰：「吾惡乎知之？」「然則物無知邪？」曰：「吾惡乎知之？雖然，嘗試言之：庸（ㄩㄥˊ）詎（ㄐㄩˋ）知吾所謂知之非不知邪？庸詎知吾所謂不知之非知邪？且吾嘗試問乎女：民溼寢則腰疾偏死，鰌（ㄑㄧㄡ）然乎哉？木處則惴（ㄓㄨㄟˋ）慄恂（ㄒㄩㄣˊ）懼，猨（ㄩㄢˊ）猴然乎哉？三者孰知正處？民食芻豢，麋鹿食薦，蝍（ㄐㄧㄝˊ）且（ㄑㄩ）甘帶，鴟（ㄔ）鴉耆（ㄕˋ）鼠，四者孰知正味？猨猵（ㄅㄧㄢˋ）狙以為雌，麋與鹿交，鰌與魚游。毛嬙（ㄑㄧㄤˊ）、麗姬人之所美也，魚見之深入，鳥見之高飛，麋鹿見之決驟，四者孰知天下之正色哉？自我觀之，仁義之端，是非之塗，樊然殽（ㄧㄠˊ）亂，吾惡能知其辯！」齧缺曰：「子不知利害，則至人固不知利害乎？」王倪曰：「至人神矣！大澤焚而不能熱，河漢沍（ㄏㄨˋ）而不能寒，疾雷破山風振海而不能驚。若

然者，乘雲氣，騎日月，而遊乎四海之外。死生無變於己，而況利害之端乎！」

【譯文】

　　齧缺問王倪說：「先生知道萬物相同之理，真是如此嗎？」王倪說：「我怎麼會知道呢？」齧缺又問：「先生知道『自己不知道』嗎？」王倪說：「我怎麼會知道呢？」齧缺再問：「那麼萬物都是無知的嗎？」王倪說：「我怎麼會知道呢？雖然這樣，我試著說說其中的道理。

　　第一句「我怎麼會知道呢？」提醒我們很多事情是沒有把握的；沒有把握的就盡量不說。但是到了第三問，「萬物都是無知的嗎？」這裡很有趣。人與其他生物相比，對許多東西的判斷是不一樣的。所以接著談到，有關什麼是真正舒服的住處、真正可口的味道與真正悅目的美色。

【譯文】

　　怎麼知道我所說的知道不是不知道呢？怎麼知道我所說的不知道不是知道呢？且讓我來問你：人睡在潮濕的地方，就會罹患腰痛，甚至半身不遂，泥鰍也會這樣嗎？人住在樹上，就會擔心害怕，猿猴也會這樣嗎？這三者，誰知道真正舒服的住處是哪裡？人吃肉類，麋鹿吃青草，蜈蚣喜歡吃小蛇，貓頭鷹與烏鴉喜歡吃老鼠；這四者，誰知道真正可口的味道是什麼？猵狙與雌猿交配，麋與鹿作伴，泥鰍與魚共游。毛嬙、麗姬是眾人欣賞的美女，但是魚見了她們就潛入水底，鳥見了她們就飛向高空，麋鹿

見了她們就迅速逃跑；這四者，誰知道天下真正悅目的美色是什麼？在我看來，仁義的頭緒、是非的途徑，都是紛雜錯亂，我怎麼能知道其中的分辨呢？」

這一段是老師王倪所說的，其中談到如何判斷舒適的住處、可口的味道與悅目的美色。人與其他生物的判斷是不一樣的。譬如，人類以為是美女的，其他生物可能以為是怪物。鳥見了就飛向高空；魚見了就潛入水底。後代以「沉魚落雁」形容美女。沉魚在此可以配合，但落雁不然，反而飛得更遠。各種動物有自己對美的判斷；即使是人類，也有時空上的差異。請問：古人與現代人的審美觀念一樣嗎？

有一次我去某地演講，邀請我的兩個單位，各派兩人來接我。一個單位派來兩位男士，另一個單位派來兩位女士。兩位男士中的一位，為了表示善意，就說：傅教授，歡迎你來，你運氣很好，還有兩位美女來接你。他說到這裡，算是很客氣也很有禮貌，但為了顯示國學的水平，他加了一句「環肥燕瘦」。這四個字一說出口，兩位女士中比較胖的就問：你說誰「環肥」？現場氣氛陷入尷尬，本來計畫要吃的宵夜就取消了。

這說明什麼？美的標準即使在人的世界也不一致。聽說在韓國有一次選美比賽，入選前十名的，有六個人長相一樣，因為她們是同一家美容中心整出來的。今天以為美的，隔了十年之後標準可能不同了。至於舒服的住處與可口的美味，人與其他動物也各有所好。

【譯文】

齧缺繼續問說:「老師不知道利害的分辨,難道至人也不知道利害的分辨嗎?」王倪說:「至人神妙極了!山林焚燒,不能使他燠熱;江河結凍,不能使他寒冷;迅雷劈裂高山,狂風掀動大海,不能使他驚恐。這樣的至人,乘著雲氣、騎著日月,遨遊於四海之外。連死生都不能影響他,何況是利害的頭緒呢?」

聽到至人「乘雲氣,騎日月」,我們想起〈逍遙遊1·9〉描寫神人「乘雲氣,御飛龍」,當時我說要對照這裡才知道,「飛龍」不是一般以為的龍這種生物,而是代表日月運行時,所顯示的宏大的景觀,就是把「時間的推移」當成「龍的運作及變化」。就像《易經·乾卦·彖傳》所說的「時乘六龍以御天」類似的描述。接著提到熱與冷的情況,原文講得精彩。

王倪說:「至人神矣!大澤焚而不能熱,河漢冱而不能寒,疾雷破山風振海而不能驚。」

雷打下來劈裂了高山,震動了大海,至人一點都不驚嚇。至於冷與熱的極端狀況對他來說也完全不是問題。一聽就知道,這裡講的不是一個人練成了絕世武功;也不是西方電影裡的蜘蛛人、超人、鋼鐵人等,這裡講的是至人的精神境界。

從對至人與神人的描寫如此類似,就知道《莊子》所說的都是悟道的人。悟道之後,對於自然界的變化,對於人間複雜的問題、利害的考慮,都可以超越了。這一段豐富的內容,來自齧缺請教老師:萬物是相同的嗎?老師知道自己不知道嗎?萬物都沒有任何認知能力嗎?由此引出生物各有其認知與判斷,只是人類除了高明的認知能力之外,可以進一步做評價及選擇。其他生物

全靠本能,是什麼生物就表現什麼好惡,無法考慮自由選擇的問題。

人不一樣,人的自由選擇有可能陷入困境。人可以自由去認知、區分,造成各種欲望,結果給自己帶來煩惱及困擾。

26〈齊物論 2・13〉
人生是流浪在外，找不到家鄉嗎？

　　〈齊物論〉第十三章。本章與下一章，其實是合併的整段對話。莊子筆下幾位虛擬的人物上場了。而做為對話背景並受到批評的是孔子。本章內容只是開場，其中有一個人瞿鵲子，由他提出問題，請教長梧子。長梧子扮演老師的角色，到下一章才會上場，他上場評論的時候，不但評論了孔子，連黃帝也一起評論。

　　本章瞿鵲子轉述一段孔子的話，就是孔子認為有些說法是無稽之談，而瞿鵲子對比覺得難以苟同。

2・13

　　瞿鵲子問乎長梧子曰：「吾聞諸夫子：『聖人不從事於務，不就利，不違害，不喜求，不緣道，無謂有謂，有謂無謂，而遊乎塵埃之外。』夫子以為孟浪之言，而我以為妙道之行也。吾子以為奚若？」

【譯文】

　　瞿鵲子問長梧子說：「我聽孔子談過：『聖人不做勉強的事，不貪圖利益，不躲避禍害，不喜歡妄求，不排斥常道。無言如同有言，有言如同無言。進而遨遊於塵俗世界之外。』孔子認為這些都是空泛的無稽之談，而我卻認為這是領悟了道的精妙才有的表現。您認為如何？」

有些人聽到某種說法之後，會去請教更有學問的人，這時會先表明自己的立場。譬如，瞿鵲子先轉述孔子對聖人的作為的評論。他難以苟同，所以提出來請教長梧子。

　　這裡有幾點值得深思。

　　首先，聖人不做勉強的事。但孔子在別人眼中是「知其不可而為之者也」（《論語・憲問》）。有一次，孔子的學生子路從外地回來，碰到宵禁不能入城。他第二天清晨入城時，守門的人問他：「你從哪裡來的？」他答：「自孔氏。」守門者立刻知道他是從孔府來的。孔子當時在魯國可能任司寇，是管理治安的大夫。接著，守門者加了一句，「是知其不可而為之者與？」後來人們就以「知其不可而為之」來描述孔子。莊子的作風與此針鋒相對，他是「知其不可奈何而安之若命」（〈人間世 4・8〉）。

　　孔子知道目標不能達成，但還是要做。所以，孔子無法認同「聖人不做勉強的事」。孔子相信天命在身，非做不可。接著，說到「不貪圖利益，不躲避禍害」。孔子教學生，「危邦不入，亂邦不居」。這算是躲避禍害，符合人的求生本能。現在，聖人不躲避禍害，實在有些反常。至於不貪圖利益，則孔子未必無法接受，但還是要分辨利益是否合乎道義。

　　另外，聖人「不喜歡妄求，也不排斥常道」。孔子認為，讓他執政的話，一年可以把國家治好，三年就有小成了（《論語・子路》）。關於孔子周遊列國，《莊子》書中說得比較誇張，說他去晉見七十二位國君。事實上，大概十幾位而已。但莊子刻意要這麼描寫，強調孔子到處希望別人任用，可以得君行道。因為儒家就是要投入世間：尊重傳統、關懷社會、重視教育。

莊子主張不要妄求，也不要排斥常道，過平常日子就好。譬如天下大亂，怎麼辦？天下大亂，就努力全身保真，安其天年。何必非要怎麼樣不可？

聖人這些話，與孔子的作風都有扞格衝突。最後一句「無言如同有言，有言如同無言」。在莊子看來，很多話是沒必要說的。孔子也曾不想說話，他在《論語‧陽貨》說「予欲無言」，這時子貢在旁邊就問，老師您不說話，我們將來怎麼教後代的學生呢？孔子就以天來比喻，「天何言哉？四時行焉，百物生焉，天何言哉？」上天沒說話啊！四時春夏秋冬照樣在運行，萬物不斷在生存發展。天不用說話，有作用有效果最重要。孔子想不說話，但是孔子怎麼可能不說話？刪《詩書》，定《禮樂》，贊《周易》，作《春秋》，把古代的經典加以編訂，這不是把古人重要的觀點整理好，讓別人參考嗎？

除非回到原始的、純樸的時代，像老子的小國寡民，否則的話，一個社會總要站在前人的智慧上，去蕪存菁，再好好發展。要不然文化一直在倒退，或維持某一種狀況，那不是辦法，更不必說其他各國在發展在競爭。古代中國的疆域不大，周圍是一些遊牧民族，與遊牧民族相處就很不容易了。孔子強調華夷之辨，不同的種族各有其生活方式，連穿衣服的方式都不一樣，基本的觀念更是大有差別。儒家強調人倫道德，沒有人倫道德的規範，又沒有由內而發的真誠情感來做為道德的動力，社會就禮壞樂崩瓦解了。

一個問題經常出現：是天下亂了，才需要儒家？還是有了儒家，天下才亂？莊子把這個問題推得更遠。他指出，堯、舜是很好的國君，是天下亂了才需要堯、舜？還是堯、舜治了天下之

後,天下才亂?莊子這種辯證思考有他的道理,但答案也強人所難。歷史由過去一路發展下來,影響它好壞的因素太多了。是先亂了,然後來治?或者因為那樣治,所以後面才亂?因果關係實在過於複雜。

孔子有一貫的思想,要把個人的自我實現,同社會的需求結合起來。現在《莊子》書中,有人轉述聖人這樣,聖人那樣,卻與孔子的聖人完全不同,「無言如同有言,有言如同無言」,那怎麼辦呢?孔子對六經加以刪定注解,就是要說明古人的見解。司馬遷肯定這一點,指出孔子為什麼稱為「至聖」:「中國言《六藝》者」,六藝是指古代的六經,「折中於夫子」,孔子的言論非常明確。怎麼可以說無言與有言都差不多?只有對於道家強調智慧的學派才是差不多的。

從〈齊物論〉前面一路下來,對於人的言論的來龍去脈這些問題,都了解了之後,說話不是越多越複雜嗎?天下本無事,說那麼多話,說出來之後,造成了許多事實上的混淆,價值上的錯亂,生活反而陷入困境了。

本章孔子告訴瞿鵲子:「聖人如何如何」這些話都是空泛的無稽之談;就像幾位隱士住在鄉下地方,自己耕田過著平安的日子,他們所談的人生的道理。但是對孔子來說,周遊列國這麼辛苦,相信自己有天命要奉行,他聽到這樣的說法當然覺得格格不入。瞿鵲子在此卻認為這是妙道之行。孔子以為是孟浪之言的,瞿鵲子認為是妙道之行,是領悟「道」的精妙才有的表現,然後他請教長梧子:先生您認為如何?

27〈齊物論 2・14〉
人生是一場大夢，很難覺醒

〈齊物論〉第十四章。長梧子怎麼回答？他的回答顯然代表莊子的立場，本章可分為三段。

第一段批評孔子是無法了解那段話的，那段話連黃帝也會困惑。不要著急，教一個人不可能立竿見影。聖人是怎樣的情況？長梧子就「姑妄言之，姑妄聽之」，我暫且這樣說說，你聽聽看有沒有道理。聖人是超脫生死的，當然不會在意前面那些事情。

第二段，既然講到聖人超脫生死，那就談談生死。一般人好生惡死，看到死亡就害怕，總要想辦法活得久一點。這是不是有問題？前面曾經提過，人活在世界上，是不是像年輕的時候離家出走，因而死亡變成回家了？或者說死亡是做夢的覺醒？

第三段提到，要有大清醒，才能夠知道人生是一場大夢。

2・14

長梧子曰：「是黃帝之所聽熒（一ㄥˊ）也，而丘也何足以知之！且女（ㄖㄨˇ）亦大早計，見卵而求時夜，見彈而求鴞（ㄒㄧㄠ）炙。予嘗為女妄言之，女以妄聽之，奚？旁日月，挾宇宙，為其脗（ㄨㄣˇ）合，置其滑（ㄍㄨˇ）涽（ㄏㄨㄣ），以隸相尊？眾人役役，聖人愚芚（ㄊㄨㄣˊ），參萬歲而一成純。萬物盡然，而以是相蘊。予惡乎知說（ㄩㄝˋ）生之非惑邪！予惡乎知惡死之非弱喪而不知歸者邪！麗之姬，艾封人之子也。

晉國之始得之也，涕泣沾襟。及其至於王所，與王同筐床，食芻豢，而後悔其泣也。予惡乎知夫死者不悔其始之蘄（ㄑㄧˊ）生乎？夢飲酒者，旦而哭泣；夢哭泣者，旦而田獵。方其夢也，不知其夢也。夢之中又占其夢焉，覺而後知其夢也。且有大覺而後知此其大夢也，而愚者自以為覺，竊竊然知之。君乎，牧乎，固哉！丘也與女皆夢也，予謂女夢亦夢也。是其言也，其名為弔詭。萬世之後而一遇大聖知其解者，是旦暮遇之也。

【譯文】

長梧子說：「這番話連黃帝都會覺得困惑，孔子又怎能明白呢！你也未免操之過急，才看到雞蛋就想要有報曉的公雞，才看到彈弓就想要有烤熟的鳥肉。現在我為你姑且說一說，你也姑且聽一聽，如何？聖人能夠依傍日月，懷抱宇宙，與萬物密切相合，排除是非紛亂，化解尊卑差異。眾人勞勞碌碌，聖人昏昏沉沉，糅合古今無數變化而成為精純的一體；萬物皆是如此，都可以聚集在此。

這段話前面出現兩句成語，就是「見卵而求時夜，見彈而求鴞炙」。看到雞蛋就想到孵出來的是公雞，長大以後可以報曉。但你怎麼知道一定是公雞？才看到彈弓就想可以用來打鳥，打到之後把牠烤熟來吃。意思是：不要幻想一步登天。修行到聖人境界談何容易！接著描寫聖人依傍日月，懷抱宇宙，與萬物密切相合等等，這些由前面說過的「天地與我並生，而萬物與我為一」推衍出來，是很自然的。

至於人間的是非紛亂與尊卑差異,當然可以排除了。眾人勞勞碌碌,每天分這個搶那個,計較這個爭取那個。聖人相形之下,看起來昏昏沉沉,好像什麼都不在意,因為古今所有的變化都在一個整體之中。萬物在「道」裡面是合一的。接著談到生死的問題。

【譯文】

我怎麼知道貪生不是迷惑呢?我怎麼知道怕死不是像幼年流落在外而不知返鄉那樣呢?麗姬是艾地邊疆官的女兒。晉獻公剛剛迎娶她的時候,她哭得眼淚沾溼衣襟;等她進了王宮,與晉王同睡在舒適的大床上,同吃著美味的大餐,這才後悔當初不該哭泣。我怎麼知道死去的人,不後悔自己當初努力求生呢?一個人,晚上夢見飲酒作樂,早上起來卻悲傷哭泣;晚上夢見悲傷哭泣,早上起來卻打獵作樂。人在夢中,不知道自己在做夢。在夢中還要問夢的吉凶如何,醒來後才知道是在做夢。

這一段談「生與死」。提醒人不要貪圖生命,也不要害怕死亡,他舉麗姬為例。麗姬是有名的美女。《莊子》書中提及四大美女,最早出現的是西施,這裡是麗姬與毛嬙,後面會談到無莊。先介紹麗姬的故事。莊子說晉王,其實戰國時代諸侯才普遍稱王,在事件當時還是稱公。晉獻公巡視邊疆,看到艾地邊疆官的女兒麗姬,驚為天人,非娶回去不可。麗姬從來沒有離開過父母親,為此哭得眼淚沾溼衣襟,確實讓人同情。但是她到了晉王的王宮之後,吃得好睡得好,不是在邊疆生活能夠想像的。這一來才後悔當初為什麼要哭。古代女子的婚姻,是父母之命、媒妁

之言，並沒有自由戀愛的問題。

接著一句話是重點。莊子說，我怎麼知道死去的人，不後悔自己當初努力求生呢？一個人如果患了重病，或者年紀很老了，看到醫生都十分客氣，對他們滿懷期望，就是想要多活幾年。結果死了之後發現一切更為美好，早知如此，當初為什麼拼命求生？何必哭得死去活來？這是對於「生與死」的簡單對比。

人沒有死亡的經驗，死了之後也沒有人回來過，那怎麼知道死亡比活著更不好呢？莊子認為，人活在世界上，老了可以休息，死了才是真正的安息。人生有一個過程，生死是自然的情況，你一定要成仙，要長生不死，那樣會更好嗎？

【譯文】

要有大清醒，然後才知道這是一場大夢。但是愚笨的人自以為清醒，好像自己什麼都知道。整天君啊，臣啊，真是淺陋極了！孔子與你，都是在做夢；我說你在做夢，這也是在做夢。像這些荒誕怪異的話，就稱為『弔詭』。如果在萬世之後才遇到一位大聖人，能夠明白這個道理，也就好像眼前立刻就會遇到一樣啊！

一般人自以為清醒，白天上班做事，與別人互動，好像什麼都知道。口中說「君啊，臣啊」，這當然是指統治階級的人。這種互動的關係，其實很淺陋。然後長梧子說：孔子與你（瞿鵲子）都是在做夢，連我現在說的這些也是在做夢。

關於做夢，一般而言說有三種理論。一是日有所思，夜有所夢。二是你白天不敢想不敢做的事，做夢時就跑出來了。三是夢

有預告的性質，提醒你將來會發生什麼事。

但是除此之外，不論你今年幾歲，只要回想過去，不覺得像是做夢一樣嗎？然後，十年、二十年之後，你回顧今天，不也覺得像做夢一樣嗎？到了生命結束那一刻，回顧整個一生，不是像在做夢一樣嗎？所以，人生最怕身不由己。因此現在就要設法減少身不由己的情況，減少受外界太多的干擾。

莊子認為這一番話，即使在萬世之後，一世三十年，就是三十萬年之後，才會遇到一位大聖人，能夠明白這個道理，那麼就好像早上才說，晚上就有人明白一樣。何必在乎時間的差距，空間的隔閡？智慧是相通的。

28 〈齊物論 2・15〉
辯論時找不到合格的裁判

〈齊物論〉第十五章。本章針對人間的辯論，指出辯論既不必要也不可能進行。

在人類世界，辯論是天天發生、到處可見的。朋友閒聊，談到社會治安如何，經濟發展如何，可能就要辯一辯了。從清官難斷的家務事，到國與國之間的談判，都可以成為辯論的題材。但是，去哪裡找到合格的裁判？本章指出：根本找不到合格的裁判。那怎麼辦呢？要設法消解一切辯論的狀況。或者換個角度，欣賞每一個人的獨立性，這是後續要談的問題。

2・15

既使我與若辯矣，若勝我，我不若勝，若果是也？我果非也邪？我勝若，若不吾勝，我果是也？而果非也邪？其或是也，其或非也邪？其俱是也，其俱非也邪？我與若不能相知也。則人固受其黮（ㄉㄢˋ）闇（ㄋˋ），吾誰使正之？使同乎若者正之，既與若同矣，惡能正之？使同乎我者正之，既同乎我矣，惡能正之？使異乎我與若者正之，既異乎我與若矣，惡能正之？使同乎我與若者正之，既同乎我與若矣，惡能正之？然則我與若與人俱不能相知也，而待彼也邪？化聲之相待，若其不相待，和之以天倪，因之以曼衍，所以窮年也。何謂和之以天倪？曰：是不是，然不然。是若果是也，則是之異

乎不是也亦無辯；然若果然也，則然之異乎不然也亦無辯。忘年忘義，振於無竟，故寓諸無竟。」

【譯文】

　　假設我同你辯論，你勝過我，我沒法勝過你，那麼你真的對嗎？我真的錯嗎？我勝過你，你沒法勝過我，那麼我真的對嗎？你真的錯嗎？是一個人對，一個人錯嗎？還是兩個人都對，或者兩個人都錯呢？我與你是不能互相了解了。人都被偏見所遮蔽，那麼我要請誰來裁判呢？請與你意見相同的人來裁判，既然與你意見相同，怎麼能夠裁判？請與我意見相同的人來裁判，既然與我意見相同，怎麼能夠裁判？請與你我的意見都不同的人來裁判，既然與你我的意見都不同，怎麼能夠裁判？請與你我的意見都相同的人來裁判，既然與你我的意見都相同，又怎麼能夠裁判？如此看來，我與你與別人也都不能互相了解了，那麼還要期待誰呢？

　　這一段說得沒錯，任何兩個人辯論，要找到一個完全客觀的合格的裁判，是不可能的事情。既然如此，根本不必辯論。

【譯文】

　　辯論是非的聲音是互相對立才形成的，要想化解這樣的對立，就要以『天倪』──也就是自然的分際──來調和，順應無窮的變化，然後可以安享天年。以自然的分際來調和，是怎麼回事？就是：是與不是一樣，對與不對一樣。是如果真的是，那麼是與不是的差別就不須爭辯了；對如果真的對，那麼對與不對的

差別也不須爭辯了。忘掉生死，忘掉是非，讓一切都止息於無窮，也長處於無窮。」

莊子用了一個特殊的詞「天倪」。《莊子》書中用「天」組合成的詞有 36 個之多。「天」是指自然，大自然或自然界。「天倪」是自然的分際，春夏秋冬各有時序，人就按照此一分際來安排生活。這裡所謂自然的分際，是說：「是」與「不是」一樣；「對」與「不對」一樣。因為「是」與「不是」各有各的理由；「對」與「不對」也各有各的根據。

如果你贊成某一方，就代表你可能忽略另一方。你可能先入為主，或者有個人的成見、特定的價值觀等等。如此一來，不是不公平嗎？前面已經指出，任何兩人辯論，都不可能找到一個客觀公平的裁判。這是無可奈何的事。在世間只能找到相對的裁判，他可能年紀較大，見識廣一些，專業知識多一點。這樣也許勉強可行。

三十多年以前，兩岸大學生首度在新加坡舉辦辯論賽，最後決勝負的主題是：儒家思想能不能抵抗西方的歪風？這個題目取得不錯，但雙方都是大學生，對於儒家思想的把握不一定很精確。還好有五位教授當裁判，陣容看起來不錯，但是辯論到最後就鬧出笑話了。

大陸隊說：你們不要再辯了，孔子在當時都不能夠抵抗外國的歪風。他講這話是根據孔子在魯國從政做得很好，後來齊國送給魯定公 16 位美女與 120 匹好馬，魯定公就不定了。孔子在魯國任司寇，他當時都不能抵抗齊國的歪風，今天到了 20 世紀，儒家思想怎麼可能抵抗西方的歪風？

齊物論 第二 171

聽起來有些道理，但是大陸隊乘勝追擊說：你們不要勉強了，孔子說過「畫餅不能充飢」。孔子什麼時候說過「畫餅不能充飢」這樣的話？這樣的話，大約是在三國時代才出現的。但是當場五位裁判沒有提出糾正。最後大陸隊贏了。

由此可見，裁判真的不容易找，因為辯論的人隨口講一句話，說釋迦牟尼怎麼說，蘇格拉底怎麼說，你如何查證？裁判再怎麼專業，要立刻指出一句話有沒有根據，實在太難了。因此，要找到公平客觀的裁判，幾乎是不可能的。怎麼辦？莊子認為，要以自然的分際來調和，但什麼是自然的分際？自然的分際是說，任何東西只要存在，一定有它存在的條件與理由；任何理論只要出現，也一定有它出現的條件與理由。換句話說，任何一個人說話都有一點根據，除非他的精神狀況失常。如此一來，何必計較？今天以為是對的，隔一段時間未必是對的，後來甚至可能是錯的。

莊子說這樣的話，聽起來有一點反社會的傾向，好像教你不要同其他人有太多社會上的互動。人在社會上，怎麼可能不同別人交換意見？交換意見有時是討論，嚴重一點就成為辯論，甚至演變為吵鬧、爭論、爭鬥。

莊子的用心不在這裡，他總是從長遠、從整體來看個別的情況。從長遠及整體來看現在，就很容易超越當下的處境。譬如，兩個朋友爭辯一件事，當時幾乎要絕交了，但多年之後，可以一笑泯恩仇。莊子最後說：忘掉生死，忘掉是非，讓一切都止息於無窮，也長處於無窮。這實在是很高的境界，也很不容易做到。

一般人如果處在必須辯論的情況，至少要記得，辯論歸辯論，首先，不要動氣，不要辯到生氣。其次，不要動心，不要因

為辯論而使心情過於激動。

不動氣，不動心，就是要學習老子所說的「無心而為」。很多時候，該辯就辯。我也經常與人辯論，譬如，關於儒家的人性論，別人說人性本善，我說人性向善。重要的是，大家都不要動氣、不要動心，把書拿出來，看看你的根據是什麼？為什麼這樣解釋？說不定這種互相對照可以出現辯證法，有正有反，然後找到合，大家取得共識。

29〈齊物論 2・16〉
有誰是獨立存在又獨立思考的？

〈齊物論〉第十六章。說到獨立存在與獨立思考，有些西方哲學家特別標榜這樣的作為，希望一個人有完全的自由，可以選擇要過什麼樣的生活。譬如，在 20 世紀中葉以後，法國哲學界存在主義的代表沙特（Sartre, 1905-80），他有一句名言「存在先於本質」，他在說什麼呢？

一個人有什麼樣的本質，一定是他先作了存在的抉擇。所謂「存在」是指「選擇成為自己」的這種可能性。你如果沒有先選擇要成為怎樣的自己，你怎麼可能將來會成為那樣的自己？譬如，我現在選擇去念工科，將來可能成為工程師。將來那個工程師是我的本質，為什麼我會有這個本質？那是因為我以前的「存在」，做出個人的選擇，我先選擇去念工科，後來才可能有這樣的本質。沙特強調人的自由自主，「存在先於本質」也成為一句名言。

但是，法國後來出現一個新的學派，叫做結構主義。此派主張：每一個人都受到社會結構的影響，出生於什麼樣的家庭，有什麼樣的社會背景，受過什麼樣的教育，這些是固定的結構，此一結構會決定這個人的本質。他們直接批評沙特，說沙特為什麼有這樣的思想，那是受到從小生活的家庭結構所決定。沙特的父母信奉天主教，他從小看到大人在教堂很虔誠，但平常與一般人一樣，該吵就吵，該罵就罵，該打就打，與人相處也有各種問題。所以沙特從小就反對宗教。換言之，家庭結構決定了沙特的

思想。存在主義肯定個人的完全自由,被結構主義一分析之後,發現一個人難免受他的背景所影響。這一來就要問:有誰是獨立存在又獨立思考的?

《莊子》書中已經接觸到這個問題。上一章說明了人與人不用辯論,因為沒有合格的裁判,最好讓一切都止息於無窮之境,然後讓個人去負責自己的人生,但個人是獨立的嗎?

2·16

罔兩問景(一ㄥˇ)曰:「曩(ㄋㄤˇ)子行,今子止;曩子坐,今子起,何其無特操與?」景曰:「吾有待而然者邪?吾所待又有待而然者邪?吾待蛇蚹蜩翼邪?惡(ㄨ)識所以然?惡識所以不然?」

【譯文】

影子旁邊的陰影,問影子說:「剛才你走動,現在你停止;剛才你坐著,現在你站著;怎麼這麼沒有獨立自主的個性呢?」影子說:「我有所等待,才會這樣的嗎?我所等待的又有所等待,才會這樣的嗎?我的等待,就像蛇靠腹下鱗皮爬行與蟬靠雙翼飛行一樣嗎?我怎麼知道何以如此?怎麼知道何以不如此?」

這是一篇簡短的寓言故事。它在說什麼?首先,只要有光線,則物件一定有影子。光線如果不只來自一處,可能影子旁邊還有更黯淡的陰影。譬如,你在書房開了一個大燈,你有個影子,桌上再開一個檯燈,影子旁邊就會有第二個影子,稱為「罔兩」。莊子用「罔兩」來指「影子旁邊的陰影」。

齊物論 第二 175

影子旁邊的陰影，當然是跟著影子來活動。它很好奇，就問影子說：你剛剛走動，現在停止；剛剛坐著，現在站著；怎麼那麼沒有獨立自主的個性？它不知道影子要跟著人或某個物件，如桌子、椅子。一個人活動，他的影子當然跟著動，影子怎麼知道自己要做什麼？它跟著個體在行動，但個體又有所等待。

　　譬如，一個人在辦公室坐著，老闆叫他過去，他就站起來，去老闆那兒報到。老闆為什麼叫他？因為老闆接到一張訂單，他也有別人在後面指使。這個世界上，一環扣一環，每一個人背後都有某種力量，在支持他或指使他去做某些事。這個人又去命令其他人怎麼做，形成環環相扣的現象。哪一個人是完全自由的？

　　這一則寓言故事，說明人間所有的一切，都是有所待，有所等待。說到「有所等待」，就會想到〈逍遙遊〉說的，真正的逍遙是「無所等待」（無待）。有所求就有所待。你能想像完全無所求是什麼樣的人生嗎？一個人完全無所求，如何可能？餓了總要吃飯，沒錢總要工作。當然，可以把完全無所求轉化成精神上的境界。譬如，我的身體要依賴許多條件才能生存，那麼我就努力做我該做的事；但是，正如老子所說的「無心而為」，我的心盡量不受干擾，可以在精神上保持一種「無待」的狀態。

　　接著提到兩種生物，一是蛇，一是蟬。莊子生活在大自然的環境裡面，可以仔細觀察生物的活動。蛇的爬行靠腹下的鱗皮，蛇可以控制鱗皮嗎？蟬的飛行要靠翅膀，蟬可以控制翅膀嗎？或者說，是受到別的力量在操縱，使牠要去爬行或飛行。這些條件要配合起來，不然，任何行動都不可能。由此可見，人活在世界上不可能完全自主、一切由自己決定，而是必定同其他的人或力量互相依靠，形成一種循環式的因果關係。從某一方面看來，會

覺得「天網恢恢，疏而不失」。因果連環，無人能解。

人間的情況如何？任何事情都是過去的原因所造成的結果。原因很多，哪一個原因發生作用，有遠的有近的，永遠搞不清楚。做了一件事之後，如果是原因，它會造成各種複雜的後果。譬如，我教書時講一句話，學生聽了各自體驗不同，每一個人的理解都不太一樣。到批改考試卷的時候，才知道原來他們有這樣的理解，但完全不是我的意思。至於在職場上，老闆說一句話，在官場上，領導者說一句話，後面的影響如何，就沒有人可以完全把握了。

人間所有的一切，最後就只能問，目前這個結果可以接受嗎？我曾經學習德文，學到一句成語，意思是「結局好，一切都好」（Ende gut, alles gut.）。

的確，許多事情在開始的時候很簡單。譬如，卡繆（Camus, 1913-60）說：有些偉大的小說是在飯店的旋轉門邊出現靈感的。你進飯店的時候，經過旋轉門，忽然有個靈感，那不是坐在家裡苦思冥想的結果，你永遠不知道什麼時候什麼情況，會出現這樣的靈感，後面就寫成一本小說了。世界上所有的一切，怎麼發生的無從追究，重要的是結果如何。

只要結果好，則過去發生的一切，就算再大的苦難，各種辛苦的過程都值得。所以要記得把握最後的結果，設法將它導入正確的方向，成為自己可以接受的情況。

啟蒙運動時代法國的伏爾泰（Voltaire, 1694-1778），寫過一篇小說《憨第德》。大意是：有一個人經歷過你所能想像的各種磨難與考驗，像地震、海難、被冤枉、被追殺、關監獄等。最後他找個地方耕種，花生有了收成，他坐在田邊吃花生，那一刻就

覺得說：至少現在，我可以在這裡吃花生。前面所有經過的苦難，不論他在意不在意，能夠撐過去，就謝天謝地了。

30〈齊物論 2・17〉
莊周夢蝶，還是蝶夢莊周？

　　〈齊物論〉第十七章。這是莊子最美妙的一個夢。唐朝末期的詩人李商隱（812-858），寫了一首《錦瑟詩》，裡面有一句「莊生曉夢迷蝴蝶」，從此以後，「莊周夢蝶」幾乎無人不知。這首詩的結語是「此情可待成追憶，只是當時已惘然」。莊周白天做夢，夢到自己變為蝴蝶，這是怎麼回事？本章是〈齊物論〉的最後一章。〈齊物論〉代表莊子的重要心得，我認為要把篇名念成〈齊「物論」〉，因為其中強調真正的智慧是了解「未始有物」。既然無物存在，那麼對萬物何必要有什麼理論或評論呢？萬物與我合而為一，一切都在「道」裡面。最後，要怎麼說明合而為一？做夢是一個方法。本章可以說是一個寓言故事，也有可能是一個真實的故事。

2・17

　　昔者莊周夢為胡蝶，栩（ㄒㄩˇ）栩然胡蝶也，自喻適志與！不知周也。俄（ㄜˊ）然覺，則蘧（ㄑㄩˊ）蘧然周也。不知周之夢為胡蝶與？胡蝶之夢為周與？周與胡蝶則必有分矣。此之謂物化。

【譯文】

　　從前莊周夢見自己變成蝴蝶，真是一隻自在飛舞的蝴蝶，十分開心得意！不知道還有莊周的存在。忽然醒過來，發現自己就

是一個僵臥不動的莊周。不知道是莊周夢見自己變成蝴蝶呢？還是蝴蝶夢見自己變成莊周呢？莊周與蝴蝶一定各有自然之分。這種夢境所代表的，就稱為物我同化。

　　原文就這麼簡單。人會做夢，可惜我沒有夢過蝴蝶，大概是因為對蝴蝶的觀察不夠深刻。我夢過像列子一樣御風而行，可以飄到電線杆上面，甚至更高的地方，可以俯視底下的動物、植物，很有趣。

　　莊周住在山區，自食其力，養活一家老小。他出門有時帶著彈弓順便打鳥，有時帶著釣具認真釣魚，累的話就靠著樹幹休息。他應該是在午覺的時候，夢見自己變成蝴蝶。

　　蝴蝶之所以讓人羨慕，是因為看起來自在飛舞，但其實也在工作，要採花蜜。牠看來很輕鬆地在飛舞也在工作，把工作同娛樂完全結合。在人眼中，只看到歡喜瀟灑的一面，好像沒有任何壓力的樣子。莊周夢到蝴蝶時，完全忘記莊周的存在。可是，好夢易醒，醒來之後發現自己正是那個僵臥不動的莊周。這時要想：今天有什麼收穫？回去要怎麼準備家人的晚餐？剛才的夢這麼美，現在醒來是怎麼回事？是我前面夢見蝴蝶，還是現在反而是蝴蝶夢見我？夢見蝴蝶是我的幸運，蝴蝶夢見我是蝴蝶的不幸嗎？

　　西方有類似的故事。一個牧童每天工作很累，一睡覺就夢見自己變成國王，開心得很，不想醒來。前面莊子也說過，白天勞累哭泣的，做夢的時候可能打獵去了。另一方面，當地一個國王，白天享受尊榮，發號施令，但一睡覺就夢見自己變成牧童，勞累不堪，害他都不敢睡覺了。

這當然也是寓言故事，說明什麼？人生有醒的一面與夢的一面，這兩面通通順利得意，好像朝四暮也四，那是不太可能的。兩面會保持均衡，牧童是朝三暮四，國王就是朝四暮三了。莊子思想可以到處應用，只要講起來既合理又有趣。這樣學習才有樂趣。

　　這裡值得注意的是出現「莊周」的名字。《莊子》全書裡面多用「莊子」，用「莊周」的只有四次，第一次就在這裡，描寫他夢見自己變成蝴蝶。第二次出現莊周，是在「螳螂捕蟬，異鵲在後」那一段。這一次他帶著彈弓，看到一座園林裡有蟬在唱歌，又有螳螂要捕蟬，然後有一隻異鵲（奇怪的鵲鳥）飛過來，翅膀碰到他的額頭，讓他嚇了一跳。第三次出現莊周，是描寫他家裡很窮，去向老友借米而被婉拒了。這三次用莊周之名，都與他的實際生活可以結合。最後一次出現莊周，是在〈天下〉介紹七大學派的思想。莊周在此自成一派。其他地方都是直稱莊子。

　　本章還有一個重要觀點，就是：莊周和蝴蝶一定有所區分。為什麼說莊周與蝴蝶一定有自然的區分呢？這是道家思想的一個重點，最後再加一句做為整篇〈齊物論〉的結論，就是：此之謂物化。「物化」可以翻譯成「物我同化」，確實有這樣的意思，物與我同化了。我變成蝴蝶，蝴蝶變成我，推而至於我變成萬物，萬物變成我。這不是「物我同化」嗎？

　　這裡要說明兩個觀念。一方面，「物我同化」是一個整體，不必分彼此；另一方面，莊周與蝴蝶一定有自然的區分。這在說什麼？

　　先說「物化」。《莊子》書中，「物化」一詞出現四次。兩次有明顯的意思，「物化」是指死亡。人死了之後，塵歸塵，土

歸土。「物化」是化為萬物之一。萬物與人都是「氣」的變化，所以「物化」等於死亡，死亡是與萬物同化。

另外有兩處講「物化」，是在說明：我外表與萬物同化，但內心不能化。本章的「物化」，也有這個意思，就是：我與萬物可以同化，但前面又說莊周與蝴蝶一定有區分。所以這裡我要簡單總結道家思想。

道家的思想有兩個重點。

第一，人與萬物平等。〈齊物論〉的篇名也可以理解為人與萬物平等。但第二點更重要，就是人與萬物不同，怎麼不同？因為只有人可以悟道。一方面，人與萬物是平等的，都在「道」裡面，化而為一，那不是與萬物同化嗎？但是人與萬物又不一樣，因為人從「道」所獲得的「德」，亦即本性，是認知能力，這就是人與萬物不一樣的地方。

人有了認知能力，就有可能悟道。要把認知從區分提升到避難，再提升到啟明，這樣才算盡到了做人的責任。做人有責任嗎？人的德是認知能力，認知能力一出現，就有認知對不對的問題，應不應該這樣區分？要不要同別人辯論？有認知就有言論，就有各種複雜的欲望。欲望造成了天下的困境，因此要把認知提升到避難，避開各種不必要的災難及困擾，再往上提升到啟明，就是從「道」來看待一切。

認知能力有三種可能性，但大多數人只局限在第一種，以認知為區分，區分帶來各種欲望，包括我要表達言論與別人爭個是非高下，如此一來，天下永無寧日了。

養生主　第三

■ 要旨

　　養生的原理是什麼？以「庖丁解牛」為例，人在世間行走，猶如以利刃解牛，要做到依乎「天理」（自然的條理）與因其「固然」（本來的結構），然後才可以遊刃有餘，使這把刀用了十九年而毫無損傷。因此，培養自己具備透視整體的眼光，再以「安時而處順」的心態去面對挑戰，就可以安其天年。

31〈養生主 3·1〉
用有限的生命追求無限的知識,何苦呢?

《莊子》內篇的第三篇〈養生主〉。〈養生主〉是要闡述養生的原理,今天會引起很多人的興趣。念過〈齊物論〉高度的思辨內容,現在不妨輕鬆一下,回到個人生命的安頓。〈養生主〉是內七篇裡面最短的,總共只有五章,著名的「庖丁解牛」占了兩章。本章是簡單的總論。

3·1

吾生也有涯,而知也無涯。以有涯隨無涯,殆已。已而為知者,殆而已矣。為善無近名,為惡無近刑。緣督以為經,可以保身,可以全生,可以養親,可以盡年。

【譯文】

我的生命是有限的,而知識卻是無限的,以有限去追隨無限,一定疲累得很。既然如此,還要汲汲於求知,那就只能疲憊不堪了。善於養生的,不會贏得長壽的虛名;不善於養生的,也不會走到傷殘的地步。順著虛靜的自然之理,以此為原則,將可以保護身體,可以保全天性,可以培養活力,可以安享天年。

本章分為三段。首先指出人生短暫;生命是有限的,而知識是無限的。我曾在美國耶魯大學念書,每一次去圖書館,都會想到莊子的這句話:「吾生也有涯,而知也無涯。以有涯隨無涯,

殆已」。書實在太多了，書架排列從下往上，高處還要靠特製的梯子爬上去。我常常想到人要花多少時間、耗多少力氣在這些書堆裡面？

人要念書求知，永遠念不完的。南宋朱熹（1130-1200）認為，一本書有一本書的價值，多念一本書，對人生就多了解一點。現在知識爆炸，這種話只會讓人望洋興歎。因此，對於知識，首先要自我約束，只念真正重要的書，念懂了之後還要努力實踐，這樣才可能改善生命的品質。念書不是為了作秀，為了當兩腳書櫥，為了與別人競爭比賽；念書是為了有益於人生。

〈齊物論〉提醒我們不要費太多心思作理論上的爭辯，對此要自我約束。〈養生主〉一開始就告誡我們不要盲目求知，要珍惜生命。後面有一句話比較費解，就是「為善無近名，為惡無近刑」。照字面上說：做好事，不要到接近出名的階段；做壞事，不要到接近受罰的程度。這樣的解釋不太合理。

《莊子》書中，對於善惡的分辨採取批判的態度，它評論儒家與墨家，正是因為他們喜歡分辨善惡。道家的基本立場，就是少談人間的善惡，因為善惡是一個特定的社會所界定的標準。道家要超越善惡的分辨，以追求真實為目標，進而產生審美感受。

試想，誰會勸人做好事不要出名，做壞事不要受罰？莊子會教人做壞事嗎？所以這樣的解釋並不合理。應該怎麼解釋？既然談的是〈養生主〉，前面先提醒你求知適可而止，那麼後面所講的為善為惡，應該是指善於養生與不善於養生。以養生做為考慮的重點，才會說為善與為惡。這樣講就沒有問題了。那麼，善於養生的人，為什麼不要出名呢？

譬如，長壽村的老人經常要接受記者採訪。那些老人平平靜

靜過日子,活了接近一百歲,現在記者經常去採訪,他們不累嗎?善於養生出了名之後,到處有人問你養生的事情,讓你不堪其擾。養生是要實際去生活的,不是向別人去說的。就算說了,別人想學也不見得學得到,因為生活的自然條件不同,個人的心性修養也不同,怎麼學得成?

因此,善於養生不要到出名的程度,出名之後天天有人打聽怎麼養生,這成為一種干擾,對養生是不好的。至於不善於養生的人,也不要弄到傷殘的地步,像暴飲暴食各種複雜的問題。所謂「為惡無近刑」,「刑」代表再不懂得養生,也不要弄得傷殘,像犯法之後受刑一樣。為什麼這樣解釋比較合理?因為接著談到「緣督以為經」:「順著虛靜的自然之理,以此為原則」。這裡根本沒有關於在人間「為善為惡」的討論,而是專注於養生之理,就是:可以保護身體,保全天性,培養活力,安享天年。這四點都是就身體的養護來說的。因此,前面講為善是指善於養生,而為惡是指不善於養生。

什麼是「緣督以為經」?武俠小說常常說到打通任督二脈,怎麼回事呢?可以去請教中醫方面的老師,他會告訴你:任督二脈都在人的身體的中間,「任脈」是在身體的前方,「督脈」是在身體的後方。這兩脈是人的呼吸經過的地方,本身是空的,讓呼吸的氣可以通過它而循環人的身體。

這裡講「緣督以為經」。「督」是身體後方中間的空的脈。「緣」是順著,「督」是虛靜的中間,可以翻譯為「順著虛靜的自然之理,以此為原則」。就是保持空虛安靜的狀態。

「虛靜」二字可以推到老子,《道德經》第 16 章講到修練,開頭就說:「致虛極,守靜篤」。追求「虛」,要達到極

點;守住「靜」,要完全確實。「虛靜」二字莊子也經常使用。因此,真要養生的話,最好保持虛靜的心態,順從自然的條理。於是,養生從保養身體開始,目的是安其天年,可以盡年。

〈養生主〉談養生的原則,重點在於稍後即將上場的〈庖丁解牛〉。這裡是個開場,先讓你把人間複雜的知識,擱置一下或約束一下。很多人一生都被知識所困擾。求知是好事,但要明白這個知對人有什麼樣的用處,是否直接對生命有所幫助,是否可以了解其中的道理並加以實踐。

譬如,像《莊子》全書 33 篇七萬多字,我無法想像有人把《莊子》全部背下來,不可能也不必要。有些段落在〈齊物論〉已經見識過了,怎麼背?

念《莊子》要靠理解,不可能全部理解,就要把握重點。明白重點之後,就知道要珍惜有限的生命。若要追求知識,要自己決定哪些知識,由此了解如何善於養護自己的生命,順著虛靜的自然之理,以此為原則,一生平安健康。

32〈養生主 3・2〉
庖丁解牛像一場表演

　　〈養生主〉第二章。本章與後續的第三章，是一篇完整的寓言，講述〈庖丁解牛〉的故事。庖丁是廚房的工人，解牛是宰殺牛隻。人的工作可以簡單分為三種。

　　第一種是經由苦練而使工作極有成效。譬如有些廚師，燒菜得到米其林認可，他經手烹調的就成為名菜。這是由努力而有成效的工作。有一位義大利歌星安德烈‧波伽利（Andrea Bocelli, 1958-），有一部電影就演他年輕的時候，怎樣從學習唱歌，到苦練多年而成名的過程。另外也有些人學習魔術，最後成為魔術師可以上台表演。因此，人的第一種工作是在苦練之後擁有專長，可以依此維生。

　　第二種工作是很平凡的，像每天燒飯、洗衣服、清掃環境，或者朝九晚五上下班，但是許多人日日為之也樂在其中。每天都要做的事，喜歡做得做，不喜歡做也得做，那為什麼不好好做呢？把平凡的事情做得很開心，這是第二種。大多數人屬於這樣的情況，不像第一種有傑出的專業成就。他們每天做固定的事，搭著公車上班也很開心。

　　第三種工作就像庖丁一樣，有的宰牛，有的殺豬屠羊，很少人想去看他們怎麼做這樣的工作。但是他們可以化腐朽為神奇，或者化平凡為不平凡，庖丁就是這樣的廚房工人。

　　本篇寓言故事只談到兩個人，一是庖丁，另一位是他的老闆文惠君。文惠君前後只說兩句話，在本章他說，「啊！好極了！

技術怎能達到這樣的地步呢？」到下一章他就說「好啊！聽你講宰牛的道理，我懂得養生的道理了。」〈養生主〉的主旨由此彰顯。

3・2

庖（ㄆㄠˊ）丁為文惠君解牛，手之所觸，肩之所倚，足之所履，膝之所踦（一ˇ），砉（ㄏㄨㄚˋ）然嚮然，奏刀騞（ㄏㄨㄛˋ）然，莫不中音。合於《桑林》之舞，乃中《經首》之會。文惠君曰：「譆（ㄒ一），善哉！技蓋（ㄏㄜˊ）至此乎？」

【譯文】

有一名廚師，替文惠君支解牛。他的手所接觸的，肩膀所依靠的，腳所踩踏的，膝蓋所抵住的，無不嘩嘩作響；刀插進牛的身體，則霍霍有聲，無不切中音律；既配合《桑林》舞曲，又吻合《經首》樂章。文惠君看了說：「啊！好極了！技術怎能達到這樣的地步呢？」

宰牛是血淋淋很可怕的場面，居然讓老闆文惠君讚歎說：這樣的技術已經變成表演了。牛的體積很大，人的身體很小，所以宰牛的工人要使出渾身解數，手腳四肢都要配合，他的動作就像舞蹈一樣，雙手要觸碰這頭牛，肩膀要牢牢靠緊牠，雙足要踩踏支解的部位，膝蓋要抵住牛，這些動作都會發出聲響，並且過程就像舞蹈一樣。這樣的筆法有些誇張，但還算可以理解。因為人的身體在活動時，有時像現代舞，讓人看不太懂在表演什麼。在

養生主　第三　189

古代有類似的舞蹈,這裡特別提到《桑林》之舞。

《桑林》之舞是什麼?古代的自然災害相當嚴重,大禹的時候十年九潦,十年有九年是水災;商湯的時候八年七旱,八年有七年是旱災。商湯看到旱災嚴重,就禱於「桑林」。《桑林》就成為這個舞曲的名稱。這個舞是巫舞,是宗教人士求神降雨的禱告之舞。

古代的「王」與「巫」二字相通,政治上的王,往往也是宗教上的巫,商湯是商朝天子,就到桑林裡面去跳祈雨之舞,於是有了《桑林》之舞。

再談到音樂方面。由於庖丁宰牛的動作發出各種聲音,這些聲音居然變成演奏,聽起來像是《經首》樂章。《經首》是什麼?古代黃帝的代表樂曲稱為《咸池》,其中就有《經首》樂章。一般以《經首》代表傑出的古代樂曲。庖丁宰牛時,身體動作發出的聲音居然像是一首美妙的樂曲。有樂曲也有舞蹈,文惠君忍不住說:「善哉!技術怎麼可能達到這樣的地步呢?」莊子不是刻意美化庖丁,而是要強調他的工作已經從技術提升為藝術了。

〈徐無鬼 24・11〉提到市南宜僚,有類似雜耍表演的功力,遠遠超過人們所能想像的。他可以手上抓幾個球一直往上丟,再輪流用手接住,到什麼程度呢?八顆球在空中,一顆球在手上,「丸八常在空,一在手」,讓人聽了都覺得頭昏,根本無法想像。

像這樣熟能生巧的技術確實讓人讚賞。以前去過一家餐廳,服務員會表演「倒茶」。壺嘴細尖而長,倒的時候離茶杯有半個桌面那麼遠,然後一條直線倒進去。小時候念過一篇文章,介紹

賣油翁的故事。許多人向他買油,而更多的人看他表演。他拿起一個油壺,把油倒進罐子,只見一條直線注入罐子,一滴不漏。這是長期的練習使技術變成藝術。工作有這樣的心態,則工作與遊戲可以合一,熟練到一個程度,壓力轉而成為趣味,可以自得其樂。

〈天道 13・10〉也提到,有一個做輪子的工匠,在工作時「得心應手」。庖丁是這一方面的典型代表,他是怎麼表現的?他的作為對養生有何啟發?這是下一章的問題。

33〈養生主 3・3〉

遊刃有餘可以養生

〈養生主〉第三章。本章要聽庖丁說明他的心得,可以分三段來看。

3・3

庖丁釋刀對曰:「臣之所好者道也,進乎技矣。始臣之解牛之時,所見無非牛者;三年之後,未嘗見全牛也;方今之時,臣以神遇而不以目視,官知止而神欲行。依乎天理,批大郤(ㄒㄧˋ)、導大窾(ㄎㄨㄢˇ),因其固然。技經肯綮(ㄑㄧㄥˋ)之未嘗,而況大軱(ㄍㄨ)乎!良庖歲更刀,割也;族庖月更刀,折也。今臣之刀十九年矣,所解數千牛矣,而刀刃若新發於硎(ㄒㄧㄥˊ)。彼節者有間而刀刃者無厚,以無厚入有間,恢恢乎其於遊刃必有餘地矣。是以十九年而刀刃若新發於硎。雖然,每至於族,吾見其難為,怵(ㄔㄨˋ)然為戒,視為止,行為遲,動刀甚微,謋(ㄏㄨㄛˋ)然已解,如土委地。提刀而立,為之四顧,為之躊躇滿志,善刀而藏之。」文惠君曰:「善哉!吾聞庖丁之言,得養生焉。」

【譯文】

這名廚師放下刀,回答說:「我所愛好的是道,已經超過技

術層次了。我最初支解牛時,所見到的都是一整隻牛;三年之後,就不曾見到完整的牛了;以現在的情況而言,我是以心神去接觸牛,而不是用眼睛去看牛,感官作用停止而心神充分運作。依照牛自然的生理結構,劈開筋肉的間隙,導向骨節的空隙,順著牛本來的構造下刀。連經脈相連、骨肉相接的地方都沒有碰到,何況是大骨頭呢!

原來庖丁最初有三年認真專注的訓練。沒有人生下來就是天才,即使像貝多芬(Beethoven,1770-1827)這樣的音樂天才,也要先學習基本的樂理,了解樂器的結構,也需要老師教導入門。在此,庖丁是好好訓練了三年。

三年學習取得什麼樣的結果?他宰牛時,不再用眼睛去看,因為眼睛只能看到龐然大物,不知如何下手。他用心神去看,等於是培養一種能力,有如今天的 X 光可以透視。接著出現兩個詞特別重要:「依乎天理」、「因其固然」。

先說天理。在古代經典中,「天理」一詞見於《莊子》本章,另外也見於《禮記·樂記》。〈樂記〉所謂的「天理」,是指人類天賦之自然的理性。《莊子》講的「天理」是指自然的條理。《莊子》筆下的「天」基本上可以理解為自然或自然界。

那麼,什麼是「依乎天理」?牛就是牛,牛與馬不一樣,牛的天理就是:只要是牛,一定有同樣的基本的結構,這是牛的普遍性。「依乎天理」就是:依照牛自然的生理結構。接著要「因其固然」。「固然」是這一頭牛自身本來的構造。每一頭牛都有所不同,各有牠本來的樣子。換言之,「天理」是牛的普遍的結構,「固然」是每一頭牛特定的狀況。把握住這兩點的話,既有

普遍性又有個別性，要對付這頭牛就很容易了。

那麼，這與「養生」有何關係？第一，我是人，所有的人都要順著春夏秋冬的節氣，這樣才可保持健康。這是「依乎天理」。

另外還要「因其固然」。北方人與南方人有些差別，住處靠山還是靠海也有所不同。他們各有本來的樣子，這是「固然」。如果只看「天理」，說這一劑藥對每一個人都有效，那是不可能的。還要「因其固然」，參照每一個人的特殊狀況。把握普遍的結構與個別的狀況，合起來看，在眼前的每一頭牛都一清二楚。一眼可以看透牛的結構，以及牠的特別之處，那麼解牛有什麼問題呢？

【譯文】

好的廚師每年換一把刀，因為是用刀割肉；普通的廚師每個月換一把刀，因為是用刀砍骨頭。如今我這把刀已經用了十九年，支解過數千頭牛，而刀刃還像剛從磨刀石上磨過一樣。牛的骨節之間有空隙，而我的刀刃薄得沒有什麼厚度；以沒有厚度的刀刃切入有空隙的骨節，自然寬綽而有活動的餘地了。所以用了十九年，而刀刃還像新磨過的一樣。

這裡出現一句成語「遊刃有餘」，是說刀在支解一頭牛時，寬綽而有活動的餘地。刀刃很薄，牛體很大，骨節之間、筋肉之間的空隙也不小，這時如果掌握了牛的普遍結構及其特殊狀況，不是可以做到這一步嗎？所以庖丁說他的這把刀用了十九年，刀刃還像剛剛磨過磨刀石一樣。一般的好廚師每年換一把刀，庖丁

的刀用了十九年,沒有任何磨損,就好像一個人在世間行走,懂得骨節之間的交錯以及筋肉之間的糾結,自然可以做得恰到好處,這不是養生處世遊刃有餘嗎?

金庸的武俠小說中,有一種功夫稱為「凌波微步」,就有類似的效用。學會「凌波微步」之後,敵人武功再高都傷不了你,你總是剛剛好避開拳腳,讓敵人一籌莫展。庖丁說出這一番話,讓文惠君聽了就領悟處世養生的道理。

【譯文】

雖然如此,每當遇到筋骨交錯的部分,我知道不好處理,都會特別小心謹慎,目光集中,舉止緩慢,然後稍一動刀,牛的肢體就分裂開來,像泥土一樣散落地上。我提刀站立,環顧四周,意態從容而志得意滿,然後把刀擦乾淨收藏起來。」文惠君說:「好啊!我聽了廚師這一番話,懂得養生的道理了。」

即使本領再大,臨事也需小心謹慎。下刀一次到位,每一次都擊中要害,這樣對牛也是順利解脫。文中描寫牛的肢體分裂開來,像泥土一樣散落地上。我們當然不能想像這牛沒受什麼苦,只能說從莊子筆下知道這牛「如土委地」,好像泥土散落地上一樣,代表很快就結束了這件事。像庖丁這樣的做法,對牛而言或許可以說是幸運的事。

最後描寫庖丁得意的樣子,原文說他「提刀而立,為之四顧,為之躊躇滿志,善刀而藏之」。《莊子》書中描寫一個人得意的神情,沒有超過庖丁的。其次得意的是誰呢?是楚國宰相孫叔敖。〈田子方 21・10〉描寫他當宰相時,表現「方將躊躇,

養生主 第三 195

方將四顧」，就是他正在躊躇得意，正在環顧四方。人在得意的時候為什麼要環顧四方？大概是想看看別人的反應如何。庖丁「為之四顧，為之躊躇滿志」，然後善刀而藏之，把刀收拾好藏起來。

當宰相的人躊躇滿志，是可以理解的；但是廚房工人也可以躊躇滿志。莊子提醒我們：工作與遊戲可以結合，技術可以變成藝術，人生其實是每一個人自己可以把握及表演的機會，不必在乎官位大小、地位高低。重要的是他面對自己的生命，活得精彩，開心而得意。

最後文惠君說「吾聞庖丁之言，得養生焉」。我們學到的是：依乎天理，因其固然。

面對任何事情都要思考：第一，普遍的狀況如何？一般人處在這種狀況會怎麼做？第二，現在我遇到的這事，有什麼特別的地方？能夠兼顧普遍性與個別性，就萬無一失了。而真正動手去做的時候，一定要特別謹慎，像庖丁一樣，目光集中，舉止緩慢，然後稍一動刀，牛的肢體就分裂開來。這就是祕訣，由此可以學到養生的道理。

34〈養生主 3‧4〉
接受現實與順其自然

〈養生主〉第四章。本章是一篇很短的寓言故事,其中有一個觀念不容易講清楚。我們可以分兩段來看。

3‧4

公文軒見右師而驚曰:「是何人也?惡(ㄨ)乎介也?天與,其人與?」曰:「天也,非人也。天之生是使獨也,人之貌有與也。以是知其天也,非人也。」澤雉十步一啄,百步一飲,不蘄(ㄑㄧˊ)畜乎樊中。神雖王,不善也。

【譯文】

公文軒看到右師,驚訝地說:「這是什麼人?為什麼只有一隻腳?這是自然的,還是人為的?」接著又說:「這是自然的,不是人為的。自然將他生成一隻腳,而人的身體應該有兩隻腳。所以知道這是自然的,不是人為的。」

公文軒是寓言中的人,「右師」是古代的官名,上場的這位右師只有一隻腳。問題來了,他為什麼只有一隻腳?有兩種可能。一是犯法受刑,被砍去一隻腳。二是他生下來就只有一隻腳。

養生主 第三 197

有些學者認為右師是生下來就只有一隻腳,因為公文軒說「自然將他生成一隻腳,而人的身體應該有兩隻腳」。

這樣的解釋有些粗淺。因為如果一個人生下來就是一隻腳,那麼你看到他時,有什麼好驚訝的?原文說,公文軒看到右師時,很驚訝說:「這是什麼人?為什麼只有一隻腳?」如果右師是生下來一隻腳,有什麼好驚訝的?因此,右師應該是被砍去一隻腳。

那麼,公文軒為什麼驚訝呢?公文軒的驚訝,是因為看到右師被砍去一隻腳卻表現得若無其事。一般人被除去一足,會覺得自卑、委屈,至少顯出不得志的樣子,而右師卻毫不在意,與平常人無異。我這樣說,是因為在稍後的〈德充符〉,莊子列舉了三位獨腳人(兀者:王駘、申徒嘉、叔山無趾),並且推崇他們智慧過人,對失去一足毫不在意。右師應該也有類似的表現。公文軒因而覺得驚訝,要進一步問:「這是自然的,還是人為的?」

「天」是指自然的。這裡值得注意的是:所謂「自然的」,也包括所有後天發生的一切。意思是:所有已經發生的事,都屬於自然的,都屬於「天」。那麼,與天相對的「人」又是指什麼?是指「人為的」,就是依人類社會的價值觀所作的好壞評價。

因此,「天」是指自然的,包括已經發生而不可改變的事實在內。右師已經接受一隻腳的情況,他就同一般人沒有差別,等於是上天生下他,讓他一隻腳的。後天的遭遇也算在「天」的範圍內,關鍵在於一個人是否有接受的態度。若接受,就屬於「天」;若不接受而自覺委屈、內心不平,則屬於「人」。在古

代的觀念中,「天」也包括「命」在內。這怎麼說呢?就藉儒家孟子的一句話來說吧!

孟子與莊子是同一時代的人,但沒有來往。《孟子・萬章上》說:「莫之為而為者,天也;莫之致而至者,命也」。意思是:沒有人去做的,居然成功了,那是天意;沒有人去找的,居然來到了,那是命運。天與命是可以互通的。一個人有什麼命,最後都可以歸之於天。孔子的學生冉伯牛生病了,孔子說這是命啊!顏淵早死,孔子也說「不幸短命死矣」。

因此,莊子在分辨天與人的時候,天也包括一個人後天的遭遇。譬如,我現在問你:今年幾歲?身體如何?心情好不好?這三句話說的不是人而是天,是已經發生而無法改變的。譬如你今年五十歲,這五十歲與個人的關係不大,因為只要活著,年歲就會增加,所以這屬於天;身體狀況如何?這是已經存在的情況,也屬於天;至於心情如何,也是一樣。對於已經發生、現實存在的一切,只要接受它,就可以化解它的壓力,就可以超越它。這是本章所說的天的意思。

換言之,一個人天生具備的,以及這一生已經發生的遭遇,都屬於天的範疇。然後,「人」呢?「人」是指現在的價值觀,「人為」一詞稍嫌狹隘。所謂「人之貌有與也」,是說人的身體應該有兩隻腳,這是一般人的觀念。現在右師一隻腳,已經發生的事可以歸之於天,因為不能改變。

本章提醒我們對於「自然」與「人為」作出一種新的理解。聽起來有點奇怪,也好像有點詭辯。然而「人」的世界總是在分辨,是朝三還是朝四,早知道如何就不會如何。人在分辨這些,往往是對「現在」的狀態所作的反省、批評,或後悔、懊惱。

「天」不一樣，天是不能改變的、已經發生的事。譬如，談到養生，有些人會說，自己的糖尿病是第一型的，就是來自父母遺傳的。另一些人是屬於第二型的，是自己缺乏運動、吃喝不當所造成的。已經發生了糖尿病，你說第一型是天，第二型是人，分辨這個並沒有意義。在醫生眼中都是有糖尿病的人。已經存在的事實，包括所有的遭遇，都屬於天的範疇，是不能改變的。

簡而言之，關鍵在於態度。你對自己的處境採取順從的、接受的態度，那就屬於「天」（自然的）；你若處處按照人間的價值觀來評價自己的一切，這種態度就屬於「人」（人為的）。本章還有一句簡短的結論。

【譯文】

水澤區的野雞，走十步才能啄到一口食物，走一百步才能喝到一口水，可是牠們不希望被養在籠子裡。養在籠子裡的野雞，神態雖然旺盛，但並不愉快。

這裡提到兩種雞的對比：野外的雞和籠中的雞。水澤區的野雞，雖然辛苦，要走十步、走百步才找得到吃喝的東西，但牠比起籠中的雞，如何呢？籠中的雞有人飼養，吃喝不愁，神態雖然旺盛，但並不愉快（神雖王，不善也）。相比之下，野外的雞自己覓食，神態未必旺盛，但顯然較為愉快（善）。回到前面的寓言。右師失去一足，但他接受現狀，不受人間這個籠子所困，使自己成為野外的雞，雖然辛苦，但十分愉快。他接受現實就可以不受干擾，可以保存他自然的狀態。世間多數人就像關在籠子裡的雞，手足即使健全，也處處受困於人的價值觀。有些人享有富

貴,神態旺盛,但並不愉快。只有這樣解釋,才能說清楚本章的意思,也才能明白〈養生主〉的深刻用心。

35〈養生主 3・5〉
安時而處順，哀樂不能入

〈養生主〉第五章。本章終於出現一位重要人物老聃（老子）。老聃初次上場，就有些尷尬，因為本章說的是他死後的一段軼事。寫法是重言也是寓言。老聃死了，一個朋友去弔唁他，發生了什麼事？老聃在《莊子》書中出現大約 20 次，通常是以老師身分開導別人。

弟子為老聃舉辦喪禮，一個老朋友對喪禮上的所見所聞提出批評。全文可分三段來說。

首先，老友秦失去弔唁老聃，他的表現讓老聃的弟子不解。

其次，秦失說明他對老聃不滿的理由。

然後，應該如何處世？要做到：安時而處順，哀樂不能入。

3・5

老聃死，秦失（一ˋ）弔之，三號（ㄏㄠˊ）而出。弟子曰：「非夫子之友邪？」曰：「然。」「然則弔焉若此，可乎？」曰：「然。始也吾以為其人也，而今非也。向吾入而弔焉，有老者哭之，如哭其子；少者哭之，如哭其母。彼其所以會之，必有不蘄（ㄑㄧˊ）言而言，不蘄哭而哭者。是遁天倍情，忘其所受，古者謂之遁天之刑。適來，夫子時也；適去，夫子順也。安時而處順，哀樂不能入也，古者謂是帝之縣（ㄒㄩㄢˊ）解。」指窮於為薪，火傳也，不知其盡也。

【譯文】

　　老聃死了，秦佚去弔唁，哭了幾聲就出來了。老聃的弟子說：「你不是我們老師的朋友嗎？」秦佚說：「是啊！」弟子又說：「就這樣弔唁他，可以嗎？」

　　老聃過世了，弟子們認真舉辦一個公開的喪禮。遠近的朋友知道了，自然要來弔唁。秦佚來了，他在靈堂裡哭了幾聲就出來了。老聃的弟子覺得奇怪就問他說：你不是我們老師的朋友嗎？你這樣哭幾聲就跑出來，這樣可以嗎？

　　這裡可以看到，老師再怎麼高明，學生未必跟得上。以老聃來說，他不會在乎別人來不來，或來了之後有沒有哭，但弟子們就比較重視世俗的場面，總希望很多人來，並且哭得傷心。莊子自己也遇到類似的情況。莊子臨死的時候，弟子們說要厚葬老師，莊子立即開導他們。這一段（〈列御寇 32・10〉）將來再說。

　　儒家的孔子也遇到類似的情況。孔子病重的時候，子路組織一個治喪處，試圖以更高的規格來處理老師的後事。孔子在病中醒來之後，對子路的作為加以批評，說：我要欺騙誰呢？我現在沒有這種身分與規格，又何必在意這些？我要欺騙天嗎？（《論語・子罕》）

　　這些資料告訴我們：老師再怎麼高明，那是老師的本事，學生未必可以跟得上。秦佚是老聃的朋友，水平自然不同。

【譯文】

秦佚說：「我這樣哭幾聲出來是可以的。原來我以為你們老師是一個至人，現在知道不是。剛才我進去弔祭，有老年人在哭，好像哭自己的孩子一樣；有年輕人在哭，好像哭自己的母親一樣。這些人的感觸會這麼深，一定是老聃使他們情不自禁地稱頌，情不自禁地痛哭啊。這樣做是在逃避自然、違背真實，忘記了人所稟受的是什麼。古人稱此為：逃避自然所帶來的懲罰。

這段話很有道理。老年人哭得傷心，年輕人也哭得傷心，這代表老聃活著的時候，一定用心照顧這些老者少者，讓大家捨不得他。

佛教有所謂「業」的觀念，值得參考。什麼是「業」？有心而為的就是「業」。佛教勸人不要造業，不只是不要造惡業，連善業也要避開。如果你做了很多好事，去世的時候眾人為你禱告，希望你再來人間，以便回報你，結果可能使你未能進入涅槃。

既然有心而為的都是業，所以要記得一句話：「有心為善，雖善不賞；無心為惡，雖惡不罰」。「有心」、「無心」是關鍵，這與老子可以相通，老子講的是「無心而為」。佛教的「業」可以進一步分析。有身、口、意三業。身業是指行為，具體所做的事；口業是指說話，說了沒有把握的事或者說錯話，都是口業；意業是指意念，起心動念都不可以有任何偏差。修行身、口、意三業，非常不容易。

簡單來說，譬如幫助一個人，我正好在這裡，正好有能力，我就伸出援手。我不是有心做的，而是緣分到了我就幫忙，如果

緣分未到，我想幫也幫不上。這裡出現「遁天倍情」一詞，就是逃避自然、違背真實。這是要認真避免的情況。本章結論也很精彩。

【譯文】

　　你們的老師偶然來到世間，是應時而生；又偶然離開世間，是順命而死。安於時機並且順應變化，哀樂之情就不能進入心中。古人稱此為：解除了自然的倒懸。」用油脂當薪火，油脂燒完了，火卻可以傳下去，不知它何時窮盡。

　　最後一句話組合為一句成語「薪盡火傳」。個人生命會結束，火代表智慧，但智慧可以傳下去。前一句是「安時而處順，哀樂不能入也」，所講的是：我們活在世間要安於時機並順應變化，內心沒有哀樂之情，不用悲哀也不用快樂！明白道家之後，到了中年就可以化解情緒上的困擾與情感上的動盪。〈養生主〉到本章結束，提醒我們，做到無掛礙，才是真正的養生。這種觀點與佛學的說法有其相通之處。

人間世 第四

要旨

人間多患難,而化解之道在於改變國君的心態。如何改變呢?任何方法都有所不足。唯有靠學習者修養自己,抵達虛而待物的「心齋」之境。具體表現是「知其不可奈何而安之若命」。在人間,不能不分辨有用與無用,但結果卻是:有用往往自陷困境,而無用卻能長保平安。

36〈人間世 4‧1〉

顏回想去衛國幫忙，請教孔子該怎麼做

現在進展到《莊子》內篇的第四篇〈人間世〉。焦點落在人類具體的社會。〈養生主〉，是個人對自己的身心安頓，所做的修練。但是，人是社會性的動物，沒有人可以離開他所處的社會。

莊子是戰國時代中葉的人，那是一個亂世。在古代，百姓能不能活得平安快樂，幾乎完全由統治階級，尤其是國君所決定。所以在〈人間世〉要問，天下如何可以安定？

本篇莊子虛擬了幾個故事，設法說明：有些念書人努力說服國君，希望他們好好照顧百姓。如果個人修練有成，身心方面沒有問題，知道什麼是〈逍遙遊〉，也明白怎麼〈齊物論〉，並且把握了〈養生主〉，懂得養生的原則。接著就要推己及人，希望別人也能平安生活。

本篇開頭連續六章講述同一個故事，既有寓言又有重言。上場的兩個人是孔子與他的高徒顏淵（顏回）。顏回在《論語》中，一直是努力學習及實踐的，孔子對他刮目相看，也讚不絕口，很可惜他只活了四十年，使孔子感嘆他「不幸短命死矣」，沒有機會發揮理想與抱負。但是在本篇，莊子給了顏回一個機會。

他虛擬孔子與顏回的師生對話。顏回主動向老師報告，說要去衛國幫忙。顏回做為孔門弟子，在學問與德行皆有心得之後，希望可以關懷社會，改善百姓生活。以上是故事的背景。

顏回是魯國人，如果想去衛國幫忙，首先要問：你與衛國國君有什麼關係？他為什麼要信任你？孔子指出這些問題，為顏回分析利害。學者想要幫助別人，很好；但首先必須了解人間的實際狀況。

4‧1

顏回見仲尼，請行。曰：「奚之？」曰：「將之衛。」曰：「奚為焉？」曰：「回聞衛君，其年壯，其行獨。輕用其國，而不見其過。輕用民死，死者以國量乎澤若蕉，民其無如矣。回嘗聞之夫子曰：『治國去之，亂國就之，醫門多疾。』願以所聞思其則，庶幾其國有瘳（彳ㄡ）乎！」

【譯文】

顏回拜見孔子，向他辭行。孔子問他：「要去哪裡？」顏回說：「準備去衛國。」孔子又問：「去做什麼？」顏回說：「我聽說衛國的國君正當壯年，行事獨斷。他治理國家十分輕率，卻不知道自己的過錯。輕易就讓百姓送死，為國事而死的人滿山遍野有如亂麻，人民都走投無路了。我曾聽老師說過：『治理好的國家可以離開，混亂中的國家可以前往，醫生門前才會有很多病人。』所以我希望能以自己所學，想出治國的辦法，這樣衛國或許還有救吧！」

顏回的這番話讓人感動。他是魯國的學者，學習有成之後，想去衛國幫忙，因為衛國現在正處於困境。當時可能是衛靈公過

世,後面接位的問題相當複雜。衛靈公的太子與靈公夫人南子不合,後來太子流亡在外。此時衛靈公過世,南子就安排太子的兒子上來接位。這一下,太子著急了,就跑去向晉國借兵,要搶回自己的君位。這期間衛國國君是個年輕人,所以莊子會藉顏回之口說「其年壯,其行獨」。莊子寫文章無拘無束,有虛有實。本章背景大致如此。

首先,孔子看到顏回來向他辭行,一定覺得驚訝,因為顏回平常不太說話,是個認真學習、專心修德的好學生。現在顏回說要前往衛國。孔子問他要去做什麼,他說:衛國的年輕國君沒有照顧好百姓,情況十分麻煩。其中有一句話聽起來很慘,「死者以國量乎澤若蕉」,意思是「為國事而死的人滿山遍野有如亂麻」。他以秋冬之際滿山遍野都是枯枝落葉,來形容百姓的死狀。顏回內心不忍,認為自己應該去幫忙,去開導那個年輕的國君,希望他善待百姓。

接著他引述孔子的話,其實這話是莊子編的。在《論語‧泰伯》孔子說的是「危邦不入,亂邦不居。天下有道則見,無道則隱」。莊子這裡自己編了三句孔子沒有說過的話,「治國去之,亂國就之,醫門多疾」。第三句「醫門多疾」算是客觀的描述。既然是醫生,就不該拒絕來求治的病人。現在顏回認為自己是醫生,要主動去幫助病人。要幫助衛國百姓,首先必須讓國君對他言聽計從。

接著孔子與他展開一連串討論,既深入又精彩。從中可以了解古代官場的情況。要開導有權力的人,應該怎麼說話,要考慮那些問題,同時要如何注意自己的安危。一個有學問的好人,一片赤忱、全無私心,完全為百姓著想,這樣就可以理直氣壯地進

諫國君嗎？你知道這個國君的性格嗎？他沒有自己的忠臣可以分辨善惡，以致需要你一個魯國學者去勸他嗎？你勸一個普通人都未必成功，現在憑什麼認為你可以勸服一個大權在握的國君？這些問題在下一章會作深入討論。

37〈人間世4・2〉
伴君如伴虎,與國君談話,危機重重

〈人間世〉第二章。顏回想去衛國幫忙,向孔子辭行。孔子做為老師,現在要開導他了。

首先,他為顏回分析將會面臨的危險,提醒他四種情況。

一,這件事不要弄得太複雜。「道不欲雜」,這是關鍵。「道」是根本的原理,萬物的來源與歸宿,原本十分簡單。但是到了人間就會發現,許多事情越弄越複雜,最後沒有人知道是怎麼回事。

二,一般人會強調德行夠不夠,智巧有沒有過人。孔子提醒顏回:德行與智巧都不是好東西。德行會讓一個人喜歡名聲,智巧會讓一個人喜歡爭鬥,都是凶器。孔子明白說:不要賣弄你的德行與智巧。

三,要去說服一位國君,先問自己與他有沒有互信。他如果不認識你、不欣賞你,你對他講任何話,都可能收到反效果。

四,你了解衛國國君的性格嗎?最後要記得,同國君談話時,兩人並不是平等的關係,而是傾斜的,他高你低。你一句話說錯、一個資料用錯,後面滿盤皆輸。以下分這四段來說,會比較清楚清楚。

4・2

仲尼曰:「譆,若殆往而刑耳!夫道不欲雜,雜則多,多則擾,擾則憂,憂而不救。古之至人,先存諸己,而

後存諸人。所存於己者未定,何暇至於暴（ㄆㄨˋ）人之所行！且若亦知夫德之所蕩而知之所為出乎哉？德蕩乎名,知出乎爭。名也者,相軋（一ㄚˋ）也;知也者,爭之器也。二者兇器,非所以盡行也。且德厚信矼（ㄎㄨㄥˋ）,未達人氣;名聞不爭,未達人心。而彊以仁義繩墨之言術暴人之前者,是以人惡有其美也,命之曰菑（ㄗㄞ）人。菑人者,人必反菑之。若殆為人菑夫。且苟為悅賢而惡（ㄨˋ）不肖,惡（ㄨ）用而求有以異？若唯無詔,王公必將乘人而鬥其捷。而目將熒之,而色將平之,口將營之,容將形之,心且成之。是以火救火,以水救水,名之曰益多。順始無窮,若殆以不信厚言,必死於暴人之前矣！

【譯文】

　　孔子聽完顏回的說法,就說:「唉！你去了恐怕會受到刑罰。道是不宜雜亂的,雜亂就會多事,多事就會煩擾,煩擾就會引起禍患,引起禍患就無法救治了。古代的至人,先求端正自己,再去端正別人。自己還沒有站穩,哪有時間去揭露暴君的作為！

　　這是第一段大原則,孔子提到古代的「至人」,我們知道「至人」是莊子筆下悟道的個人,是最高境界的。「至人」會怎麼做？先求端正自己,再去端正別人,這是普遍的原則。想勸別人行善,自己本身沒有行善,怎麼可能成功？自己沒有站穩,怎麼可能希望別人站穩？這是第一步。這裡所謂「道不欲雜」,是

說做任何事都有固定的模式,基本上越簡單越好。

【譯文】

再說,你也知道德行敗壞、智巧外露的原因吧?德行敗壞是因為好名,智巧外露是因為好爭。好名,就會互相傾軋;智巧,則是爭鬥的工具。這兩者都是凶器,不可推行於世。

這明顯是莊子的立場。德行本來很好,但一般有德行的人都會好名,喜歡別人稱讚他。因為德行需要修練,這個不能做,那個不能想,長期修練而沒有人稱讚,多難受啊!如果使用智巧,那麼別人也有智巧,他不會認輸,會與你爭鬥。這是第二段,要特別留意德行與智巧,它們會製造各種複雜的問題。

【譯文】

再說,一個人德行深厚、誠懇老實,卻尚未得到別人的認同;不務虛名、與世無爭,卻尚未得到別人的了解;這時如果堅持在暴君面前暢談仁義規範這一套言論,那就等於是用別人的缺點來彰顯自己的優點。這樣就叫做害人。害人者,別人一定反過來害他,你恐怕會被別人所害啊。

如果別人對你還不夠了解、不夠認同,那就要當心。滿口仁義道德有用嗎?別人會覺得你用那些高尚的話來勸我,代表你自己很好嗎?想用我的缺點來彰顯你的優點嗎?國君大權在握,那麼你不是很危險嗎?你提醒他要有德行,這不是先去批判他嗎?他當然反過來對付你了。這就是缺乏互信的危險。

【譯文】

再說，衛君如果喜愛賢能而厭惡不肖之徒，又何必等你去提出不同看法呢？你除非不發一語，否則一開口勸諫，衛君必定抓住你說話的漏洞，展開他的辯才。那時，你的目光轉為迷惑，臉色變得和緩，說話瞻前顧後，容貌顯得恭順，內心也準備遷就他了。這樣一來，就像用火救火，用水救水，可以叫做越幫越忙。你一開始順著他，以後就永遠如此了。你如果尚未取得信任就直言不諱，一定會慘死在暴君面前啊！

君臣關係是傾斜的，因此對話必須謹慎。一旦出現任何問題，衛君必定抓住你說話的漏洞，展開他的辯才。譬如現在水災，百姓都在受苦，交不出糧，你勸國君開倉救民。國君會怎麼回應？他會說：你以為只有你在勸我嗎？很多大臣都勸過了，但糧倉裡的糧食是軍隊打仗時要用的。你只要有一項資料出問題，一句話說偏差了，或一個統計數字不正確，他抓住這一點，一定馬上反擊。換句話說，你講十句話，有一句話說錯了、說偏了，他馬上就抓住這一點來全面否定你。你是臣子，地位低，被他抓住漏洞之後，立即滿盤皆輸。目光轉為迷惑，臉色變得和緩，說話瞻前顧後，容貌顯得恭順，內心也準備遷就他了。

這幾句話實在生動。莊子只做過蒙縣漆園吏，連官都算不上，是地方上的公務員。但是他描寫這一段的時候，好像是個朝廷上的大臣，見識過朝廷上各種討論及辯論，不然怎麼可能描寫得這麼逼真？

其實這種情況遍在各地。譬如你是公司職員，要向老闆提出不同的意見時，你一句話沒說對，一個資料有問題，後面的發展

就與莊子此處所描寫的差不多了。

由此可以看出古代念書人的壓力。顏回的德行與學問在孔子門下是排第一的。但是，到外國去同別人來往，別人也許聽說過你，但他信任你嗎？你與他之間有互信嗎？這都是問題！衛國國君會想：如果一個魯國學者來勸我，我就聽他的話，那代表我們衛國沒有人才嗎？沒有學者嗎？他們勸我不但沒用，還乖乖聽我的吩咐。你這位魯國來的學者，憑什麼要我聽你的？你太天真了吧！

這麼一來，顏回怎麼辦？所以孔子提醒他：你如果尚未取得信任就直言不諱的話，你將會慘死在暴君面前。孔子這裡直接說「暴人」，是指不走正道的國君。什麼是正道？《尚書‧洪範》有一句話，就是「天子作民父母」，諸侯也是百姓的父母，這就是正道。偏離這個正道的，都是不理想的國君，甚至是暴君。

38〈人間世4‧3〉
名利容易引來殺機

〈人間世〉第三章。

顏回想去衛國開導衛君,孔子首先提醒他,向國君進言要謹慎,你與他的關係是不平等的,有權力上的傾斜。如果沒有得到充分的信任,說話要小心,不然會有生命危險。

本章,孔子繼續以歷史故事來教導顏回。歷史故事有根據,是過去發生的事。這些故事特別提及名利。有兩個人為了「名」而被犧牲;有四個小國為了「利」而被消滅。

一般而言,要說服別人,舉歷史故事做為參考是有效的。因為大家都聽過這樣的事,有些狀況是不是與當前的處境差不多?既然如此,能不謹言慎行嗎?以下可分兩段來介紹。

4‧3

且昔者桀殺關龍逢,紂殺王子比干,是皆修其身以下傴(ㄩˇ)拊(ㄈㄨˇ)人之民,以下拂其上者也,故其君因其修以擠之。是好名者也。且昔者堯攻叢、枝、胥敖,禹攻有扈,國為虛厲,身為刑戮,其用兵不止,其求實無已。是皆求名實者也,而獨不聞之乎?名實者,聖人之所不能勝也,而況若乎?雖然,若必有以也,嘗以語我來。」

【譯文】

再說，以前夏桀殺了關龍逢，商紂殺了王子比干。這二人勤於修身，愛護百姓，但由於居下位而拂逆上位，所以君主就利用他們的修養來加害他們。這是好名的結果。

這裡談到「名」。關龍逢與王子比干是善人，壞的國君是夏桀與商紂。關龍逢的材料有限，我們只知道他是一位賢臣，勇敢勸諫夏桀不要再做壞事。但天子怎麼會聽從呢？天子想的是：你以為你是善人嗎？善人就要忠於國君。於是利用這一點把他殺了，讓他求仁得仁。古代還沒有「求仁得仁」這句話，但求名得名是常見的情況：你是忠臣，好啊，就讓你當忠臣。

商紂與王子比干的故事，我們比較熟悉。《論語·微子》開頭，孔子說商朝末期有三位行仁的人：微子、箕子、比干。首先，「微子去之」。微子是商紂王同父同母的哥哥，他離開了宮廷。母親生微子時，身分是王妃；後來升任王后，生了紂，於是紂繼承商王之位。微子看到紂胡作非為，知道商朝將亡，所以離開宮庭，以保存王室命脈。商亡之後，微子受封於宋國，為周朝諸侯。

其次，「箕子為之奴」。箕子勸導商紂無效，就假裝發瘋，被商紂關在牢中。周武王革命成功之後，立即釋放箕子，並向他請教治國之策，其即是內容《尚書·洪範》。

然後，「比干諫而死」。比干堅持要勸諫商紂，結果被剖心而死。以比干為例，他確實留下了好名聲。孔子在此認為關龍逢與比干為名而死，但他們二人所想的應該是百姓的福祉而不是個人的名聲。但無論如何，名聲確實留到後代。那麼，為利而亡國的情況呢？

【譯文】

　　再說，從前堯攻打叢、枝、胥敖，禹攻打有扈，使這些國家變為廢墟、百姓都滅絕了，國君也被殺害，這是因為他們不斷用兵，貪得無厭。這些都是求名好利的結果，你難道沒有聽說過？名與利，連聖人都無法超越，何況是你呢？雖然如此，你一定有你的想法，不妨說來聽聽。」

　　在〈齊物論 2・11〉，舜曾經建議堯說：不要在乎這三個不聽話的小國，您的德行十個太陽都比不上，大人有大量。但是這三個小國，到處用兵，追求實際的利益，所以堯最後還是把他們給滅了。其次，禹的時候，有扈國也是貪得無厭，侵占其他小國，最後天子只好出兵滅了他。

　　在此，孔子提到兩方面，一是好名的關龍逢與比干；一是好利的四個小國。他們因為名與利而被消滅了。接著有一句話很特別，就是：「名實者，聖人之所不能勝也」，意思是：名與利，連聖人都無法超越。這裡說的「聖人」，與莊子前面所說的，與「至人、神人」並列的「聖人」顯然大不相同。因此念《莊子》要記得，「聖人」一詞有兩種意義，一是好的，指悟道的個人；一是差的，指世俗的，儒家、墨家口中的聖人。本章所說的是後者。

　　孔子口中的「聖人」，顯然還沒有悟道，所以無法超越名利。這樣的聖人可以包括古代的帝王，像堯、舜、禹，他們即使德行很高，也很難超越名與利。《莊子》書中，提及堯、舜、禹、湯、文王、武王的時候，都會有些批評的意味，因為他們追求好的名聲與利益。當然，利益也可能是利益眾生，那就另當別

論了。

　　總之，孔子提醒顏回不能考慮名與利，要把名利之心化解、超越。但是孔子也知道，顏回既然想去，一定有他自己的想法。本章最後那一句話就帶出了後面幾章：你的想法，不妨說來聽聽。

　　做老師的，不能太主觀，因為一代有一代的想法。三十年為一世，很多新的情況出現了，老師未必了解學生的想法與做法。

39〈人間世 4‧4〉
少了互信，什麼辦法都沒用

〈人間世〉第四章。本章材料豐富，是顏回所能想出的各種辦法，他提出來請孔子指教。孔子的考慮可謂謹慎之至。

顏回首先提出一個原則，表示他要「端莊而謙虛，努力而專一」，但孔子認為還是不行。接著顏回提出三個具體的方法，他要「向自然看齊、向人們看齊、處處引用古人之言」。聽起來好像沒有什麼更好的辦法了。最後孔子作了結論，認為這樣可以免於受到懲罰，但還是有別的問題。

4‧4

顏回曰：「端而虛，勉而一，則可乎？」曰：「惡！惡可！夫以陽為充孔揚，采色不定，常人之所不違，因案人之所感，以求容與其心。名之曰日漸之德不成，而況大德乎！將執而不化，外合而內不訾（ㄗˇ），其庸詎可乎？」

「然則我內直而外曲，成而上比。內直者，與天為徒。與天為徒者，知天子之與己皆天之所子，而獨以己言蘄乎而人善之，蘄乎而人不善之邪？若然者，人謂之童子，是之謂與天為徒。外曲者，與人之為徒也。擎（ㄑㄧㄥˊ）跽（ㄐㄧˋ）曲拳，人臣之禮也。人皆為之，吾敢不為邪？為人之所為者，人亦無疵焉。是之謂與人為徒。成而上比者，與古為徒。其言雖教誥（ㄓㄜˊ）之實也，

古之有也,非吾有也。若然者,雖直而不病。是之謂與古為徒。若是則可乎?」仲尼曰:「惡!惡可!太多政,法而不諜,雖固,亦無罪。雖然,止是耳矣,夫胡可以及化,猶師心者也。」

【譯文】

　　顏回說:「我外表端莊而內心謙虛,努力行事而意志專一,這樣可以嗎?」孔子說:「不!怎麼可以呢!衛君剛猛之氣流露於外,性情浮誇又喜怒無常,一般人都不敢違逆他。他也藉此壓抑別人的規勸,只求自己稱心快意。這種人,即使每天用小德去感化他,都不能成功,何況立刻搬出大德呢!他將固執己見而不肯改變,表面同意而內心另有盤算,你的想法怎麼行得通呢?」

　　顏回先說自己的原則是:外表端莊、內心謙虛,努力行事、意志專一。問題在於,你內心的情況誰知道?你意志如何也只有自己了解。與別人談話,內容很好有用嗎?衛君是什麼樣的人?剛猛之氣流露於外,性情浮誇又喜怒無常,一般人是不敢違逆他的。

　　多念幾遍《莊子》原文,會覺得莊子很了解政治領袖的情況。一個人不論從事任何行業,只要不是位居一個企業最高的層次,都知道適可而止,謹守分寸。國君又與大老闆不同,只有他一人可以活得愜意,愛怎麼樣就怎麼樣。別人要想勸他改變,實在不容易。所以孔子說:你這個原則恐怕行不通吧!

【譯文】

　　顏回又說:「既然如此,那麼我就保持內直而外曲,並且處處引用古人之言。所謂內直,是向自然看齊。向自然看齊的人,知道天子與自己都是自然所生的,那麼自己說的話還要在乎別人喜歡或不喜歡嗎?像這樣做,人們會說我是天真的兒童,這就叫做向自然看齊。

　　顏回於是提出他的具體作法,共有三點。一是「內直」,就是「與天為徒」,向自然界看齊。大家都是自然界的一分子,都可以回歸為純真的孩童。但是國君有權力,他為什麼要跟你一樣變成孩童?

【譯文】

　　所謂外曲,是向人們看齊。參見君王時,拱手、跪拜、鞠躬、曲膝,是作臣子的禮節。別人都這麼做,我敢不這麼做嗎?做別人都做的事,別人也沒有什麼挑剔,這叫做向人們看齊。

　　這是第二個方法,「外曲」就是「與人為徒」,向人們看齊。這聽起來不錯,但問題是你敢不去跪拜、拱手嗎?大家都這麼做,你也這麼做,沒有什麼特別之處,憑什麼你就可以向他諫言了?
　　再看第三個方法,顏回繼續說。

【譯文】

　　至於處處引用古人之言,是向古人看齊。這些言詞雖然有教

導督責的內容,不過都是古人說的,並非我想出來的。像這樣,即使直言勸諫也不會被詬病。這就叫做向古人看齊。這樣做可以嗎?」

顏回確實聰明。首先他要向自然看齊。很好,道家側重自然界這一面,最後大家都會回歸自然。其次,向人們看齊,人的社會有傳統的規範以及禮樂教化。然後還要向古人看齊,人的社會還有古人可以效法,其他生物沒有什麼古代、前輩的問題。

人有歷史傳統,你可以引用《尚書》、《詩經》、《易經》的話來勸國君。正如在《孟子》書中,孟子就經常這樣做,他同梁惠王、齊宣王這些大國君主談話的時候,動不動就引用《尚書》與《詩經》的材料,使國君表現樂意接受的樣子。國君如果不接受的話,別人就會認為,怎麼連古代的教訓都不聽?至少要聽周文王、武王的話,更不必說堯、舜的話。我處處引用古人之言,國君不聽的話,大家就認為他是昏君,這樣應該很有效吧?

顏回已經說出我們所能想像的極致了,他是聰明又用功的學生,並且勇於思考,想盡辦法把他所學的用出來,去幫助衛國百姓。但首先要說服那個國君,這些辦法真的有用嗎?

孔子還是有他的擔心。當然,孔子在《莊子》書中,很多地方是代表莊子來說話的。

【譯文】

孔子說:「不!怎麼可以呢!你用的方法太多,並且方法正確而關係不夠親密。雖然過於拘泥,不過還可以免罪。雖然如此,也只能做到這個地步了,怎麼談得上感化君主呢!你還是執著於自己的成見啊。」

孔子接著指出，你列的三個方法，向自然看齊、向人們看齊、向古人看齊，這三個方法混合使用，有時候不知道怎麼樣才適當。方法變來變去，容易讓別人覺得囉嗦，並且未必有興趣聽你把這些方法通通用一遍。你會吃不消，壓力很大的。

孔子也承認，顏回你這麼用心，國君即使公開場合不能處罰你，但你試圖勸他改善，他總是不喜歡的。因此，你也許可以免罪，但要感化他，談何容易。

權力使人腐化。沒錯，但是在腐化之前，權力會使人傲慢。傲慢一出現，就認為有權力的人最聰明。你想勸我改善，我很笨嗎？我自己不知道嗎？你不知道我是故意這樣做的嗎？國君有各種理由，可以替自己找藉口。這一來怎麼辦？

要改變一個人，實在太難了。我在大學教書超過 40 年，我改變了什麼學生？除非學生自己想通了去改變，老師根本無能為力。有些學生在念書期間，還算用功，對老師也相當尊重。但畢業幾年之後，師生沒有聯繫，甚至形同陌路。他如果在學術上有成績，他認為是自己的努力，與老師沒有什麼關係。因此，人與人相處，要隨緣而定，不可自以為是。對學生尚且要明白這個道理，何況對國君？孔子大概也是基於這樣的理解，所以再三開導顏回小心謹慎。〈人間世〉開頭這一大段寓言兼重言，到此結束。顏回有沒有知難而退呢？由下一章看來，他似乎轉個方向，去修練莊子的「心齋」了。

40〈人間世 4・5〉
心齋是一種什麼境界？

〈人間世〉第五章。本章出現「心齋」一詞，是莊子所用的術語。前面幾章的討論，描述顏回想去勸諫衛國國君，請他善待百姓。他提出各種方法，相當全面也頗為完善。但是，人與人相處，往往交情與互信比方法重要多了。所以孔子開導他，這些方法都行不通。顏回束手無策，就請教老師該怎麼辦。內容可以分三段來說。

4・5

顏回曰：「吾無以進矣，敢問其方。」仲尼曰：「齋，吾將語（ㄩˋ）若。有而為之，其易邪？易之者，皞（ㄍㄠ）天不宜。」顏回曰：「回之家貧，唯不飲酒不茹葷者數月矣。如此則可以為齋乎？」曰：「是祭祀之齋，非心齋也。」

回曰：「敢問心齋。」仲尼曰：「若一志，無聽之以耳而聽之以心；無聽之以心而聽之以氣。耳止於聽，心止於符。氣也者，虛而待物者也。唯道集虛。虛者，心齋也。」顏回曰：「回之未始得使，實自回也；得使之也，未始有回也，可謂虛乎？」夫子曰：「盡矣！吾語若：若能入遊其樊而無感其名，入則鳴，不入則止。無門無毒，一宅而寓於不得已，則幾矣。」

【譯文】

　　顏回說：「我沒有更好的想法了，請問該怎麼辦呢？」孔子說：「你先齋戒，我再告訴你。有所用心去做事，難道容易成功嗎？這麼容易就成功，就不合乎自然之理了。」顏回說：「我家境貧寒，已經幾個月不喝酒、不吃葷了。這樣可以算是齋戒嗎？」孔子說：「這是祭祀方面的齋戒，而不是心的齋戒。」

　　這是第一段，出現「心齋」一詞。孔子告訴顏淵要齋戒。聽到「齋戒」，自然想到不能喝酒、不能吃肉。但顏回家裡窮困，「一簞食，一瓢飲，在陋巷」（《論語·雍也》）。因此顏回說，自己天天在齋戒。孔子說：這是祭祀方面的齋戒，我說的是心齋。古人祭祀神明與祖先之前，必須七日戒三日齋。七天有所戒，最後三天要「齋」，只能吃一些簡單的、清淡的素食，不能吃肉喝酒。但現在說的是「心齋」，又是怎麼回事？

【譯文】

　　顏回說：「請問什麼是心的齋戒？」孔子說：「你心志專一，不要用耳去聽，要用心去聽；不要用心去聽，要用氣去聽。耳只能聽見聲音，心只能了解現象。至於氣，則是空虛而準備回應萬物的。只有在空虛狀態中，道才會展現出來。空虛狀態，就是心的齋戒。」

　　這一段非常精彩。出現了「道」字：「唯道集虛」。〈人間世〉中，莊子所謂的「道」，在這裡出現了，值得留意。我是由這一段話才明白〈齊物論 2·2〉所說的「天籟」。這裡提及

「聽」，聽聲音。聽聲音一般都是用耳朵，耳朵可以聽到聲音，但要懂得聲音的意思，就要用「心」去聽。只有人類，有這樣的心，可以懂得別人說話的意思。然後繼續說，不要用心去聽，要用「氣」去聽。

〈齊物論 2．1〉講三籟，是與聲音有關的，這裡講三種「聽」的方式，也與聲音有關。所以我自然會把這兩者連起來。換言之，所謂「天籟」，不是指聽到什麼聲音，因為那不是用耳朵去聽、不是用心去聽，而是用「氣」去聽。「氣」是什麼？「氣」貫通所有的一切，是無所不在的。所有的一切，從氣而來，回歸於氣。說得清楚一些，氣是「道」的作用的體現。「氣聚則生，氣散則死」，萬物都是如此。

用氣去聽，是怎麼回事？它代表聽的態度改變：只要你有適當的聽的態度，則任何地方所出現的聲音（包括人籟與地籟），都可以轉化成為天籟。所謂適當的態度，就是把自己放空，放空自己的內心，也就是心齋。然後，氣是空虛而準備回應萬物的；進一步，只有在空虛狀態中，「道」才會展現出來。這話說得好，原文是「唯道集虛」。「集」是指飛鳥停在樹枝上；樹枝必須是空的，沒有別的東西，鳥才能停到上面。唯道集虛，就是你的身心狀態，「形如槁木，心如死灰」，整個放空之後，「道」就展現出來，停在上面。

於是〈齊物論 2．1〉開頭所說的「形如槁木，心如死灰」，可以與「心的齋戒」連起來了。這種狀態才可以領悟人籟與地籟之上的天籟。天籟用「氣」去聽，等於回到原始的狀態，身心的作用通通放空，「道」才會展現在你心中，這就是「心齋」。

〈知北遊22‧6〉說：「精神生於道」，「精神」從「道」而來。這是什麼意思？人的生命裡面有「精神」，但精神平常不會顯示，為什麼？因為人的身心活動太複雜、太頻繁、太多麻煩了，他的精神就被壓抑、被忽略了。如果化解了身心狀態，精神自然可以展現；說它生於「道」，是說它的展現與「道」的展現，是同時並存的。如此可以理解「心齋」為什麼重要了。

顏回智慧過人，《論語‧公冶長》中，孔子要子貢比較他與顏回的程度有何差別。子貢就說：顏回聞一知十，而他只能聞一知二。什麼是聞一知十？由本章最後一段可以知道。

【譯文】

顏回說：「我在不懂這個道理以前，肯定自己真的存在；懂得這個道理之後，發現自己未曾存在。這樣可以說是空虛狀態嗎？」孔子說：「非常透徹了。我告訴你，你可以進入世間的樊籠遊玩，不再為虛名所動；意見能被接納，你就發言；意見不被接納，你就緘默。沒有執著也沒有成見，一顆心就寄託在『不得已』上，這樣就差不多了。」

顏回這一段話說得很好，立即得到孔子的肯定。為什麼孔子肯定他？因為〈齊物論2‧8〉說過，古人的最高智慧是了解「未始有物」，沒有東西存在過；而現在顏回說「未始有回」，顏回根本不存在。那不是充分印證了最高智慧嗎？顏回說自己不曾存在過，真正存在並永遠存在的是道。

學習《莊子》，可以練習化解感官對外物的作用，不要用耳朵去聽，或者超越內心對外物的欲望及想像，不要用心去聽，而

要用氣去聽。把自己盡量放空，放空之後，「道」在心中展現出來，隨之把我的精神也引發出來。引發出來之後，發現像我這樣的人根本未曾存在過。在我生前，在我走後，那才是一個永恆的狀態，等於是我與「道」可以合而為一。萬物與我為一，天地與我並生。

顏回說的這四個字「未始有回」，就是標準答案。而孔子代替莊子發言，最後提醒顏回：一顆心寄託在「不得已」上。莊子喜歡講「不得已」。一般人聽到「不得已」，會覺得不太好，好像有一些委屈、無奈、不得不。但莊子所說的「不得已」是：當各種條件成熟的時候，你就順其自然。因此「不得已」不但不是勉強，反而是順其自然。但是有一個前提，要能夠判斷各種條件是否成熟。

這就需要對〈人間世〉的各種狀況有充分的理解。不得已就是：不是我去選擇的，而是條件形成了，就順著它去做。所以，「不得已」來自一種覺悟的能力。孔子與顏回的對話到下一章才會正式結束。

41〈人間世4・6〉
修行要先學會放空自己，為什麼？

〈人間世〉第六章。本章是個總結，前五章是孔子與顏回的師生對話，而孔子最後建議他的方法是「心齋」，「心齋」使人覺悟。現在顏回覺悟了，孔子再為他描述「心齋」之後的境界，以此做為總結。本章可分兩段來看。

4・6

絕迹易，無行地難。為人使易以偽，為天使難以偽。聞以有翼飛者矣，未聞以無翼飛者也。聞以有知知者矣，未聞以無知知者也。瞻彼闋（ㄑㄩㄝˋ）者，虛室生白，吉祥止止。夫且不止，是之謂坐馳。夫徇（ㄒㄩㄣˋ）耳目內通而外於心知，鬼神將來舍，而況人乎！是萬物之化也，禹、舜之所紐也，伏戲、几蘧（ㄑㄩˊ）之所行終，而況散焉者乎！」

【譯文】

要消除走過的足跡很容易，要走路而不留足跡則很困難。要遵行世人的吩咐，很容易做到；要依循自然的安排，就很難做到了。只聽說有翅膀才能飛，沒聽說無翅膀也能飛；只聽說有知識才能領悟，沒聽說無知識也能領悟。

這幾句話不容易了解，所描寫的是：修行有成的四句心得。

第一句「絕迹易，無行地難」。消除走過的足跡很容易。一個人怕別人追蹤，就拿一叢樹葉，把後面的足跡掃除，或者走路的時候，踩在前面別人的足跡上，後面的人就找不到你了。但是，要走路而不留足跡則很困難。為什麼走路可以不留足跡？因為走路的時候無所用心，沒有非去哪裡不可，也就是無心而為。這樣就算有足跡，別人看來也會覺得無跡可尋。

第二句，按照世人的安排很容易，按照自然的安排很難。沒有悟道的人習慣依循世人的安排，奉命行事，有何困難？但是要依循自然的安排，則首先要排除人間各種利害關係的考慮，這是一大難事。

第三句，聽說過有翅膀才能飛，但不曾聽說過沒有翅膀也能飛。有軀體就需要翅膀才飛得起來，但如果要飛的是不是具體的身體，而是心神，那又何必需要一雙翅膀？心神可以自由翱翔。《莊子》書中講到「遊」的時候，經常會描寫可以翱翔在一種無窮的境界、四海之外。這些與具體的什麼地方、什麼情況根本無關。

第四句，有知識可以去領悟，沒有知識也能領悟。為什麼？因為所領悟的不是相對的知識，而是覺悟之知。像顏回領悟「未始有回」，已經處在一種「無」的狀態，這時世間相對的知識，根本用不上。這符合《老子》第 48 章所說的「為學日益，為道日損」。

了解本章四句話的關鍵是悟道。一旦悟道，就可以做到這裡所說的四方面難的事情。第一，走路不留足跡，因為別人根本不知道我怎麼走路，無法猜測我的方向。第二，按照自然的安排並不難，因為我已經超越了在人間的各種考慮。第三，沒有翅膀也

可以遨遊,因為是心神在遨遊。第四,無知但可以領悟,因為我有了覺悟之知,而不再是相對的知。

第二段再進一步,說明心齋的效果。

【譯文】

你看看眼前的空間,空虛的房間才會展現出光明,吉祥也將聚集於空虛之心。不僅吉祥聚集於此,還會進一步達到所謂的『坐馳』——身體坐著而心神四處遨遊。只要使耳目感官向內溝通,把心思巧智排除在外,那麼鬼神也會來依附,何況是人呢?這是順應萬物變化的法則,禹跟舜治理天下之所本,伏羲、几(ㄐㄧˇ)蘧(ㄑㄩˊ)所奉行的也不過是如此,何況是一般人呢?」

「虛室生白」,是說空虛的房間才會展現出光明。假設有一座倉庫,裡面堆滿了貨物,你用再亮的燈還是會有陰影。反之,把貨物都清光,倉庫空空如也,一根蠟燭就可以滿室生輝。這就是虛室生白。

《易經》有一個豐卦（雷火豐）。豐卦是得到豐盛的資源,在人間無往不利,但特別的是,豐卦六爻有四爻都提到很大的遮蔽範圍。因為物質資源越豐富,就越容易遮蔽心靈上的光明。因此,在物質方面豐盛之後,要注意會有遮蔽的範圍。這與《莊子》所說的「虛室生白」,可以對照來看。

接著有個詞要稍作說明,就是「坐馳」。「坐馳」有兩個意思,一是壞的;一是好的。壞的意思是說,你坐在那裡還在胡思亂想,好像心神跑到別的地方去了;好的意思是說,你坐在那

裡，但心神可以自由翱翔。不是分心、不是做白日夢，而是可以翱翔在自由的領域。這裡講的意思是正面的。

因為原文是：不僅吉祥聚集於此，還會進一步達到「坐馳」，身體坐著而心神四處遨遊。後面接著說，耳目感官向內溝通，就是收斂耳目；然後心思與巧智排除在外，不再與別人勾心鬥角了。

從虛室生白開始，有各種吉祥出現，進一步還提到鬼神也會來依附，這是《莊子》文本首次出現「鬼神」一詞，後面還會多次出現。

為什麼鬼神也會來依附？因為你不再有個人身心方面的欲望，以及欲望所構成的障礙。有這種欲望就會以自我為中心，並且與別人產生隔閡，連別人都容不了，何況是鬼神？

最後提及四位古代的統治者，禹與舜是我們比較熟悉的。他們治理天下的依據就是化解自我的執著，順應萬物變化的法則。另外兩位是伏羲與几蘧。伏羲製作了《易經》八卦及64卦，几蘧就就不易考證了。他們的情況我們並不了解，但他們所奉行的，也是這裡所說的原則。

〈人間世〉從顏回想去衛國幫忙開始，歷經與孔子的反覆討論，最後總結於此。

42〈人間世4.7〉
有任務就緊張焦慮，古代人和我們都一樣

〈人間世〉第七章。從本章開始，連續三章，是另外一個故事。一位楚國大夫奉派出使齊國，向孔子請教怎樣才能達成他的外交使命。

古代的外交官責任重大，「受命不受詞」。他接受國君的簡單命令，但是到了外國要怎麼說，用什麼語詞去達成任務，就要靠自己的機智與口才了。這是很大的挑戰。

這裡的主要角色是楚國大夫葉公。「葉」字在古代念「ㄕㄜˋ」，今天也念「ㄧㄝˋ」。「葉公好龍」的典故所說的正是他。楚國大夫為什麼稱「公」？因為在春秋時代末期，楚國不在周天子管轄範圍之內，國君就稱「王」，而大夫也稱「公」了。

葉公在《論語》也出現過。他對孔子說：「我們楚國有一個人很正直，爸爸偷羊，兒子去檢舉。」孔子不認為這麼做是正直，正直不能忽略親情（《論語·子路》）。

葉公也曾詢問子路：「你們老師孔子是什麼樣的人？」子路沒有回答。孔子知道這事之後，就對子路說，你可以這樣說：「其為人也，發憤忘食，樂以忘憂，不知老之將至云爾。」這是孔子描寫自己，可以稱為「三忘」──忘食、忘憂，忘老。（《論語·述而》）。後來葉公還當面請教孔子有關政治的作法。孔子說：「近者說（ㄩㄝˋ），遠者來。」（《論語·子路》）。

現在,葉公奉了楚王之命,要他去齊國辦理外交任務。齊國是當時的強國,任務的挑戰很大。以下分兩段說明。

4·7

葉公子高將使於齊,問於仲尼曰:「王使諸梁也甚重。齊之待使者,蓋將甚敬而不急。匹夫猶未可動也,而況諸侯乎!吾甚慄之。子常語諸梁也曰:『凡事若小若大,寡不道以懽(ㄏㄨㄢ)成。事若不成,則必有人道之患;事若成,則必有陰陽之患。若成若不成而後無患者,唯有德者能之。』吾食也執粗而不臧,爨(ㄘㄨㄢˋ)無欲清之人。今吾朝受命而夕飲冰,我其內熱與!吾未至乎事之情,而既有陰陽之患矣。事若不成,必有人道之患,是兩也。為人臣者不足以任之,子其有以語我來!」

【譯文】

葉公子高將要出使齊國,他請教孔子說:「楚王派我出使,任務十分重大。齊國對待使者,總是表面恭敬而辦事拖延。要催促一個老百姓都不容易,何況是諸侯呢!我很惶恐。先生您曾對我說過:『任何事不論大小,很少有不合正道而得到好的結果的。事情如果沒有辦成,一定有人事懲處的禍患;事情如果辦成,一定有陰陽失調或憂勞成疾的禍患。不論事情辦成或辦不成都沒有後患的,只有有德的人可以做到。』

葉公向孔子請教時,引用了一句孔子的話,可見他們是老朋

友,見面不只一次了。這裡比較特別的是,出現「有德者」一詞。在《莊子》書中會看到「有德者」、「全德之人」,「有德之人」等。這裡的「德」代表什麼?代表保存一個人的本性與稟賦。因此,孔子所謂的「唯有德者能之」,並不是說有德行的人可以做到,而是說保存本性的人可以做到。一個大臣受國君之命,辦事不利則受處罰,辦事成功則勞累不堪;只有「有德者」因為保存本性,才可以免除這些外來的困擾。

這裡說的葉公子高,原名沈諸梁,字子高,因擔任楚國葉縣縣令,又稱葉公。他接到國君命令時,非常焦慮,與一般人的反應差不多。

【譯文】

「我平常飲食粗糙不求精美,家裡連廚房的伙伕都不需要尋求清涼。可是現在我早上接到出使的命令,晚上就要喝冰水解熱,我真是憂心如焚啊!我尚未接觸到真正的事務,就已經出現陰陽失調的禍患了。而事情如果沒有辦成,一定還有人事懲處的禍患。這兩者加起來,做臣子的實在承受不了。先生請來指點我吧!」

葉公說他平常飲食簡單,家裡廚房的伙伕工作輕鬆,不需要尋求清涼。但是現在,他早上接到命令,晚上就要喝冰水。

「朝受命而夕飲冰」,這詞很生動。梁啟超參加過光緒皇帝的戊戌變法,變法失敗後逃去日本。他從日本回來之後,創辦《新民報》,他的著作名為《飲冰室全集》,就是源於莊子的「朝受命而夕飲冰」。內心憂心如焚啊!

這裡提及兩種禍患，一是人道之患，一是陰陽之患。人道之患是說，大臣沒有完成國君命令，就會受到懲罰。如果他努力完成使命，就有陰陽之患，就是內心憂心如焚，想盡辦法去應酬、拉關係，最後身體搞壞了。那麼，孔子會給他什麼建議呢？

43〈人間世 4・8〉
每個人都有許多不得已,如何應付呢?

〈人間世〉第八章。葉公奉楚王之命出使齊國,能不能完成交代的使命?做不到,要受罰;做到,會累倒。這是不得不面對的情況,怎麼辦?孔子會給他什麼建議?孔子本人的立場是「知其不可而為之」,壓力再大,也要努力去做。莊子不一樣,他的立場是「知其不可奈何而安之若命」。在莊子筆下,孔子只好被借重來說莊子想說的話了。可分兩段來看。

4・8

仲尼曰:「天下有大戒二:其一,命也;其一,義也。子之愛親,命也,不可解於心;臣之事君,義也,無適而非君也,無所逃於天地之間。是之謂大戒。是以夫事其親者,不擇地而安之,孝之至也;夫事其君者,不擇事而安之,忠之盛也。自事其心者,哀樂不易施乎前,知其不可奈何而安之若命,德之至也。為人臣子者,固有所不得已。行事之情而忘其身,何暇至於悅生而惡死!夫子其行可矣!丘請復以所聞:凡交近則必相靡以信,遠則必忠之以言,言必或傳之。夫傳兩喜兩怒之言,天下之難者也。夫兩喜必多溢美之言,兩怒必多溢惡之言。凡溢之類妄,妄則其信之也莫,莫則傳言者殃。故法言曰:『傳其常情,無傳其溢言,則幾乎全。』」

【譯文】

孔子說：「天下有兩大戒律：一是命，二是義。子女愛父母，這是自然之命，也是人心所不可解除的；臣子侍奉國君，這是人群之義，無論任何國家都不能沒有國君，這在天地之間是無可逃避的。這叫做大戒律。所以子女奉養父母時，無論任何處境都讓他們覺得安適，這就是孝的極致。臣子侍奉國君時，無論任何事情都讓他覺得妥當，這就是忠的典範。從事內心修養的人，不受哀樂情緒波動的影響，知道這些是無可奈何的，就坦然接受為自己的命運，這就是德的極致。做臣子與做子女的，本來就有其不得已之處。只要按實際狀況去行事，忘記自身的利害，哪裡還有空閒貪生怕死呢？你儘管去做就是了。」

這是孔子回答的第一段，其中有兩個重點。

一是天下有兩大戒律：一是命，一是義。的確，子女愛父母，那是命，自然之命，也是內心不能解除的。總是會想父母有沒有安頓好？他們過得開不開心？臣子忠於國君，任何事情都要辦得讓他滿意。人在世界上不能避開這兩大戒律，無所逃於天地之間。

接著是莊子的立場：「知其不可奈何而安之若命，德之至也」。別人描寫孔子是「知其不可而為之者」。前面幾個字一樣，等於是他們都明白自己的處境，但莊子是「知其不可奈何而安之若命」。兩者差別何在？差別在於孔子是儒家，肯定人有天命，因此必須知天命與順天命。譬如，孔子五十而知天命，五十一歲出來從政，五年期間表現卓越。但是，魯國的政治現狀並不理想，於是他在五十五歲開始周遊列國。周遊列國也是一種「知

其不可而為之」,要努力完成天賦的使命。儒家顯示堅定的使命感,讓人尊重及敬佩。

但是,如果處在更亂的世界,像莊子所處的戰國時代中葉,這時光有使命感,可能讓你提早犧牲,正如前面孔子提醒顏回的一樣。所以莊子要轉個彎,判斷大勢已去,不能為了完成社會責任而很快犧牲自己,那是沒有必要的。犧牲自己可以改善什麼?也許只是白白浪費了生命而已。

莊子的創見之一是:從老子肯定「聖人是悟道的統治者」,轉變為肯定「聖人是悟道的個人」。而悟道的個人的作法是:知其不可奈何而安之若命。

前面是「知」,後面是「安」。「知」代表智慧,可以看得透徹深遠。知道現在這種情況不可能改變,我再努力只是白白搭上生命而已。無可奈何,怎麼辦?就坦然接受它做為自己的命運。

「安」是關鍵。莊子的思想,對自己個人來說,就是一個「安」字,與自己相處要設法「安」。「安」就是外面再怎麼變化,我可以不動心,因為我悟道了,對各種情況都甘之如飴。在別人看來很麻煩、很險惡、困難重重,但我知道凡事有其條件,自然會這樣發展下去。由此可以了解後面為什麼一再強調「不得已」。

所以,孔子提醒他,在當時的社會結構中,做臣子的只能順著國君的意思去盡忠。這裡接著提到「德之至也」。這個「德」,不是指德行,而是指本性稟賦的表現達到最高的層次。孔子對他說,你要忘記自身的利害,不要想到生死的問題,儘管去做就是了。

【譯文】

「我再把自己所聽到的告訴你：『兩國交往時，鄰近的一定要靠信用來維持關係，遠隔的一定要靠言詞來表現誠意。』言詞必須有人去傳達。傳達雙方喜怒的言詞，是天下一大難事。雙方歡喜時，必定多說美上加美的話；雙方憤怒時，必定多說惡上加惡的話。但是多說的話總是近似虛構，虛構的話讓人無法相信；一旦無法相信，傳話的人就遭殃了。所以古代的格言說：『要傳平實的話，不要傳那些多餘的話，大概就可以保全自己了。』」

這是具體的建議。的確，兩國交往時，如果是鄰國，要靠信用來維持關係。遠方的國家就要靠言詞來表現誠意。使臣如果口才好，可以把國君的意思說得誠懇可信。

接著出現了一個今天還在使用的詞，「溢美」。譬如，有人問到你的話，幫我溢美幾句，就是替我說說好話。但是相對的就有「溢惡」一詞，你與別人聊天，聊到你的對頭，你的「溢惡」之詞就出來了，會多說幾句他的壞話。外交上也是如此，兩國交往關係不錯，就多說一些溢美之詞；反之，就會說一些溢惡之詞了。但是多說的話其實是虛構的，虛構的話別人不會相信，然後傳話的人就要遭殃了。

因此，最好傳實實在在的話，不要多說那些自己想像的。當然，也不要說「溢惡」的話，因為說不定兩國將來有其他地方可以合作，等到言歸於好的時候，前面傳話的人就倒楣了。

孔子的建議很具體，由此顯示儒家的特色是投入人間的。莊子在〈人間世〉讓孔子一再出現，自然有他的道理。因為儒家肯定人有天命，而社會責任是包括在內的。

這段對話如何結束？那就要看下一章了。

44〈人間世4・9〉
「不得已」是需要智慧的

〈人間世〉第九章。前面所說的是：楚國大夫葉公請教孔子，如何完成楚王所交付的外交任務。葉公的壓力很大，早上接到命令，晚上就要喝冰水。對話結束時，孔子提醒他，還要考慮「不得已」。

本章可分三段。第一段強調任何事情都有因果關係，一旦開始，就知道後續的發展如何。孔子提醒葉公，如果用智巧與別人角力、按禮節與別人喝酒，開始的時候還好，但要注意後續的發展。接著，孔子為他分析「言」與「行」的問題。「言」方面要謹慎，說話一旦出問題，後果難以預料。使臣代表國君去同別的國家交涉，該怎麼說話永遠是一個挑戰。

4・9

且以巧鬥力者，始乎陽，常卒乎陰，大至則多奇巧；以禮飲酒者，始乎治，常卒乎亂，大至則多奇樂。凡事亦然，始乎諒，常卒乎鄙；其作始也簡，其將畢也必巨。言者，風波也；行者，實喪也。夫風波易以動，實喪易以危。故忿設無由，巧言偏辭。獸死不擇音，氣息茀（ㄈㄨˊ）然，於是並生厲心。剋核大至，則必有不肖之心應之，而不知其然也。苟為不知其然也，孰知其所終！故法言曰：『無遷令，無勸成，過度益也。』遷令勸成殆事，美成在久，惡成不及改，可不慎與！且夫乘

物以遊心，託不得已以養中，至矣。何作為報也？莫若為致命。此其難者。」

【譯文】

　　再說，用智巧角力的人，開始時手段光明，最後常常使用陰謀，到了極點就詭計百出；按禮節喝酒的人，開始時中規中矩，最後常常言行失常，到了極點就放縱享樂。凡事都是如此，開始時像城鎮，最後常常演變成曠野；事情開始時很簡單，將要結束時變得龐大艱巨。

　　在《論語・衛靈公》，孔子說過：「人無遠慮，必有近憂。」一個人說話或做事，如果沒有長遠的考慮，立刻就會出現眼前煩惱。人與人來往，有時用智巧，有時依禮節。開始時沒有什麼問題，後面就詭計百出，甚至放縱享樂。任何事情都一樣，如果疏於防範，則開始時像個城鎮，最後演變成曠野；城鎮有其範圍，曠野就廣大無邊了。開始時很簡單，將要結束時變得龐大艱巨。

【譯文】

　　「言語即是風波，傳達言語則有得有失。風波容易產生動盪，得失容易帶來危險。所以忿怒的發作沒別的原因，都是由於巧言狡辯。野獸將死時，尖聲亂叫，怒氣騰騰，同時生出害人的惡念。凡事逼迫太過分時，別人就會興起反常的報復之心，而你自己還不知道怎麼回事。如果連自己都不知道怎麼回事，誰知道你將會遭到什麼樣的禍害！

「言語即是風波」,說話會帶來各種狀況,有一句諺語說得好:良言一句三冬暖,惡語傷人六月寒。一句貼心的話,再冷的冬季也會讓人覺得心裡溫暖;反之,一句惡毒的話,也會讓人在炎熱的六月覺得冷澈心扉。

西方哲學界有一派主張「言語行動哲學」。言語就是行動,說話如果刻薄,有時比動手打人更嚴重。動手打人,大家都看到。但說出來的話,其中的含意,有時別人聽不懂。說話擊中對方的要害,針對他的是非來下手,這當然會造成他的憤怒。這種憤怒可以比擬為野獸。野獸快死的時候,尖聲亂叫,怒氣騰騰,甚至生出害人的惡念。狗急跳牆,牠還可能反過來對付你,弄得魚死網破,同歸於盡。一般人看到結果,才想到自己當初不該造這樣的因。

佛教有所謂「菩薩畏因,凡人畏果」。菩薩有智慧,知道現在這個因,將來必有什麼果。從因就預知其果,那就避免這樣的因吧。凡人缺乏智慧,總是事情發生之後再來後悔。因此,如果不希望將來出現什麼樣的結果,那就不要有這樣的開始。許多事情一旦開始,後續的發展不是你能掌控的。

老子的「知」有三個層次,其中第二個層次是以認知為「避難」,就是避開結果的災難。這一點可以與此處的說法對照來看。最後的結論是什麼?

【譯文】

所以古代有一句格言,他說:『不要改變君主的命令,不要強求任務之達成,過度的言詞是多餘的。』改變君命,勉強成事,都有危險。做成好事要靠長期經營,做成壞事要改也來不

及。豈可不謹慎呢！再說，順著萬物的自然狀態，讓心神自在遨遊；把一切都寄託於不得已，由此涵養內在的自我；這就是自處的最高原則了。那麼，要怎麼做才對呢？最好是能夠確實傳達君命，這就是困難的地方。」

結論有一句話說得好：「乘物以遊心，託不得已以養中，至矣」。順著萬物的自然狀態，讓心神自在遨遊。譬如與國君對談時，不必勉強非要怎麼樣，而是順其自然，該說什麼就說什麼，不勉強也不做作，把一切寄託於「不得已」。「不得已」是一個關鍵概念。人生很多事情，先不要說你要如何，而要了解「不得已」，就是當各種條件成熟的時候，你就順其自然。所以「不得已」需要判斷的智慧，要了解人情世故，懂得各種人際關係的發展。進一步是「養中」，就是把一切寄託於「不得已」，是為了「涵養內在的自我」。這一點提醒我們，世間的磨難最終還是為了自己的覺悟。外在的任務能否成功是一回事，內在的涵養與智慧的覺悟才是應該用心之處。

45〈人間世4・10〉
外表遷就,內心寬和

〈人間世〉第十章。本章與下一章構成一個完整的故事。這一次所借重的是在《論語》出現過的蘧伯玉。蘧伯玉是衛國大夫,孔子的朋友。孔子旅居衛國的時候,就住在蘧伯玉府上。參與對話的另一個人是顏闔。

顏闔是魯國學者,接受衛靈公的邀請,要去擔任太子的老師。換言之,一位魯國學者受聘去衛國擔任太子的老師。他要如何完成這個任務?他先去請教衛國大夫蘧伯玉。這是很好的策略。顏闔在《莊子》書中出現五次,也是莊子借重的古人。

本章可分兩段。先是顏闔早已耳聞衛國太子大有問題,要教導他談何容易。接著,蘧伯玉給他的建議值得認真傾聽,等於代表莊子開教導我們。

4・10

顏闔將傅衛靈公太子,而問於蘧伯玉曰:「有人於此,其德天殺。與之為無方,則危吾國;與之為有方,則危吾身。其知適足以知人之過,而不知其所以過。若然者,吾奈之何?」蘧伯玉曰:「善哉問乎!戒之,慎之,正女身也哉!形莫若就,心莫若和。雖然,之二者有患。就不欲入,和不欲出。形就而入,且為顛為滅,為崩為蹶(ㄐㄩㄝˊ);心和而出,且為聲為名,為妖為孽。彼且為嬰兒,亦與之為嬰兒;彼且為無町(ㄊㄧㄥˇ)

畦（ㄑㄧˊ），亦與之為無町畦，彼且為無崖（ㄞˊ），亦與之為無崖；達之，入於無疵。」

【譯文】

魯國人顏闔應聘為衛靈公太子的老師，他請教蘧伯玉說：「現在有一個人，天性刻薄。如果順著他去做壞事，就會危害到我的國家；如果勸說他去做好事，就會危害到我自己。他的智力只能知道別人的過錯，而不知道別人為什麼會有過錯。像這樣的人，我該怎麼辦？」

衛國太子惡名在外，被說成天性刻薄。這個人的智力只知道別人的過錯，但不知道別人為什麼會有過錯。他從小在王宮裡生活，錦衣玉食。他怎麼會知道百姓窮得沒飯吃，只好去偷去搶？

中間兩句話比較麻煩。顏闔說他如果順著太子去做壞事，就會危害自己的國家，這代表衛國可能對魯國不利。他如果違反太子的意念，勸太子做好事，就會危害自己。由此可知，太子確實是個天性惡劣、很不厚道的年輕人。顏闔的處境確實困難。

蘧伯玉提醒他要設法外表遷就而內心寬和。具體做起來並不容易。

【譯文】

蘧伯玉說：「你問得很好！要小心，要謹慎，先端正你的言行啊！外表上不如遷就，內心裡最好寬和。雖然這樣，這兩種態度還會有後遺症。所以遷就不要太過分，寬和不要太明顯。如果外表上遷就得太過分，自己也會跟著喪失立場，並且崩潰失敗；

如果內心裡寬和得太明顯，自己也會跟著博取名聲，並且招致禍害。怎麼辦呢？他如果像個嬰兒，你就伴同他像個嬰兒；他如果像一個沒有威儀的人，你就伴同他像個沒有威儀的人；他如果像個無拘無束的人，你就伴同他像個無拘無束的人；能做到這一步，就不會有毛病被責怪了。」

外表當然要遷就，因為你面對的是地位尊貴的太子。但內心最好寬和些，自己想開一點。然而，遷就不要太過分，太過分的話，你自己還有什麼立場？最後可能崩潰失敗，通通順從他的話了，那麼你還當什麼老師？

並且內心的寬和不要太明顯，太明顯的話，別人以為你什麼都不計較，也許可以得到名聲，但是沒有教好太子，也會招致禍害。任何事情都要有個「度」，而這個「度」正是最難拿捏的。

接著，蘧伯玉舉三個例子來說明。

一，太子如果像個嬰兒，你就伴同他像個嬰兒；他玩遊戲你也玩遊戲；他開玩笑你也開玩笑。

二，太子如果不在乎有威儀，不喜歡裝腔作勢，你也同他一樣，不要在乎威儀。

三，太子如果是個無拘無束的人，你也同樣像個無拘無束的人。如此一來，太子會覺得你與他同一類。

要別人對你言聽計從，就要先順著他，在關鍵的時刻取得他的信任，然後才能夠帶領他。你如果總是擺出一副老師的樣子，道貌岸然，或者總是用一套說辭去教訓指導別人，別人如果不領情、跟不上，性格上有矛盾的話，怎麼辦？所以，教一般人不容易，何況是教太子？

有三種職業是需要合作才有成效的。

一是農夫。農夫再怎麼努力耕作、鋤草，天氣如果不配合，不颳風也不下雨，請問會有收成嗎？

二是醫生。醫生再怎麼高明，如果病人不配合，不按時吃藥也不做運動，治療會有效果嗎？

三是老師。老師再怎麼認真教學，學生如果課前不準備、課後不複習，更談不上舉一反三，那麼教學注定失敗。

因此，談到教學，首先要像顏闔這裡一樣，取得學生的信任，讓學生認為你是同他一起去做一件有意義的事。然後，你對他說什麼，他比較願意接受。人與人相處不也是這樣的情況嗎？

46〈人間世 4・11〉
千萬不要螳臂擋車

〈人間世〉第十一章。上一章談到,魯國學者顏闔要去衛國擔任太子的老師,他就請教衛國大夫蘧伯玉。蘧伯玉給他許多建議,包括:外表遷就而內心寬和,配合他的作風而取得信任。最後,進入本章所說的三個生動比喻,把有權力的人比喻為大車的車輪、兇猛的老虎,以及被人細心照顧的馬。可分三段說明。

4・11

「汝不知夫螳螂乎?怒其臂以當車轍,不知其不勝任也,是其才之美者也。戒之,慎之,積伐而美者以犯之,幾矣。汝不知夫養虎者乎?不敢以生物與之,為其殺之之怒也;不敢以全物與之,為其決之之怒也。時其飢飽,達其怒心。虎之與人異類而媚養己者,順也;故其殺者,逆也。夫愛馬者,以筐盛矢,以蜄(ㄓㄣˋ)盛溺。適有蚊虻(ㄇㄥˊ)僕緣,而拊(ㄈㄨˇ)之不時,則缺銜毀首碎胸。意有所至而愛有所亡。不可慎邪?」

【譯文】

「你沒見過那螳螂嗎?牠奮力舉起手臂來抵擋車輪,不知道自己的力氣無法勝任,還以為自己本領高強呢。要小心,要謹慎,你如果總是炫耀自己本領高強而去觸犯他,那就危險了。

有權力的人像大車的車輪，老師像一隻不自量力的螳螂。「螳臂擋車」的成語在此出現。螳螂弄不清楚狀況，才會以為自己有能耐可以擋住車輪。莊子生活在鄉下，對這些小生物相當熟悉。他的另一句成語提及「螳螂捕蟬」（〈山木 20‧10〉），但卻忘記自身的危險，不知「異鵲在後」。

【譯文】

　　你沒見過那養虎的人嗎？他不敢拿活的動物給老虎，怕牠殺生時會發怒；他不敢拿完整的動物給牠，怕牠撕扯時會發怒。觀察牠飢餓的時刻，懂得牠喜怒的心情。老虎與人不同類，卻會取悅飼養牠的人，這是因為能順著牠的性情；如果牠傷害人，則是因為違逆了牠的性情。

　　其次，有權力的人像兇猛的老虎，老師像是飼養老虎的人。
　　老虎有時也會討好餵牠的人，這在動物園可以看到。餵老虎的人每天在固定的時間，拿著飼料食物去餵牠，老虎看到他時，像一隻大貓一樣，搖著尾巴走過去。養老虎的人懂得牠的性情，要順著牠而不敢拂逆。
　　這裡特別提到兩點。
　　一，不要給牠活的動物，因為老虎殺死這些動物的時候會發怒。二，也不要給牠完整的動物，因為牠撕裂的時候又會發怒。這兩句話讓我想到《侏儸紀公園》第一集，介紹迅猛龍的時候，看到工人把一頭活牛裝在繩架上放下去，底下一陣騷動，然後拉上來的時候，只剩下壞掉的架子，牛已經不見了。這樣可以保持迅猛龍的野性。用來拍電影當然沒問題，但是迅猛龍後來會對付

人的。動物園飼養這一類猛獸時，都是處理過的肉類，而不敢給牠活的生物。

把有權力的人比喻為老虎，然後老師也要有「伴君如伴虎」的心理準備。第三個比喻就更生動了。

【譯文】

愛馬的人用竹筐裝馬糞，用大貝殼裝馬尿。碰到有蚊虻叮咬馬身時，突然出手為牠撲打，結果馬受到驚嚇，就會咬斷勒口、掙脫籠頭、毀壞胸帶。這個人的本意是愛馬，結果卻適得其反，怎能不謹慎呢？」

然後，有權力的人被比喻為馬，而老師就成為愛馬者了。愛馬者對馬照顧得無微不至，看到有蚊虻來叮咬馬，當然很厭惡，立刻出手拍打這隻蚊虻。問題是馬不清楚有蚊子在叮牠，也不知道你在保護牠。牠以為你在對付牠，於是受到驚嚇，咬斷勒口、掙脫籠頭、毀壞胸帶，弄得狼狽不堪。你是好心辦壞事，實在冤枉。因此，你同有權力的人來往，首先要了解自己的角色、能耐與危險。

對於有權力的人，首先你可以把他比喻為一輛車，而你是螳螂。不要幻想你有什麼力量可以擋住他，你只能順從他，避免災難發生，再找適當的機會來開導。所以你要有自知之明。

其次，可以把他比喻為老虎。老虎也會諂媚那個每天餵牠的人。你在適當的時候，滿足他的需求，讓他知道你是服侍他的，這樣至少不會有什麼過失，可以全身而退。

最後，可以把他比喻為馬，而你這個愛馬者一言一行都要謹

慎。不論動機多好，都不可以出乎他的意料去做一些你認為對他有益的事，也就是，不要事出突然，以致驚嚇到他。換言之，做任何事，說任何話，都要讓別人有心理準備。心理準備好了，願意聽的時候你再說。否則很容易讓人受到驚嚇，而結果適得其反。

47〈人間世 4·12〉
無用也需要修練

　　〈人間世〉第十二章。本章是一段寓言故事。主要的角色是匠石，木匠名石。他帶著弟子到處去找尋可用的大樹。結果找到了，確實大得難以想像。但這是棵被奉為社神的櫟樹，根本不是專家眼中的可用之木。匠石與其弟子的討論自然生動有趣。內文可分三段來看。

4·12

　　匠石之齊，至於曲轅，見櫟（ㄌㄧˋ）社樹。其大蔽數千牛，絜（ㄐㄧㄝˊ）之百圍，其高臨山十仞而後有枝，其可以為舟者旁十數。觀者如市，匠伯不顧，遂行不輟。弟子厭觀之，走及匠石，曰：「自吾執斧斤以隨夫子，未嘗見材如此其美也。先生不肯視，行不輟，何邪？」曰：「已矣，勿言之矣！散木也。以為舟則沉，以為棺槨則速腐，以為器則速毀，以為門戶則液樠，以為柱則蠹（ㄉㄨˋ）。是不材之木也，無所可用，故能若是之壽。」匠石歸，櫟社見夢曰：「女（ㄖㄨˇ）將惡（ㄨ）乎比予哉？若將比予於文木邪？夫柤（ㄓㄚ）梨橘柚果蓏（ㄌㄨㄛˇ）之屬，實熟則剝，剝則辱。大枝折，小枝泄。此以其能苦其生者也。故不終其天年而中道夭，自掊（ㄆㄡˇ）擊於世俗者也。物莫不若是。且予求無所可用久矣，幾死，乃今得之，為予大用。使予

也而有用，且得有此大也邪？且也若與予也皆物也，奈何哉其相物也！而幾死之散人，又惡知散木？」匠石覺而診其夢。弟子曰：「趣取無用，則為社何邪？」曰：「密！若無言！彼亦直寄焉，以為不知己者詬厲也。不為社者，且幾有翦乎？且也彼其所保與眾異，而以義譽之，不亦遠乎？」

【譯文】

　　有一個名叫石的木匠，前往齊國，到了曲轅，看見一棵被奉為社神的櫟樹。這棵樹的樹蔭可以遮蔽幾千頭牛，量一量它的樹幹有幾百尺粗。樹梢高達山頭，樹幹數丈以上才分生枝幹。枝幹可以做成小船的就有十幾根。觀賞的人群擠得像市場一樣，木匠卻不瞧一眼，繼續往前走。他的弟子仔細把這棵樹看個夠，然後趕上木匠說：「自從我拿起斧頭，跟隨老師學藝以來，未曾見過木材有這麼好的。老師不肯看一眼，繼續往前走，為什麼呢？」木匠說：「算了，不要說它了！那是沒有用的散木。用它做船會沉，做棺材很快就會腐爛，做器具很快就會毀壞，做門窗會流出很多汁液，做梁柱會生蛀蟲。那是不成材的樹木，沒有一點用處，所以能夠這麼長壽。」

　　木匠是師傅，很有經驗。一般人看到這樣一棵櫟樹，樹蔭可以遮蔽幾千頭牛的，我們很難想像它的樹幹有多粗了。樹上的枝幹可以直接做成小船的就有十幾根。弟子從來沒有見過這麼大的樹，讓人讚歎備至。但是老師根本不瞧一眼，視若無睹。弟子跟著老師學藝不久，難免大惑不解，就請教這是怎麼回事？

木匠說這棵樹其實毫無用處,沒有辦法用來做船、做棺材、做器具、做門窗、做梁柱,通通不行,一無可用,所以可以長壽至今,並且長得如此巨大。這是第一段,接著是木匠做夢了。

【譯文】

木匠回家之後,夜裡夢見櫟樹對他說:「你要拿我與什麼相比呢?你要拿我與有用的文木相比嗎?像山楂、梨、橘、柚之類的瓜果,果實熟了就會被摘下,摘下就會被扭折。大枝被折斷,小枝被拉走。這就是因為有才能而讓自己受苦,以致無法過完自然的壽命,在中途就夭折了,這是自己招引世俗的打擊。萬物無不如此。再說,我期許自己無用已經很久了,曾經幾乎被砍伐,現在我能保全自己,這就是我的大用。如果我是有用之材,能長得這麼大嗎?並且你與我都是萬物中的一物,何苦要互相對立競爭呢!你這個離死期不遠的散(ㄙㄢˇ)人,又怎麼知道散(ㄙㄢˇ)木是怎麼回事呢?」

這棵櫟樹是做為社神而被人供奉的。社神就是土地神。有土地,就有代表這塊土地的神明。櫟樹活得久、長得高,所以被奉為社神。它所以能活得長久,是因為什麼?是因為無用。

木匠對弟子講了這一番話之後,夜裡睡覺時,櫟樹居然託夢給他說:你要拿我同什麼相比?你說我是散木,根本沒什麼用;那你要我變得有用嗎?有用的話,就像那些果樹,果實熟了就被摘下,樹枝被人拖回去當柴燒,早就結束消失了。

這裡出現一個重要觀念:終其天年。莊子所欣賞的是:活完自然的壽命,而不要在中間就結束了。後面說「物莫不若是」,

「物」是指萬物。萬物無不如此，只要有用，就很快報銷耗盡了。

這裡的思考是：如果人類做為主導的力量，依人類的價值觀來操作的話，那麼任何動物與植物只要對人類有用，立刻就有危險。木匠做了這個夢之後醒來，又有什麼心得？

【譯文】

木匠醒來，把這番夢告訴他的弟子。弟子說：「這棵樹意在求得無用，為什麼還要做社樹呢？」木匠說：「安靜，別說了。它特別寄託於社神，就是要讓不了解它的人去批評。如果不做社神，難道要被砍伐嗎？如此，它用來自保的方法與眾不同，你只從外表來度量，不是離題太遠了嗎？」

木匠覺悟了，就改由櫟樹的角度說話。其實櫟樹很聰明，它想辦法避開人類有用的考量，讓自己因為無用而活得長久，然後再寄託於社樹，讓不了解它的人去批評。受到批評是小事，活得長久才重要。

如果活在世界上難免受人批評，那麼你希望別人任意批評，還是你主動提供某些材料，讓別人去批評你要他批評的部分。這是聰明的做法。櫟樹做為社神，現在受到保護，不會受到傷害了。因此社神也有其用處。即使為此而受人批評，說它並非無用，那又有什麼關係呢？兩害相權取其輕。能做正確的選擇，已經是高明的智慧了。

48〈人間世 4・13〉
無用反而是一種福氣

〈人間世〉第十三章。本章與上一章類似,也出現了一棵難以想像的大樹。這樹也是因為「無用」,所以長得高大。

本章主角是南伯子綦,看到這個名字會覺得有一點印象,因為在〈齊物論〉開頭出現的是南郭子綦,事實上他們應該是同一個人。因為在〈徐無鬼 24・10〉,莊子也談到南伯子綦,而他的學生也叫顏成子游,並且他的表情也是類似的:「形若槁骸,心若死灰」。莊子虛擬很多人名,有的是同一個人,而名字不完全一致,但不必深究,因為都是寓言。

本章內容可分三段來說。

4・13

南伯子綦遊乎商之丘,見大木焉有異:結駟千乘,隱將芘其所藾。子綦曰:「此何木也哉!此必有異材夫!」仰而視其細枝,則拳曲不可以為棟梁;俯而視其大根,則軸解而不可以為棺槨;咶(ㄕˋ)其葉,則口爛而為傷;嗅之,則使人狂酲(ㄔㄥˊ)三日而不已。子綦曰:「此果不材之木也,以至於此其大也。嗟乎神人,以此不材!」宋有荊氏者,宜楸(ㄑㄧㄡ)柏桑。其拱把而上者,求狙猴之杙(ㄧˋ)者斬之;三圍四圍,求高名之麗者斬之;七圍八圍,貴人富商之家求樿(ㄔㄢˇ)傍者斬之。故未終其天年,而中道之夭於斧斤,此材之患也。

故解之以牛之白顙（ㄙㄤˇ）者，與豚之亢（ㄍㄤ）鼻者，與人有痔病者，不可以適河。此皆巫祝以知之矣，所以為不祥也。此乃神人之所以為大祥也。

【譯文】

南伯子綦到商丘去遊玩，看見一棵大樹與眾不同。一千輛四馬共拉的大車，都可以隱蔽在它的樹蔭下。南伯子綦說：「這是什麼樹啊？它一定有特別的材質吧！」抬頭看它的樹枝，則捲曲而不能用來做梁柱；低頭看它的樹幹，則木心裂開而不能用來做棺材；舔舔它的葉子，嘴巴就潰爛受傷；聞聞它的氣味，人就大醉三天還醒不過來。子綦就說：「這真是不成材的樹，所以才能長得這麼高大。唉，神人就是要用這種不成材之物啊！」

這裡又出現一棵其大無比的樹，它好像也是因為無用才能夠長得如此巨大。南伯子綦發現它不但對人無用，還對人不利。它不能用來做梁柱、棺材；並且它的葉子會讓人嘴巴潰爛；它的氣味會讓人大醉三天，這真是一棵既無用又不利的樹。對人如此，但對「神人」就正好相反了。這裡說的「神人」可以指稱「悟道的個人」，他因為悟道而與眾人大不相同。神人會從道的角度來看待一切。凡人以為有用的，他認為很早就會被消耗殆盡；凡人以為無用的，他卻以為是吉祥的，可以安其天年。

下一段特別說明有用的危險。

【譯文】

在宋國有一個叫荊氏之地的地方，適合種植楸樹、柏樹、桑

樹。樹幹有一握兩握粗的，要做綁猴子木樁的人把它砍走；有直徑三尺四尺粗的，要做高大屋棟的人把它砍走；有直徑七尺八尺粗的，貴人富商之家要尋找整塊棺木的人把它砍走。所以這些樹木都無法活到自然的壽命結束，而半途就夭折於刀斧之下。這就是有用之材的禍患。

這裡提到「綁猴子的木樁」，我們今天觀賞的是馬戲團表演，古人觀賞的是猴戲團。還有人是專門養猴子的（如「朝三暮四」的寓言），猴子要聰明伶俐、身手矯捷才會受到青睞。綁猴子需要一握、兩握粗的樹幹。這樣的樹木因為有這種用途就被砍走了。樹幹更粗的，有更大的用處。這些樹都無法活完自然的壽命。

這一段話是個比喻，說明人在社會上生活，有用也連帶會有壓力與危險，但是如果一個人完全無用，他又如何活得下去呢？因此這裏要補充兩點：一，不要為了追求有用而陷入過度的競爭。有用不是人生價值的唯一標準。二，要安於自身的條件，由「重外輕內」轉向「重內輕外」，珍惜生命的自然狀態，最好可以安其天年。

最後，本章如何結束呢？

【譯文】
　　所以古代在祭祀的時候，凡是白額頭的牛、鼻孔上翻的豬，以及生痔瘡的人，都不可以用來投河祭神。巫祝都知道，這些是不吉祥的。而神人正好因此認為這些是最吉祥的。

古代有投河祭神之事。西門豹是戰國時代魏國人，魏文侯執政時，他擔任鄴縣的縣令。他一上任就發現當地有個「河伯娶婦」的陋俗，每年要選一個年輕女子投河。全縣的人緊張不安，有錢人就賄賂官員與宗教人士，希望保住自家女孩。窮人沒有錢賄賂，只好哭哭啼啼讓女兒被帶走，丟到河裡淹死了。西門豹怎麼做？在河伯娶婦的日子，他就親自去河邊觀禮。他說要先讓巫師向河神通報，就將巫師丟入河中。巫師沒有回來，他再派負責的官員去找河神。倖存的官員全都跪下來求饒，承認這完全是個騙局。就此打破了「河伯娶婦」的荒謬陋俗。

　　本章提及「投河祭神的事」，應該也是古代類似的迷信。要祭神，須排除三種祭品：白額頭的牛、鼻孔上翻的豬，以及生痔瘡的人。這三種被認為是怪異的、反常的、有病的，但是因而免去了殺身之禍。在人看來是不祥的、不利的、無用的，反而是神人認為很好的，因為可以安其天年。莊子用心良苦，希望我們不要被人類的價值觀所籠罩，希望我們不要以人間的「有用」來衡量一切，希望每一個人都可以活出「個人」自己生命的意義。

49〈人間世 4・14〉

《莊子》書中知名的殘障者,為什麼被人羨慕?

〈人間世〉第十四章。本章主角是殘障者支離疏。這個名字就讓人震撼,好像一個人的身體扭曲變形到難以想像的程度。依莊子所描寫的也確實如此。但事實上,「支離」是古代的姓,〈列御寇 32・3〉提及一位支離益,是屠龍師父。

本章的支離疏是知名的殘障者,但是他可以自力更生,還受眾人羨慕,這是怎麼回事呢?可分兩段介紹。

4・14

支離疏者,頤隱於齊(ㄐㄧˇ),肩高於頂,會撮(ㄘㄨㄛ)指天,五管在上,兩髀(ㄅㄧˋ)為脅。挫鍼(ㄓㄣ)治繲,足以餬口;鼓筴(ㄘㄜˋ)播精,足以食十人。上徵武士,則支離攘臂於其間;上有大役,則支離以有常疾不受功;上與病者粟,則受三鍾與十束薪。夫支離其形者,猶足以養其身,終其天年,又況支離其德者乎!

【譯文】

支離疏這個人,頭低縮在肚臍下面,雙肩膀高過頭頂,髮髻朝著天,五臟都擠在背上,兩腿緊靠著肋骨旁邊。他替人縫衣洗衣,收入足以餬口;又替人簸米篩糠,收入足以養活十人。

前面描寫他殘障的情況,身體扭曲難以想像,有如嚴重的駝

背,頭低縮在肚臍下方,以致髮髻朝天,五臟擠在背上。世間有些人生來殘缺,既可憐又無奈,讓人深感同情。但是,他可以自謀生路,為人縫衣洗衣,簸米篩糠,收入甚至可以養活十人。他比起大多數平凡百姓,一點也不遜色,讓人佩服。

支離疏活得下去,那麼天下健康正常的人要養活自己更是不成問題。一個人養活自己不難,自然而必要的需求其實不多,只要不去幻想非自然的、非必要的享受就可以了。如果想要追求名利權位,就需先思考可能付出的各種代價,會不會得不償失?

下一段會描寫支離疏何以被人羨慕。

【譯文】

官府徵兵的時候,支離疏大搖大擺在徵兵場所閒逛;官府徵工人的時候,他因為身體有殘疾而不必服勞役;官府救濟病患的時候,他可以領到三鍾米與十捆柴。形體殘缺不全的人都可以養活自己,享盡自然的壽命,何況那些不以德行為意的人呢!

這裡提到與支離疏有關的社會狀況,就是:徵兵、徵工人、救助傷患。一般人聽到徵兵、徵工人,都會緊張擔心,但支離疏沒有資格參與這些保家衛國或公共建設的工作,他也因而少了煩惱。等到官府救助傷患時,他又是代表人物,可以收到不少物資。到底誰應該羨慕誰呢?

談到對殘障者或弱勢者的額外照顧,可以參考美國哲學家約翰·羅爾斯(John Rawls,1921-2002)的觀點。他的代表作是《正義論》,其中有兩個原則。一個社會要做到公平正義,必須考慮兩點。

一，人人機會均等。譬如，上學、找工作的機會是每個人平等的。

二，特別照顧弱勢。任何社會都有些族群或有些地區的人是比較弱勢的，如果不特別予以照顧，他們一直弱勢下去，也將耽誤整個國家的實力。

這一方面的考慮與作法，我們古代已經有了。在《禮記・禮運》談到大同世界，有一句，「鰥寡孤獨廢疾者，皆有所養」。就是殘廢的、有病的都可以得到養育，得到照顧。這種理想正好反映在支離疏的故事中。

結論是：支離疏可以養活自己，享盡自然的壽命。那麼，何況是「支離其德」的人呢？這裡的「德」字有些複雜。《莊子》書中的「德」字，是指從「道」所獲得的本性及稟賦。這一點是從老子《道德經》所得的啟發。人的「德」是「認知能力」，因此人生的修養必須扣緊「知」來提升其層次，要由區分到避難，再到啟明，就是由道的立場來觀看一切。但是與此同時，不能忘記，「德」字在社會上早已被用來描寫「德行」或「道德」的修養。因此，理解莊子很難避開的問題是：他所說的「德」，有時指「本性」，有時指「德行」。我們只好在每一次重要的地方多作解釋了。

以本章結尾的「又況支離其德者乎」為例。如果支離疏的「支離其形」是「不以形體殘缺為意」，那麼「支離其德」是什麼意思？它顯然不能說是「不以本性為意」，而必須說是「不以德行為意」，就是可以化解、超越人間重視德行修養的價值觀。也唯有這麼說，才可以使「支離疏不在意形體」的寓言，提示我們「不在意世間德行」，因而重內輕外，接近逍遙之境。

50〈人間世 4・15〉
勸勸孔子不必太有用

〈人間世〉第十五章。這是〈人間世〉的最後一章，內容有些事實作為根據。兩個人上場，一是孔子，孔子沒有說話，成為別人勸導的對象。誰勸導他？接輿。在〈逍遙遊 1・9〉肩吾聽到有關神人的描述「藐姑射之山，有神人居焉」這一段話，就是聽接輿說的。楚狂接輿是楚國一位狂放不羈的人。

本章的內容，一部分在《論語・微子》出現過。

「楚狂接輿歌而過孔子曰：「鳳兮！鳳兮！何德之衰？往者不可諫，來者猶可追。已而已而，今之從政者殆而！」

莊子現在說得更為完整。接輿要開導孔子，內容豐富，可分三段來看。

4・15

孔子適楚，楚狂接輿遊其門曰：「鳳兮鳳兮，何如德之衰也？來世不可待，往世不可追也。天下有道，聖人成焉；天下無道，聖人生焉。方今之時，僅免刑焉。福輕乎羽，莫之知載；禍重乎地，莫之知避。已乎，已乎，臨人以德；殆乎，殆乎，畫地而趨。迷陽迷陽，無傷吾行；吾行郤曲，無傷吾足。」山木，自寇也；膏火，自煎也。桂可食，故伐之；漆可用，故割之。人皆知有用之用，而莫知無用之用也。

【譯文】

孔子在楚國時，楚國狂人接輿走過他的門前唱著：「鳳凰啊！鳳凰啊！風格怎麼衰敗了？要來的不可期待，已去的不可追回。天下有道，聖人可以成就教化；天下無道，聖人可以保全性命。當今之世，只求免於遭受刑戮。幸福比羽毛還輕，不知如何把握；災禍比大地還重，不知如何避開。

這一段明白警惕孔子：客觀的情勢很危險。孔子生平在春秋時代晚期，莊子則是戰國時代中期的人，但是這種危險的狀況一路下來越來越差。這裡有個特色，就是接輿描寫孔子為「鳳」。《山海經‧南山經》說，天下太平的時候鳳會出現；或者說，鳳凰出現，天下安寧。

周朝初期的時候，「鳳鳴岐山」，陝西岐山是周朝的根據地，有鳳來鳴，代表天下要太平了。在《論語‧子罕》，孔子也曾感嘆：「鳳鳥不至，河不出圖，吾已矣夫！」鳳鳥沒有出現，天下顯然不會太平。河不出圖，「河圖」也是古代傳說，與《易經》有關。「吾已矣夫」，我年紀大了，沒有什麼希望了。

接輿稱孔子為鳳凰，表示敬重之意。孔子「知其不可而為之」《論語‧憲問》，兼具德行、能力與智慧，在魯國從政成功，現在想去幫助天下，重新振作周朝。許多有識之士了解他也推崇他，接輿就是一位。

現在，接輿說他，「何德之衰」，這個「德」有「德行」之意，但也有「風格」之意。因為，以鳳而言，與德行並無牽連，而是與風格有關，就是原本應該高風亮節的，現在卻委屈求全了。可以說是風格墮落了。接著說得好：天下有道，聖人可以成

就教化；天下無道，聖人可以保全性命。今天這個時代，免於受罰就好了，平安勝過一切。後面兩句話看了讓人傷感：幸福比羽毛還輕，抓不住啊，風一吹就飄走了；災禍比大地還重，人怎麼可能避開土地呢？客觀情勢如此，又該怎麼辦？接輿提供了什麼建議？

【譯文】

算了吧，算了吧，不要逢人就展示德行；危險啊，危險啊，到處去招惹別人注意。收斂些，收斂些，不要妨礙我行走；繞個彎，繞個彎，不要傷害我的腳。」

他建議孔子，不要展示德行，不必招惹注意。但是孔子自信有天命在身，知其不可而為之。他希望周遊列國，宣揚人生正途，安頓天下百姓。

接輿最後的結論再以不同方式強調「無用」的好處。

【譯文】

山上的樹木可以做成斧柄，斧反過來砍伐山木；油膏可以點火，火反過來燃燒油膏。桂樹皮可以吃，所以被砍伐；漆樹的汁可以用，所以被切割。世間的人都知道有用的好處，而不知道無用的好處。

莊子講「無用」，不是要否定世間一切有用的東西，而是要化解因為執著於「有用」而帶來的困擾與危險。處在一個時代，要看清社會現狀，了解大勢所趨，不然即使「有用」，如果陷入

人間世 第四 267

困境,又會有什麼效果?沒有效果又犧牲生命,有這個必要嗎?

儒家強調德行修練,道家重視智慧覺悟。德行修練固然很好,但是如果缺乏智慧,不能選擇適當的時機、以適當的方式、在適當的情況下,去做該做的事,說該說的話。那麼不但沒有成效,還會險象環生。

山上的樹木做成斧柄,斧頭反過來砍伐山木;油膏可以點火,但火反過來燃燒油膏。世間有用之物是一環扣一環的,有如連環無解,最後消耗犧牲的是自己的生命。然後桂樹皮可以吃,所以被砍伐;漆樹汁可以用,所以被切割。莊子曾經做過漆園吏,對漆樹的用處很清楚。

結論是,世人都知道「有用」的好處,而不知道「無用」的好處。以莊子本人來說,他了解有用與無用各有好處,只是需要判斷的智慧。這在〈山木 20‧1〉有生動的描述。讀完〈人間世〉,才知道莊子不是厭世或避世,而是想超越人間各種麻煩與困境,珍惜此生,平安度日。

德充符 第五

要旨

　　學習道家的關鍵,在於明辨「道」與「德」。道是萬物的來源與歸宿,德是萬物得之於道者,亦即萬物的「本性與稟賦」。人若保持本性與稟賦,就不會在意身體方面的缺陷(如老、殘、弱)與世俗方面的不足(如貧、賤、無用)。能夠順其自然而保持和諧,即是「德充」,而其「符」,則是驗證,可由本篇觀之。

51〈德充符 5・1〉
是誰一言不發也可以學生滿堂？

　　現在進展到《莊子》內篇的第五篇〈德充符〉。「德」是指生下來具有的本性與稟賦；「充」是保存本性並加以發展；「符」是效應。

　　一個人保存本性並加以發展，其效應或驗證如何，就是〈德充符〉的意思。本篇的寓言故事，介紹六位身體殘缺或長相醜陋的人。他們身體的外表有缺陷，反而使本性（德）更容易顯示出來。兩相對照，非常清楚。「德充」的效應或驗證都是正面的。

　　〈德充符〉第一章。魯國有個獨腳人，他的學生人數居然與孔子的差不多。常季請教孔子這是怎麼回事。連續兩章講述同一件事，但其中的主角並未出場。可分三段來看。

5・1

　　魯有兀（ㄨˋ）者王駘（ㄊㄞˊ），從之遊者，與仲尼相若。常季問於仲尼曰：「王駘，兀者也，從之遊者與夫子中分魯。立不教，坐不議，虛而往，實而歸。固有不言之教，無形而心成者邪？是何人也？」仲尼曰：「夫子，聖人也。丘也直後而未往耳。丘將以為師，而況不若丘者乎！奚假魯國，丘將引天下而與從之。」常季曰：「彼兀者也，而王先生，其與庸亦遠矣。若然者，其用心也獨若之何？」仲尼曰：「死生亦大矣，而不得與之變；雖天地覆墜，亦將不與之遺；審乎無假而不與

物遷，命物之化而守其宗也。」

【譯文】

魯國有一個被砍去一腳的人，名叫王駘，跟他學習的弟子人數，與孔子門下差不多。常季就請教孔子說：「王駘是一個被砍去一腳的人，跟他學習的人，與先生的門下弟子，在魯國居然各佔一半。王駘這個人，站的時候不教誨，坐的時候不議論，但弟子們空虛前往卻充實回家去了。難道真的有不用言語的教導，超脫形式而靠心靈感化的嗎？這是個什麼樣的人呢？」

王駘是被砍去一隻腳的人。古代有所謂的刖刑，砍去犯人一足。在〈養生主 3·4〉討論過：右師一隻腳，他是自然的還是人為的？這裡說的是王駘，因為某種原因而只有一隻腳，但是他的學生很多，與孔子的學生在魯國各佔一半。王駘的特別之處是：站的時候不教訓別人，坐的時候不議論事情，結果呢？學生們空虛而往，充實而歸。

這是怎麼回事？沒有講課也沒有討論，弟子們為什麼會有這樣的收穫？所以常季就請教孔子：真的是有不用言語的教導嗎？這句話可以推源於老子的「不言之教」。《老子》第二章提及「處無為之事，行不言之教」。沒說話就已經教好了。

王駘為什麼可以做到「不言之教」？我們想像一下。許多學生活在世間，這事不順利，那事不得意，心裡總是委屈難過，活得實在不開心。到了王駘那裡一看：老師只有一隻腳，但是活得自然從容，與平常人無異。我現在活著，有兩隻腳，還有什麼不滿足的？

因此,老師一句話都不用說,學生看到老師處之泰然,輕鬆自在的樣子,馬上受到啟發,覺得自己至少身體健全,還抱怨什麼?

我想到一個類似的故事。有一個人失業了,窮得沒有鞋子,一天到晚抱怨。他有一天過馬路的時候,看到馬路對面有一個人沒有腳撐著枴杖,但臉上居然露出笑容。他想,我只是沒有鞋子,那個人連腳都沒有,還笑得出來,我又何必難過呢?

轉念一想,心情立刻轉變,這不是一種「不言之教」嗎?王駘可能就有類似的成效。像這種例子,在人間並不少見。正如常季所問,這是超脫形式而靠心靈感化的嗎?這也是身教勝於言教的一個例證。那麼,孔子怎麼描寫王駘呢?

【譯文】

孔子說:「這位先生是聖人,我還來不及前往請教。我都要拜他為師,何況是那些不如我的人呢?何止是魯國,我要帶領天下人去跟他學習。」

莊子筆下的孔子很有特色。有時孔子了解各種情況,成為莊子的代言人;有時孔子又代表好學不倦的人,只要出現傑出人物,顯示智慧的覺悟或德行的修練,孔子都要向他請教。本章孔子說:我要拜王駘為師,還要率領魯國人,甚至天下人去向他學習。孔子真的做到了「三人行,必有我師焉」。(《論語・述而》)。孔子這種形象其實也不錯。

莊子筆下的孔子形象,對我們而言並不陌生。這也表示莊子相當了解儒家,承認儒家有很多優點,不然他為何在重言裡面,

如此借重孔子？

本章結論是常季與老師各說一句話。當然，老師的話才是莊子的意思。

【譯文】

常季說：「他是個獨腳的人，還能勝過先生，那麼他與一般人的差距就更遠了。像這樣的人，他的用心有什麼獨特之處呢？」孔子說：「死生也算是大事了，而他完全不受影響；即使天崩地裂，他也不會跟著墜落。他處於無所假借的狀態，因而不隨萬物轉移；他洞徹萬物的變化，而能守住自己的根本。」

孔子這句話聽起來，類似其他段落對神人與對至人的描述。超脫死生的影響與天崩地裂的干擾，那不是與前面講神人不在乎火燒與水淹，不相上下嗎？這裡進一步指出了王駘的境界。

第一，他處於無所假借的狀態，因而不隨萬物轉移。「無所假借」是說：一個人只要活著，就足夠了，不需要假借其他東西，像什麼樣的房子、車子、名利權位等。也就是我們一直強調的，要從「重外輕內」轉向「重內輕外」。

第二，他洞徹萬物的變化，而能守住自己的根本。這已經是「有內無外」的具體表現了。

下一章孔子還會繼續描述王駘的修練，簡直像是後者的知己了。

52〈德充符 5・2〉
失去的腳有如一塊掉在地上的土

〈德充符〉第二章。本章由孔子繼續說明王駘的修練。常季又提兩個問題，孔子也兩度回答。原文可分兩段來看。

5・2

常季曰：「何謂也？」仲尼曰：「自其異者視之，肝膽楚越也；自其同者視之，萬物皆一也。夫若然者，且不知耳目之所宜，而遊心乎德之和。物視其所一而不見其所喪，視喪其足猶遺土也。」常季曰：「彼為己，以其知得其心，以其心得其常心。物何為最之哉？」仲尼曰：「人莫鑒於流水而鑒於止水，唯止能止眾止。受命於地，唯松柏獨也正，在冬夏青青；受命於天，唯舜獨也正，在萬物之首，幸能正生，以正眾生。夫保始之徵，不懼之實，勇士一人，雄入於九軍。將求名而能自要者，而猶若是，而況官天地，府萬物，直寓六骸，象耳目，一知之所不知，而心未嘗死者乎！彼且擇日而登假，人則從是也。彼且何肯以物為事乎！」

【譯文】

常季說：「這是什麼意思呢？」孔子說：「從事物相異的一面去看，身體內肝與膽的分別，也像楚國與越國那麼遙遠；從事物相同的一面去看，萬物都是一體。像王駘這樣的人，連耳目適

宜何種聲色都不知道,只是讓心神遨遊於全德的境界。他視萬物為一個整體,而看不到任何缺失。他看待自己失去的那隻腳,就像掉在地上的一塊泥土。」常季再問:「他只是修養自己,經由智力去把握主導自我的心,再經由主導自我的心去把握普遍相通的常心。人們為什麼都歸向他呢?」

看待萬物可以採取兩個視角。從相同的角度看,萬物是一個整體,凡存在者皆為存在,萬物都是「物」。從相異的角度看,既然稱為「萬」物,顯然各個有別,甚至沒有兩片樹葉是一樣的。像原文的「萬物皆一」與「肝膽楚越」,已成為常用的名言了。由此可以引申出「合與分」、「一與多」的辯證觀念,再推源於「悟道」的智慧。這正是原文所謂的「遊心乎德之和」。「德之和」是指全德(完美的德),也即是「道」。「遊心」則是真正的逍遙。

於是,王駘看待自己失去的一隻腳,就像看待掉在地上的一塊土,因為一切都在「道」裡面,無得也無失,不喜亦不懼。所有的一切,皆來自於道又終將回歸於道。人人如此,萬物如此。

〈養生主3‧4〉談到右師少了一隻腳,當時公文軒討論他的情況,問這是自然的還是人為的,答案是:這是自然的。已經發生的事不能再補救,就接受它,接受它就變成自然的。這種想法可以同本章對照來看。

接著,常季提出第二個問題:人們為什麼都歸向王駘?在提出問題之前,他先表達自己對王駘修養的了解,就是:經由他的認知能力去把握主導自我的心,再由他的心去把握與別人普遍相通的常心。這裡出現三個詞:知、心與常心。人有認知能力,這

德充符 第五 275

種能力不能一直向外追尋,而須回到它的主體「心」,有如前面說過的「真君」,再由這個「心」去同其他人的心相通,展現出「常心」。「常心」就是悟道的狀態。常季的描述相當正確,他想要進一步了解:人們為什麼會歸向王駘?

【譯文】

孔子說:「沒有人會用流水來映照自己,而要用止水來映照自己,只有靜止能保住一切來照之物。樹木之命得自於地,卻唯有松柏獨自昂然挺立,在冬天夏天都一樣枝葉長青;人類之命得自於天,卻唯有舜獨自端正品德,可以做為群倫的表率,幸而他能夠端正自己,然後才能夠端正眾生。能夠保全本來天性的,內心就無所畏懼。勇士但憑自己一個人,也敢大膽闖入千軍萬馬之中。為了追求名譽而有所成就的人,尚且能夠如此,何況是那統合天地,含藏萬物,以六骸為木偶,以耳目為假象,打通知與不知,內心又不隨生死而變化的人呢?他是隨時都可以提升到玄遠之境的人,所以人們要跟隨他。他又怎麼肯把外物當一回事呢!」

孔子這一段話,內容實在豐富。古代有錢人買得起銅鏡,一般百姓想看到自己的長相,會取一盆水當鏡子來用。一定要讓水平靜,流動的水什麼都照不出來。只有靜止能夠保住一切來照之物。王駘心如止水,弟子去向他學習,見他如此平靜,自然既驚訝又羨慕,再反觀自己的情況,就覺悟人生沒有什麼可以抱怨的。

後面舉例談到樹木與勇士。樹木裡面只有松柏,在冬天夏天

都一樣枝葉長青。相對於此，人類裡面只有舜獨自端正品德，可以做為人們的表率。莊子在此肯定了舜。莊子在很多地方對堯、舜、禹，湯這些古人，是有所評論的。然後談到勇士。勇士獨自一人可以闖入千軍萬馬之中。這使人聯想到金庸小說《天龍八部》的蕭峰，他就闖入千軍萬馬之中，把對方的統帥抓過來。

事實上，《世說新語‧豪爽》有一則故事。桓溫帶兵出征時，他的侄兒桓石虔才十七、八歲。石虔聽到他叔叔桓沖被敵軍包圍，就帶著十幾個騎兵衝入數萬敵軍之中，把叔叔救出來。桓石虔小名「鎮惡」，後來黃河以北的地區，就用他的名字來驅趕瘧鬼。金庸小說《射鵰英雄傳》寫到了江南七俠，為首的名為柯鎮惡。莊子一句「勇士一人，雄入於九軍」，居然體現於後代的史實與小說中。但是這樣的勇士在此被說成是「求名」，則是莊子獨特的解釋。

為了求名，尚且可以如此，何況是為了「統合天地，含藏萬物云云」的曠古偉業？這樣的人，內心不隨生死而變化，隨時可以提升到玄遠之境，他又怎麼肯把外物當一回事呢！這種描述幾乎無異於神人了。

53〈德充符 5・3〉
有心求道，人人平等

〈德充符〉第三章。本章出現了「兀者」一詞，就是被砍去一腳的人。此人名為申徒嘉，與他相對照的是鄭國的執政大夫子產。他們兩人是同學，拜在伯昏無人門下。「伯昏無人」之名，又是昏又是無人，顯然是虛擬的，大概是像老聃之類的人。

申徒嘉是獨腳人，子產是大官，二人是同學。子產執著於自己的官位及名聲，覺得與一個獨腳人同學實在尷尬，於是出現本章的互動。可分兩段說明。

5・3

申徒嘉，兀者也，而與鄭子產同師於伯昏無人。子產謂申徒嘉曰：「我先出則子止，子先出則我止。」其明日，又與合堂同席而坐。子產謂申徒嘉曰：「我先出則子止，子先出則我止。今我將出，子可以止乎？其未邪？且子見執政而不違，子齊執政乎？」申徒嘉曰：「先生之門，固有執政焉如此哉？子而說（ㄩㄝˋ）子之執政而後人者也。聞之曰：『鑑明則塵垢不止，止則不明也。久與賢人處則無過。』今子之所取大者，先生也，而猶出言若是，不亦過乎？」子產曰：「子既若是矣，猶與堯爭善。計子之德，不足以自反邪？」申徒嘉曰：「自狀其過以不當亡者眾；不狀其過以不當存者寡。知不可奈何而安之若命，唯有德者能之。游於羿之

彀（ㄍㄡˋ）中，中央者，中地也；然而不中者，命也。人以其全足笑吾不全足者眾矣，我怫（ㄈㄨˊ）然而怒；而適先生之所，則廢然而反。不知先生之洗我以善邪？吾與夫子遊十九年矣，而未嘗知吾兀者也。今子與我遊於形骸之內，而子索我於形骸之外，不亦過乎？」子產蹴（ㄘㄨˋ）然改容更貌曰：「子無乃稱。」

【譯文】

申徒嘉是個被砍去一隻腳的人，他與鄭國大夫子產一起在伯昏無人門下學習。子產對申徒嘉說：「我先出去，你就等一下再走；你先出去，我就等一下再走。」第二天，兩人又在同一個屋裡同席而坐。子產再對申徒嘉說：「我先出去，你就等一下再走；你先出去，我就等一下再走。現在我要出去，你可以等一下再走嗎？還是你做不到呢？你看到我這個執政大人也不迴避，你與執政大人相等嗎？」

申徒嘉說：「老師門下，有像你這樣的執政大人嗎？你得意自己的執政地位而看不起別人。我聽說：『鏡子明亮，則塵垢不會堆積；塵垢堆積，則鏡子不會明亮。長期與賢人相處，就不會有過錯。』現在你應該推崇的是老師，而你還說出這麼自大的話，不是太過分了嗎？」

子產一定覺得自己與獨腳人申徒嘉在老師的教室同進同出，是一件丟臉的事，因此兩度強調兩人一先一後出去，以免被被外人看到。大家是同學，一起向老師求道，如果把世俗的身分、地

位、權力、財富都帶進來,還能專心學習與求道嗎?從對話可知子產水平有限。但是在《論語·公冶長》孔子對子產是相當推崇的,認為子產的表現符合君子之道。儒家推崇的人,在道家不見得有任何優勢。現在子產提出一個簡單的要求,而申徒嘉的回答擲地有聲,總之就是老師門下怎麼會有你這種執政大人?你應該先問自己有沒有好好向老師學習,自己是不是一面鏡子?

我在很多地方上課,同學們來自社會的各個領域。大家上課前先說好,到了教室裡面就互相稱「同學」,不要再稱董事長、總經理、老闆等頭銜。一起來學國學,有沒有學好才重要。

【譯文】

子產說:「你已經弄成殘廢了,還想與堯這樣的聖人來比較誰更好。你衡量自己的德行,還不夠讓你反省的嗎?」申徒嘉說:「辯護自己的過錯,認為自己不該死的人很多;不辯護自己的過錯,認為自己不該活的人很少。知道事情無可奈何,就坦然接受為自己的命運,這只是有德者才能做到。走進后羿弓箭射程的中央,一定被射中;但是有人沒被射中,這是命。

許多人因為自己雙腳俱全就嘲笑我雙腳不全,總是讓我憤怒不已;自從來到老師這裡,我就怒氣全消地回去了。不知老師是如何引導我走上善途的?我追隨老師已經十九年了,他從來不知道我是獨腳的人。現在你與我一起學習內在的修養,而你卻由外在的形貌來批評我,不也太過分了嗎?」子產聽了,立刻改變臉色,慚愧地說:「請你不要再說了。」

申徒嘉的話有道理,尤其前面兩句:一,辯護自己的過錯,

認為自己不該死的人的人很多；監獄裡面比比皆是。二，不辯護自己的過錯，以為自己不該活的人很少；大概電影裡面偶然一見。接著，申徒嘉說：「知道事情無可奈何，就坦然接受為自己的命運」。原文是「知不可奈何而安之若命」。〈人間世4·8〉說的是：「知其不可奈何而安之若命」。這兩句只有一字之差，意思沒有不同。

然後提及后羿。后羿是古代的神射手，走進他射程範圍的，一定被射中。但任何事都可能有例外。有的人沒有被射中，那是命。意思是：你子產只是命好，沒有出過什麼意外。

申徒嘉承認自己原本對於別人的嘲笑，感到非常憤怒，但是自從來到老師這裡之後，就怒氣全消了。他跟了老師十九年，老師卻從來不知道他是獨腳的人。老師伯昏無人，根本不在意學生的外表長相或社會成就。只要有心來學，就歡迎接受，何必要有世俗的考慮？

申徒嘉說他跟著老師十九年了，「十九年」在《莊子》書中多次出現。譬如庖丁解牛十九年，刀子好像剛剛從磨刀石磨過一樣。申徒嘉學了十九年，最後可以處之泰然，一隻腳根本不是問題。前一章的王駘是：少一隻腳像掉一塊泥土一樣。就算現在不變成泥土，百年之後呢？如果懂得這些想法，對於人生各種不幸的遭遇就很容易淡然處之了。

子產聽完這番話，自然羞愧不已。這位歷史上的名人，被莊子借重做為反面教材，並且此後再也沒有出現在莊子筆下了。

本章重點在於「知不可奈何而安之若命」，誰做得到呢？「唯有德者能之」。〈人間世4·8〉提及類似的話，然後說「德之至也」。由此可知：「德」固然是指人「與生俱有的本

德充符 第五 281

性」,但這種本性需要「保存」,同時也需要「修練」。人的德,如果只需要保存,那麼天下的人都有本性(其作用為認知能力),不是也都成為「有德者」了嗎?人的德,如果只需要保存,那麼「德之至也」根本是一句空話。因此,人的「德」,同時需要保存及修練。說得更清楚些,人對於「德」,必須既保存又修練,而修練的目標是悟道,就是回歸於道。

可以列出一個簡單的公式。人之德＝保存→修練→回歸於道。

由此轉換成我所強調的:人之德＝認知能力由區分→避難→啟明＝悟道。

上述總結的心得,會在相關之處再作說明。

54〈德充符5‧4〉
生與死是一體之兩面嗎？

〈德充符〉第四章。本章出現另一位獨腳人叔山無趾，他向孔子請教，而孔子只由外表判斷他並且拒絕他。他立刻表明心跡，讓孔子認錯，但已經來不及了。然後無趾去向老聃報告此事，二人又一起批判了孔子。內文可分兩段討論。

5‧4

魯有兀者叔山無趾，踵見仲尼。仲尼曰：「子不謹前，既犯患若是矣。雖今來，何及矣！」無趾曰：「吾唯不知務而輕用吾身，吾是以亡足。今吾來也，猶有尊足者存，吾是以務全之也。夫天無不覆，地無不載，吾以夫子為天地，安知夫子之猶若是也！」孔子曰：「丘則陋矣！夫子胡不入乎，請講以所聞。」無趾出。孔子曰：「弟子勉之！夫無趾，兀者也，猶務學以復補前行之惡，而況全德之人乎！」無趾語老聃曰：「孔丘之於至人，其未邪？彼何賓賓以學子為？彼且蘄以諔（ㄐㄧㄠ）詭幻怪之名聞，不知至人之以是為己桎梏邪？」老聃曰：「胡不直使彼以死生為一條，以可不可為一貫者，解其桎梏，其可乎？」無趾曰：「天刑之，安可解？」

【譯文】

魯國有個被砍去一隻腳的人，叫做叔山無趾。他去請見孔

子。孔子說：「你以前不謹慎，已經遭到禍患，落得這種下場。現在雖然來找我，又怎麼來得及呢！」無趾說：「我因為不懂事，行動鹵莽草率，以致失去了腳。現在我來你這裡，是因為人生還有比腳更尊貴的東西，我想努力保全它。天沒有不覆蓋的，地沒有不承載的；我把先生你當成天地，哪裡知道先生是這樣的啊！」

孔子說：「是我太淺陋了！先生何不進來？我想再說說我所知道的。」無趾轉身就離開了。孔子說：「弟子們努力啊！無趾是個獨腳人，還想努力學習，以彌補過去所做的錯事，何況是想要保全本性的人呢！」

孔子是儒家，重視教育、政治與社會習俗，經常會從外表來判斷一個人。本章一開始，叔山無趾前來請教，孔子擺出老師的姿態教訓他說：你弄到腳被砍了一隻，現在才想改過，來不及了。只從表面判斷一個人，確實有些膚淺。果然，無趾承認自己確實犯了錯，但他接著講得真好：我失去一隻腳還來請教夫子，是因為我認為人生還有比腳更尊貴的東西；我尊敬夫子有如天地，但夫子卻讓我失望。這裡所謂比腳更尊貴的，當然是指人的德，就是人的本性及稟賦。為了行文方便，我常說：人的德是指人的本性。其實這裡的本性包含了稟賦在內。「本性」給人「不變的本質」的印象，但人的本性（或稱認知能力）是有修練、改變與成長的可能性，而這一點正是「稟賦」一詞的意思。因此，凡用「本性」一詞，皆含稟賦在內。一個人少了一隻腳，依然可以從事認知及思考，還是有可能悟道的。

孔子立即表現學者風度，當場向無趾道歉，但無趾轉身離去

了。無趾原本有所覺悟,想來與孔子印證心得,結果見面一句話,就知道孔子只是平凡大眾的老師,要教我無趾是不太可能的。孔子這裡提及「全德之人」,是指想要保全本性的人。失去一隻腳,固然遺憾,但失去本性才是萬劫不復。無趾轉身就去請見老聃了。

【譯文】

　　無趾對老聃說:「孔子這個人還沒有達到至人的境界吧?他為什麼常常來向您求教呢?他希望博得奇異怪誕的名聲,竟不知道至人把名聲當作自己的枷鎖呢?」老聃說:「你為什麼不直接讓他把死與生看成一體,把可與不可看成一致,解開他的枷鎖,這樣或許行得通吧?」無趾說:「這是自然加給他的刑罰,怎麼能夠解開呢?」

　　孔子辦教育而名滿天下,無趾以前大概聽說孔子是偉大的老師,應該抵達至人的境界。結果一見面一印證,發現差得太遠。無趾跑去找老聃,因為老聃在莊子筆下代表一流水平的人。無趾說:孔子為什麼常常找你求教?他希望因此而獲得名聲嗎?他難道不知道至人把名聲當作枷鎖嗎?意思是:人有了名聲,就不容易活出真實的自我了。

　　老聃反過來勸無趾要開導孔子兩點:一,打通生死,「以死生為一條」,把生死看成一體;二,把可與不可看成一致,不要計較人間的是非對錯。如此才有可能解開枷鎖,獲得心靈的自由。但無趾不抱希望,以為孔子是「天刑之,安可解?」意思是:孔子天生的性格已定,格局就是那樣,誰也幫不上忙。問題

是：這難道是命定論嗎？

一個人生下來，他的性格特質永遠不能改嗎？或者，一個人長期思考及行動所造成的特定個性，是所謂的江山易改本性難移嗎？事實上，莊子並不如此悲觀。如果一切是命定的，那麼他何必留下著作給人閱讀？在莊子看來，人的德（本性）是認知能力。一般人的認知都停留在「區分」的層次，譬如孔子一見無趾，就判斷他是受刑者，然後對他態度冷淡。這種區分之知，就像枷鎖，會把自己困住，就是依照世間現存的價值觀去判斷貧富貴賤，有無學問、德行等。做了各種判斷，反而看不清萬物的真相。一直在區分，最後自己也不知道該往何處去。

本章批評孔子接受世俗的價值觀，只從外表判斷一個人，而不知內心世界才是重點。認知要由區分走向避難，再抵達啟明，本章的叔山無趾與老聃應該都已至啟明之境。

55〈德充符 5・5〉
雖醜陋卻有魅力

〈德充符〉第五章。本章與下一章是完整的故事。在這兩章孔子又上場了，這次他的形象是正面的，等於代表莊子在說話。念《莊子》的困難之一是：前一章才把孔子描寫得平凡甚至庸俗，後一章他忽然又成為莊子的代言人。我們只好習慣這種轉換。

本章是孔子與魯哀公的對話。哀公 16 年，孔子過世，這是歷史事實，因此他們確實有可能對話，但內容不會是本章的寓言故事。在此，哀公說他遇到一個長相醜陋但極受歡迎的人，不知是怎麼回事，因而特地請教孔子。下一章才是孔子的回答。

5・5

魯哀公問於仲尼曰：「衛有惡人焉，曰哀駘它（ㄊㄨㄛ）。丈夫與之處者，思而不能去也。婦人見之，請於父母曰：『與為人妻，寧為夫子妾』者，十數（ㄕㄨㄛˋ）而未止也。未嘗有聞其唱者也，常和（ㄏㄜˋ）人而已矣。無君人之位以濟乎人之死，無聚祿以望人之腹。又以惡駭天下，和而不唱，知不出乎四域，且而雌雄合乎前，是必有異乎人者也。寡人召而觀之，果以惡駭天下。與寡人處，不至以月數，而寡人有意乎其為人也；不至乎期（ㄐㄧ）年，而寡人信之。國無宰，而寡人傳國焉。悶然而後應，氾而若辭。寡人醜乎，卒授之國。

德充符　第五　287

無幾何也,去寡人而行。寡人卹(ㄒㄩˋ)焉若有亡也,若無與樂是國也。是何人者也?」

【譯文】

　　魯哀公問孔子說:「衛國有個面貌醜陋的人,叫做哀駘它。男人與他相處,會思慕他而不肯離去。女人見了他,便向父母請求說:『與其做別人的妻,寧可做他的妾。』這樣的女人有十幾個,並且還在增加之中。不曾聽說他倡導什麼,只是常常附和別人而已。他沒有統治者的權位可以拯救別人的性命,也沒有聚斂的財富可以填飽別人的肚子。面貌奇醜無比,只知附和而不能倡導,智力不足以顧及身外之事,然而女人男人都親近他;這樣的人一定有異於常人的地方啊。

　　我召他前來,一看之下,果然長得奇醜無比。但是,我們相處不到一個月,我就很欣賞他的為人;不到一年,我就很信任他。正好國家沒有主政的大臣,我就把國事委託給他。他卻悶聲不響沒有回應,又泛泛說些推辭的話。我覺得很沒面子,終於還是把國事交付給他。沒有多久,他離開我走了。我感覺悵然若失,好像沒有人可以與我共享一國的歡樂。這是個什麼樣的人呢?」

　　哀駘它是衛國人,長相奇醜無比,但是男人與女人都樂於同他相處,不少女人還想做他的妾。這個人的條件如何?稍加檢視,發現他是「五缺」,完全不具備人間所重視的五項條件。

　　一,他沒有權勢可以拯救別人。二,他沒有財富可以讓別人吃飽喝足。三,他沒有好的容貌,甚至是天下聞名的醜人。四,

他沒有口才,從來不會主動說要倡導什麼,而只是附和別人。五,他沒有專門的知識,談不上什麼專長。

一個人在世界上,處於這種五缺的情況,沒有權勢、財富、容貌、口才、知識,那麼,他的自卑感不知有多重,怎麼還可能吸引別人的注意?於是,魯哀公把哀駘它找來,想看看廬山真面目,想知道人們為什麼喜歡同他在一起。

結果呢?魯哀公把他找來之後一個月,就十分欣賞他。為什麼欣賞?這裡很難作心理分析。大概是看到醜人會覺得自己長相俊美;看到他順從附和自己,會覺得自己聰明過人等等。比起一般的大臣,哀駘它既不鉤心鬥角,也不爭權奪利,君王自然喜歡。

西方談到政治現實,有一句話說得好,就是:當帝王並不快樂,因為所有這些大臣,不外乎兩種,或者是討好諂媚你,滿口虛偽的話;或者是憎恨你,找機會要對付你、推翻你的。所以,帝王有什麼樂趣?

現在,看到五缺的哀駘它,自然會給正常人帶來很大的信心。但是醜人也需要具備一種能耐,就是活得平靜,不在意自己的情況,完全超越了美醜的範疇。

一般人想了解的是,這個人這麼醜陋,為什麼還活得快樂?單單這個問題,就足以吸引人們同他相處。魯哀公同他相處一年之後,非常信任他,居然想讓他做主政的大臣。但是他有興趣嗎?他對權力沒有什麼興趣。

人與人相處一年,為什麼相信他?因為相處一段時間之後才會認識他的性格。認識性格之後,長相就不重要了。

《世說新語》描寫俊男,往往用一句話,「千人亦見,萬人

德充符 第五 289

亦見」，就是一千人裡面，一眼就看到他；一萬人裡面，也是一眼就看到他。好像他一出場，就有鎂光燈集中照在他臉上。但是相處久了之後，會在乎他長什麼樣子嗎？相處久了，只看重一點，就是性格。

有一句話說得好：朋友相處是以性格來坦誠相見。不可能再隱藏、再做作、再虛偽。由此可知哀駘它的性格，一定非常溫和，與人無爭。也就是外表謙和，內心寬大，與任何人都不會衝突。

現在魯哀公要把國事交給哀駘它，他似乎不置可否，做了幾天就跑掉了。哀公悵然若失，好像沒有人可以與他共享一國的歡樂。這種人，你給他權力財富，他沒有興趣。他與自己相處，獨自一人就愉快非常。人生難得的是活得真實。《世說新語·賞譽》記載王述的一段故事。魏晉南北朝的簡文帝，談到王述時說：這個人才能並不突出，對名利也不淡泊，但以他一點點真率，就抵得上別人許多了。

「真率」就是內外一致，表裡如一。王述在丞相王導的府中擔任過幕僚。每一次開會的時候，王導一說話，眾人都爭相讚美。王述就說：「丞相又不是堯、舜，怎麼可能凡事都對？」丞相並不怪他，知道他為人真率，說的是真話。丞相府中的官員及幕僚，對丞相的話只知道鼓掌稱好，這不是逢迎拍馬嗎？

孔子聽完魯哀公的描述之後，提出怎樣的回答？

56〈德充符 5・6〉
內心穩住可以化解難題

〈德充符〉第六章。魯哀公描述他所認識的哀駘它，但不明白自己為何那麼信任他。孔子在本章詳細說明個中緣由。內文可分三段。

首先，孔子解釋為什麼哀駘它不說什麼話，就能讓別人信任；沒有立什麼功勞，就能讓別人親近。別人把國事交給他，還唯恐他不接受。後面兩段集中解說了「才全」與「德不形」，值得留意。

5・6

仲尼曰：「丘也嘗使於楚矣，適見㹠（ㄊㄨㄣˊ）子食於其死母者，少焉眴（ㄕㄨㄣˋ）若，皆棄之而走。不見己焉爾，不得類焉爾。所愛其母者，非愛其形也，愛使其形者也。戰而死者，其人之葬也不以翣（ㄕㄚˋ）資；刖者之屨，無為愛之。皆無其本矣。為天子之諸御：不爪翦，不穿耳；取妻者止於外，不得復使。形全猶足以為爾，而況全德之人乎！今哀駘它未言而信，無功而親，使人授己國，唯恐其不受也，是必才全而德不形者也。」哀公曰：「何謂才全？」仲尼曰：「死生、存亡、窮達、貧富、賢與不肖、毀譽、飢渴、寒暑，是事之變、命之行也。日夜相代乎前，而知不能規乎其始者也。故不足以滑（ㄍㄨˇ）和，不可入於靈府。使之

德充符 第五 291

和豫，通而不失於兌。使日夜無郤（ㄒㄧˋ），而與物為春，是接而生時於心者也。是之謂才全。」「何謂德不形？」曰：「平者，水停之盛也。其可以為法也，內保之而外不蕩也。德者，成和之修也。德不形者，物不能離也。」哀公異日以告閔子曰：「始也吾以南面而君天下，執民之紀而憂其死，吾自以為至通矣。今吾聞至人之言，恐吾無其實，輕用吾身而亡吾國。吾與孔丘非君臣也，德友而已矣！」

【譯文】

　　孔子說：「我曾經到楚國去，碰巧看見一群小豬在剛死的母豬身上吸奶，過了一會兒突然驚慌起來，全都離開母豬跑走了。這是因為小豬覺得母豬不像原來的樣子，與自己不是同類的東西了。小豬愛母豬，不是愛母豬的形體，而是愛那使形體活動的內在力量。戰死沙場的人，不用武器上的裝飾品陪葬；被砍斷腳的人，沒有理由愛惜他的鞋子；這些都是因為失去了根本。

　　侍奉天子的女人，不剪指甲，不穿耳洞；娶妻的男人只能在外服役，不能再侍奉天子。形體完整的人，已經有如此的殊遇，何況是保持完整本性的人呢！現在哀駘它不說話就能讓人信任，不立功就能讓人親近，別人委託他國事，還唯恐他不接受。這一定是才全而德不形的人。」

　　孔子以五個例子來分辨根本與裝飾。一，對小豬來說，母豬活著有生命是根本，死了剩下形體則是裝飾。二，戰死沙場的人已經失去做為根本的生命，武器上的裝飾品就沒有意義了。三，

被砍去雙腳的人，失去了腳，還會需要鞋子嗎？四，侍奉天子的女人，必須保持身體完整。五，男子娶妻之後不能就近服侍天子。

以上五例，前三例強調根本，後二例強調完整。然後由「形全」的殊遇，推到更可貴的「全德之人」。

莊子使用的「德」字，確實不易理解，因為它可以指本性，也可以指德行。譬如〈人間世 4・14〉的支離疏可以終其天年，是因為他「支離其形」（不以形體醜陋為意），而更可貴的是「支離其德」的人。這裡的「支離其德」應指不以世間德行為意。這個「德」是指德行，而不能指本性。若指本性，則「支離其德」是說「不以本性為意」，那如何可能是正確的事？但是本章所謂的「全德之人」，則指保持完整本性的人，而不可能涉及世間德行。

哀駘它是保持完整本性的人，有如小孩般天真無邪。孔子最後說他是「才全而德不形者」。那麼，「才全」是怎麼回事？

【譯文】

哀公問：「什麼叫做『才全』？」孔子說：「死生、存亡、窮達、貧富、賢與不肖、毀譽、飢渴、寒暑，這些都是事物的變化、命運的流轉。就像白天黑夜在我們眼前交替出現，而我們的智力無法測知其緣由。所以，一切遭遇都不足以擾亂和諧，也不能進入內在的世界，要使內心保持愉悅，通達萬物而不失其真實。無論日夜，時時刻刻都與萬物相推移，相互配合好像四時源於心中一樣，這就叫做『才全』。」

簡單說來，「才全」就是保持真實自我的能力。「才」是指能力，「全」是指完整的真實的自我。「才全」就是保持真實自我的能力。

　　「才全」的人，一切遭遇如死生、存亡、窮達、貧富，都不會進入心中，他與萬物可以直接通達而不會失去真實。「與物為春」，好像春夏秋冬四季源於心中。

　　因此，保持真實自我的能力，就是「才全」。哀駘它這個人沒有任何外在條件，但他具備完整的內在條件，可以保持真實的自我。「才全」說明了，那麼「德不形」呢？

【譯文】

　　哀公接著問「什麼是『德不形』呢？」孔子說：「平，是水靜止時的完美狀態。它可以做為測量標準，內在持守而外表不動盪。德，就是保持和諧的那種修養。有德而不表露於外，萬物自然不能離他而去。」

　　哀公過幾天把這番話告訴告閔子騫，然後說：「從前我以國君之位治理天下，執掌法紀而憂慮百姓的生死，我自以為最懂治理之道。現在我聽到至人的言論，才擔心自己沒有真實的修養，會輕舉妄動使國家陷於滅亡。我與孔子，不是君臣，而是以德相交的朋友啊！」

　　如前所述，「才全」是保持真實自我的能力，那麼「德不形」呢？「德不形」的字面意思是：「德」不要表現出來。更清楚地說，「德」是保持和諧的修養，要做到「內在持守而外表不動盪」，如此則是，「有德而不表現於外」。以下作進一步說明。

人的「德」是怎麼回事？首先，「德者，得也」，萬物生來就有其各自的本性，就是德。但由於人的德是「認知能力」，不可能只保存而不去發展。一發展就會出現複雜的問題。人的認知有三個層次：區分、避難、啟明；這一點我在介紹老子《道德經》時已作充分的解釋。但世人的認知往往一生都困陷於區分之中，由此造成觀念的混淆及欲望的衝突，使人間充滿競爭、鬥爭與戰爭。那麼，道家有何策略？

道家的「修德」，是「三合一」的作法：保存就是修養，修養就是回歸。我保存我的德，就是要修養我的德；修養我的德，就是要回歸我本來的德。聽起來有些複雜，但它也說出了人間的智慧。我生下來就有德，就有認知能力。我的修養就是：要從「以認知做為區分」提升到「以認知做為避難」，再提升到「以認知做為啟明」。認知達到啟明，就是從「道」來看待一切，也就是〈秋水 17·5〉所說的「以道觀之，物無貴賤」。因此，啟明就是回歸，回歸於道。從德出發，回歸於道；從認知出發，領悟智慧。

由此回到本章所說，可以學到三點。一，「德不形」是：內保之而外不盪也（內在持守而外表不動盪）。二，「德者，成和之修也」：德就是保持和諧的那種修養。三，「德不形者，物不能離也」：有德而不表露於外，萬物（其實是指眾人）自然不能離他而去。

總而言之，哀駘它抵達「才全而德不形」的境界：他有能力保持真實自我，並且內在和諧而沒有表露於外。容我再多說一句：他保存了「本性」（德），而他在眾人眼中的「德行」（也是德）是如此完美，以致沒有人想離開他。我們念《莊子》全

德充符 第五 295

書，要記得「德」字的雙重用法（本性、德行）並無矛盾。這實在是進入莊子世界的門徑。

57〈德充符 5・7〉
為什麼別人的脖子都太細長了？

〈德充符〉第七章。本章提及兩位國君,但他們並不是同一時代的人。一是衛靈公(西元前 534-493 年在位),另一位是齊桓公(西元前 685-643 年在位)。二人時代不同,但有共同表現,就是:習慣了欣賞一個醜人,結果反而以為一般人長相怪異。

首先,衛靈公遇到的是闉跂支離無脤。由名字可以知道此人是「跛腳、駝背、兔唇」,殘障程度十分嚴重。其次,齊桓公遇到的是甕㼜大癭,他的脖子上長了大瘤。古人常常用名字反映實情,讓人看到名字就知道他的模樣。

莊子先說衛靈公再說齊桓公,年代上當然是齊桓公較早。莊子寫作向來是天馬行空,不可羈勒。兩位國君分別遇到兩個奇醜無比的人,一個嚴重駝背,一個脖子腫脹。看習慣了這樣的醜人,然後看到一般人就質疑:「你們的脖子怎麼那麼細長呢?」好像一般人反而不正常了。以下分兩段來看。

5・7

闉(一ㄣ)跂(ㄑ一ˊ)支離無脤(ㄕㄣˋ)說(ㄕㄨㄟˋ)衛靈公,靈公說(ㄩㄝˋ)之,而視全人:其脰(ㄉㄡˋ)肩肩。甕㼜(一ㄤ)大癭(一ㄥˇ)說齊桓公,桓公說之,而視全人,其脰肩肩。故德有所長而形有所忘。人不忘其所忘而忘其所不忘,此謂誠忘。故聖人有所

德充符 第五 297

遊，而知為孽，約為膠，德為接，工為商。聖人不謀，惡（ㄨ）用知？不斲，惡用膠？無喪，惡用德？不貨，惡用商？四者，天鬻（ㄩˋ）也。天鬻者，天食（ㄙˋ）也。既受食於天，又惡用人！有人之形，無人之情。有人之形，故群於人；無人之情，故是非不得於身。眇（ㄇㄧㄠˇ）乎小哉，所以屬於人也；謷（ㄠˊ）乎大哉，獨成其天。

【譯文】

　　有一個人叫做闉跂支離無脤，就是跛腳、駝背、兔唇，前去遊說衛靈公；衛靈公很喜歡他，而看到正常人，反而覺得他們的脖子太瘦長了。另有一個人叫做甕㼜大癭，就是脖子長了大瘤，前去遊說齊桓公；齊桓公很喜歡他，而看到正常人，反而覺得他們的脖子太瘦長了。

　　所以，只要德行上有過人之處，形體上就會被人遺忘。人如果不僅忘記容易忘記的形體，還能忘記不容易忘記的德行，那就叫做「真忘」。

　　前面兩個寓言比較簡單。你看習慣了一個人的相貌，並且喜歡他，而他正好脖子很粗，那麼你看到一般人就會覺得他們的脖子太瘦長了。反面的情況也一樣。太平洋有一個小島，島上的人認為女孩的脖子越長就越美，他們看到外來遊客正常的情況，就覺得很醜。這是審美的習慣問題。人間的各種判斷都有其相對性。接著強調「德有所長而形有所忘」。這裡的「德」字有兩解：一是本性，一是德行。兩解都說得通。譬如，以德為本性，

就是：一個人保存本性，像孩子一樣純真自然，那麼你就會忘記他的形體特色。又如，以德為德行，就是：一個人德行很好，善良而樂於助人，那麼你也會忘記他的形體特色。如果走中間路線，可以用「交友」為例。

你與一個人交朋友，開始的時候會在意他長什麼樣子，久了之後，了解他的性格，就不在乎他長什麼樣子了。他的性格同你的性格可以相處，彼此互相欣賞就可以了。如果你忘記了一個人容易忘記的形體，連他的不容易忘記的性格也忘記了，那就是「真忘」。大家都在「道」裡面，何必記得什麼？在此，「德」出現了第三種比較中性的用法，就是指性格作風。以「德」為性格作風或風格，其實在《論語》也多次見到。如「慎終追遠，民德歸厚矣」（《論語・學而》）。

【譯文】

因此，聖人有遨遊的本事，就會把智力視為禍根，把約法視為膠漆、黏劑，把取得當作爭鬥，把技巧當作圖利。聖人不設謀，哪裡用得到智力？不散亂，那裡用得到黏劑？不喪失，那裡用得到取得？不售貨，那裡用得到圖利？做到這四點，就是天育。

天育就是由自然來養育。既然由自然來養育，又哪裡用得到人為的手段呢！他有人的形體，而沒有人的情感。有人的形體，所以與人群共處；沒有人的情感，所以是非不能影響他。渺小啊，就是那使他屬於人的部分！偉大啊，唯有那使他保全自然的部分。

德充符　第五　299

這裡出現了「聖人」，並且說「聖人有所遊」，那麼這個「聖人」是正面的意思，也是悟道者。莊子筆下的「聖人」有正面的也有負面的用法。後者主要是指世間所推崇的，如儒家與墨家的聖人。既然有可能誤用，莊子為何還要使用？因為聖人畢竟是貼近人間的。不然，你試想：如果把本段的「聖人」改為「神人」，不是顯得格格不入嗎？聖人既然有所遊，自然不會在乎人間的「智力、約法、取得、技巧」。他不以認知為區分，就不會受困於人間的利害。他有「天育」，由自然來養育。

　　結論則是：他有人的形體，而沒有人的情感。有人的形體，所以與人群共處；沒有人的情感，所以不會受是非所影響。他的渺小是他屬於人的部分，而他的偉大是他保全自然的部分。這句結論可以對照《老子》第 25 章所說的「道大，天大，地大，人亦大。」人如果把自己看做人類的一分子，完全困處於人的相對價值觀中，那就是「小」；人如果體認自己本性中自然的部分，再回溯根源，往上悟道，那就是「大」。

58 〈德充符 5·8〉
無情與有情之間

〈德充符〉第八章。這是〈德充符〉的最後一章，又出現了莊子與惠子的辯論，主題是：人是有情的還是無情的？他們二人在〈逍遙遊〉辯論過「有用、無用」的問題，這裡則是「有情、無情」的問題。

首先，惠子大概聽到了莊子上一章說的，人有人的形體，但沒有人的情感。所以惠子就問他：「人難道是無情的嗎？」由此展開三個問題：一，如果無情，怎麼可以稱為人呢？要談一談怎麼樣可以稱為「人」？二，既然稱為人，怎麼可以無情呢？莊子說，他所謂的「無情」是不受情感影響，並且不要刻意養生。惠子抓住最後一句，再問第三個問題：「不刻意去養生，怎麼能夠保全身體呢？」以下分三段說明。

5·8

惠子謂莊子曰：「人故無情乎？」莊子曰：「然。」惠子曰：「人而無情，何以謂之人？」莊子曰：「道與之貌，天與之形，惡（ㄨ）得不謂之人？」惠子曰：「既謂之人，惡得無情？」莊子曰：「是非吾所謂無情也。吾所謂無情者，言人之不以好惡內傷其身，常因自然而不益生也。」惠子曰：「不益生，何以有其身？」莊子曰：「道與之貌，天與之形，無以好惡內傷其身。今子外乎子之神，勞乎子之精，倚樹而吟，據槁梧而瞑。天

選子之形,子以堅白鳴。」

【譯文】

惠子對莊子說:「人難道是無情的嗎?」莊子說:「是的。」惠子說:「人如果無情,怎麼可以稱為人?」莊子說:「道給了容貌,自然給了形體,怎麼可以不稱為人?」

莊子在上一章肯定「有人之形,無人之情」是理想的境界。惠子依此而問:「人難道是無情的嗎?」聽到莊子說「是的」之後,他再問:「人如果無情,怎麼可以稱為人?」莊子簡單回答他,但完全不涉及有情無情的問題。莊子說:道給了你容貌,自然給了你形體,這樣就是一個人,怎麼可以不稱為人呢?」

什麼意思呢?「自然給了形體」,是說:人的身體來自於父母,但父母與祖先都是大自然給予條件,才能夠一代傳一代生存發展,我們現在也需要自然界提供各種資源才能活下去,所以可以說自然給了形體。

但是,「道給了容貌」,在說什麼?是道讓人成為人,具有人的形體相貌。事實上,萬物都來自於道,是道賦予萬物各自的容貌與本性。至於萬物的具體存在,則來自於「天」(自然界)的各種資源。簡而言之,「道」決定了一物「是否」存在,以及一物要做為「何物」而存在。「天」決定了一物的具體材質「如何」存在。

【譯文】

惠子說:「既然稱為人,又怎麼可以無情呢?」莊子說:

「你說的不是我所謂的無情。我所謂的無情,是說人不要讓好惡之情傷害到自己的天性,就是要經常順應自己如此的狀態,而不要刻意去養生。」

惠施前面問:「人如果無情,怎麼可以稱為人?」現在追問:「既然稱為人,又怎麼可以無情?」兩相對照,可知他真正想問的是:人怎麼可以沒有「人」的情感?譬如人有七情六欲等等。這時莊子才進一步澄清:他所謂的「無情」,不是說人「沒有」七情六欲,而是說人「不要」讓這些情感傷害到自己的天性(「內傷其身」)。

莊子的說法是:人可以有情感,但不要造成自己任何干擾。這種想法至少在效果上近似《中庸》所云:喜怒哀樂要發而皆中節。喜怒哀樂是情感,誰沒有?發而皆中節就不會傷害到自己的天性。如果過度的話,會讓自己活得很累,甚至活不下去。接著說:「常因自然而不益生。」「自然」一詞在此不指「自然界或大自然」,而是沿用老子之意,以「自然」為「保存自己的樣子」。在莊子書中,「天」通常是指「自然界或大自然」,而「自然」則經常沿用老子之意,指稱「自己的樣子」。所以,此處「常因自然而不益生」,是說:要經常順應自己如此的狀態,而不要刻意去養生。老子已經反對刻意養生了。養生得太過,最後往往適得其反。

惠子是名家高手,只要看到任何一點理論上的空隙,他是不會錯過的。他抓住這句話,繼續提出第三問。

【譯文】

惠子說：「不刻意去養生，怎麼能夠保全身體呢？」莊子說：「道給了容貌，自然給了形體，不要讓好惡之情傷害到自己的天性。現在你放縱你的心神，消耗你的精力，倚著樹幹就高談闊論，靠著桌子就閉目昏睡。自然給了你形體，你卻以堅白之論來到處張揚！」

惠子的問題很接近一般人的常識：不刻意養生，如何可能保全身體？對此似乎有兩個選擇：一，刻意養生，可以保全身體。二，順其自然，可以保全身體。但是這種一般人的想法與選擇，在莊子看來都是難有定論而耗費精力的。莊子沒有理會第三個問題，而是重複本章內容，並批評了惠子。

首先，「道給了容貌，自然給了形體」，這是大前提；其次，「不要讓好惡之情傷害到自己的天性」，這是他所謂的無情。最後話鋒一轉批判惠子說：你放縱心神消耗精力，倚著樹幹就高談闊論，靠著桌子就閉目昏睡。然後，自然給了你形體，你卻以堅白之論來到處張揚。

「堅白之論」的簡單版本是這樣的。你不能說「堅白石」三個字，你只能分別說「堅石」與「白石」。譬如，一塊石頭，你看到白色，看不到堅硬；你用手去摸，摸到堅硬，摸不到白色。因此，你說「堅白石」這三個字，就有問題了。看到的與觸摸的如何可以統一起來，並且同時用在石上？好的。我們要問：這種辯論有什麼意義？找一些奇奇怪怪的論點，讓別人無話可說，然後你贏了有什麼好得意呢？

〈德充符〉於此結束。我們學到了什麼？「德」是指本性與

稟賦;「充」是充實。形體殘缺或容貌醜陋的人,比較容易把內在的本性保存得完整,或修練得正常,走在正確的軌道上。「符」是驗證。我們確實見識了莊子的觀點。

大宗師　第六

▋ 要旨

　　大宗師就是「道」。悟道者為真人,真人的表現無異於神人與至人,是莊子筆下的完美典型。本篇對「道」的描述,得自老子真傳,尤其「自本自根」一詞可謂畫龍點睛。中間論及悟道七關,由「外天下」到「不死不生」,值得省思。悟道者相忘乎道術,彼此為友,則相視而笑,莫逆於心。

59〈大宗師 6‧1〉
睡覺時不做夢，醒來後沒煩惱，就是真人

《莊子》內篇的第六篇〈大宗師〉。大宗師就是道，能夠悟道的，稱為「真人」。真人終於上場了，他比前面介紹過的悟道者神人、至人、聖人都要晚上場，但一上場就聲勢不凡，連續三章都在描寫真人。真人的情況，實在難以想像，也確實讓人羨慕。

〈大宗師〉第一章。莊子用不只一個名稱來稱呼「悟道者」，其中最常見的是「真人」。真與假相對，若有悟道的真人，則我們平凡的眾人不是假人嗎？原則上，通過適當的修行，每一個人都有可能成為真人。那麼，先了解莊子對真人的描述吧。本章可分三段來說明。

6‧1

知天之所為，知人之所為者，至矣！知天之所為者，天而生也；知人之所為者，以其知之所知以養其知之所不知，終其天年而不中道夭者，是知之盛也。雖然，有患。夫知有所待而後當，其所待者特未定也。庸詎知吾所謂天之非人乎？所謂人之非天乎？且有真人而後有真知。何謂真人？古之真人，不逆寡，不雄成，不謨士。若然者，過而弗悔，當而不自得也。若然者，登高不慄，入水不濡，入火不熱。是知之能登假於道者也若此。古之真人，其寢不夢，其覺無憂，其食不甘，其息

深深。真人之息以踵,眾人之息以喉。屈服者,其嗌(一ㄟ)言若哇。其耆(ㄕˋ)欲深者,其天機淺。

【譯文】

知道自然的作為,又知道人的作為,這種人已經達到極致了!知道自然的作為的人,就明白一切都是源於自然;知道人的作為的人,就會以他所知的部分去保養他所不知的部分,使自己能夠活完自然的壽命而不在中途死亡,那就是智力的精彩表現了。雖然如此,還是有考驗。知識需等待其他條件配合,才可獲得證實,而其他條件卻是不確定的。怎麼知道我所謂自然的不是人為的,我所謂的人為的不是自然的呢?

本章一開始就宣布什麼是「至矣」,就是「最高的境界啊」。要同時「知」兩方面:「知天之所為,知人之所為者」。了解什麼是自然的作為,又了解什麼是人的作為,這樣就達到極致了。莊子有三次提及:用「知」達到最高境界。

前兩次在〈齊物論〉,就是「有以為未始有物者」;以及「知止其所不知」。一個人能了解「根本不曾有萬物存在」;一個人知道「在自己所不知道的地方停下來」。

第三次就是這裡所說的,知道什麼是自然的作為,什麼是人的作為。知道兩者的區分,就不會互相干擾。一方面,不會想去改變自然的狀態;另一方面,遇到自然界的各種災難,不會抱怨、生氣、難過等。這種分辨並不容易。譬如,怎麼知道我所謂自然的不是人為的,而我所謂人為的不是自然的呢?萬物很單純,一切都是自然的,沒有人為的問題。人不一樣,人從道所獲

得的「德」是認知能力。認知能力一出現，人類世界的問題通通呈現，不可能逃避。這裡要分辨的是：我有認知能力，這是自然的；我發展認知能力的時候，如果沒有走在正確的軌道上，沒有掌握住「保存就是修養，修養就是回歸」這個正確的軌道，就可能走偏了。

走偏的時候，可以思考：人類世界的問題，來自於把認知當作區分，但是我生而為人，就有認知能力；我如果沒有認知能力，就是萬物之一，就沒有走偏的問題。那麼，最終要責怪誰呢？要責怪「道給人認知能力」，還是「人沒有從認知作為區分提升上去」？人有認知能力，這是客觀事實，所以責怪「道」是沒有意義的；人有認知能力而未能往上提升，則是人要自己負責的事。莊子顯然贊成後者。

換言之，天（自然的）與人（人為的）是不能分開的，但是必須有所覺悟，就是把握「分寸」，不要「以人害天」，要使自己活完自然的壽命而不在中途死亡。這也是在提醒我們：要使自己的認知從「區分」提升到「避難」。如果可以再提升到「啟明」，那就是接著要詳細介紹的「真人」了。

【譯文】

再說，有真人出現，然後才有真知存在。什麼叫做真人？古代的真人不拒絕寡少，不炫耀成就，不從事圖謀。像這樣的人，錯過時機而不後悔，趕上時機而不得意。像這樣的人，登高不恐懼，入水不浸濕，蹈火不燠熱，因為他的智力能夠提升到道的層次，才有如此的表現。

「有真人而後有真知」。這句話肯定了人的主體性。我們想了解他的「真知」是何種情況，就要參考以下的描述。由此段開始，莊子三度提及「古之真人」，表示「曾經」有過這樣的真人，至於現在（莊子當時）有沒有就暫且不論了。

真人的作為，與一般人大不相同，他不拒絕寡少，不炫耀成就，不從事圖謀。在現實生活中，一般人的作風正好相反：東西太少我不要，我要朝四暮也四；我有成就當然要炫耀，不然別人怎麼知道呢？我努力去圖謀，要取得各種利益。後面兩句更生動了，真人「錯過時機不後悔，趕上時機不得意」。我們呢？錯過時機就後悔，趕上時機就得意。我想買過股票的人，大概感受鮮明吧。

接著講的比較玄妙，「登高不恐懼，入水不浸濕，蹈火不燠熱」，這三句話，與前面說過的神人、至人類似。這是因為他的智力（認知能力）提升到「道」的層次。總之，真人的表現是不受外來的干擾所影響。人間的價值觀無法左右他，自然界的變動無法傷害他。

【譯文】

古代的真人，睡覺時不做夢，醒來後沒煩惱。他飲食不求甘美，呼吸特別深沉。真人的呼吸直達腳跟，眾人的呼吸只靠咽喉。呼吸不順暢的人，咽喉發聲好像打結一樣。嗜好及欲望太深的人，他天賦的領悟力就很淺了。

一般人最羨慕的可能是：睡覺時不做夢，醒來後沒煩惱。至於片刻不能停止的呼吸，則真人的呼吸直達腳跟，我們的呼吸就

靠咽喉，在咽喉裡面呼嚕呼嚕打轉，到肺裡邊繞一圈就出來了。呼吸不順暢，發聲好像打結。這樣一想，我們距離真人太遠了。

最後一句話是重點：嗜好及欲望太深的人，他天賦的領悟力就很淺了。天機，在此是指天賦的領悟力，而不是在說天機不可洩漏。每一個人都有天機，它與一個人的嗜好及欲望是對立的，嗜欲太深的人，怎麼可能會有領悟力呢？執著於具體的事物，每天想這個要那個，同別人競爭比較，又怎麼可能會有深刻的覺悟呢？後續兩章還是在描寫「古之真人」。

我們現在學到了：首先，真人的情緒不受干擾；其次，他的生理狀態穩定。

60〈大宗師 6・2〉
煩惱來自好惡之心，如何使自己安適？

〈大宗師〉第二章。上一章出現了「真人」，重點是「有真人而後有真知」。真人的特殊表現很多，已知的有兩點，一，情緒不受干擾。譬如錯過時機而不後悔，趕上時機而不得意。二，生理狀態穩定，譬如睡覺時不做夢，醒來後沒煩惱。

本章描寫真人的第三點特色：從容接受一切。這三點特色也提醒我們修行的漸進順序。本章可分兩段來談。後半段說聖人以及人間狀況的，可視為對照與補充。

6・2

古之真人，不知說生，不知惡死；其出不訢（ㄒㄧㄣ），其入不距；翛（ㄒㄧㄠ）然而往，翛然而來而已矣。不忘其所始，不求其所終；受而喜之，忘而復之。是之謂不以心捐道，不以人助天，是之謂真人。若然者，其心志，其容寂，其顙（ㄙㄤ）頯（ㄎㄨㄟˊ）；淒然似秋，煖（ㄒㄩㄢ）然似春，喜怒通四時，與物有宜而莫知其極。故聖人之用兵也，亡國而不失人心；利澤施乎萬世，不為愛人。故樂不通物，非聖人也；有親，非仁也；時天，非賢也；利害不通，非君子也；行名失己，非士也；亡身不真，非役人也。若狐不偕、務光、伯夷、叔齊、箕子、胥餘、紀他、申徒狄，是役人之役，適人之適，而不自適其適者也。

【譯文】

　　古代的真人，不懂得去喜愛生命，也不懂得去厭惡死亡；他施展才能時不會過度張揚，獨居自處時不會過度隱藏；只是從容地去那兒，又從容地來這兒而已啊。他既不探問自己的起源，也不尋求自己的歸宿；對任何遭遇都欣然接受，無所牽掛而回復本來的狀態。這就是所謂的不用心思去損害道，不用人為去輔助自然。這就是所謂的真人。像這樣的人，他的心思陷於遺忘，容貌顯得淡漠，額頭特別寬大；他淒冷時像秋天，溫暖時像春天，喜怒與四時相通，隨著事物而表現合宜，以致無法探知他的究竟。

　　真人沒有什麼好惡之心，對一切都從容順受。這一段話用了八個「不」字：不知悅生，不知惡死；不會太張揚，不會太隱藏；不探問起源，不尋求歸宿；不用心去損害道，也不用人為去幫助自然。真人的「八不」，恰好是凡人的「八要」。真人有如逆向而行，符合《老子》第40章所謂的「反者道之動」。

　　真人悟道了，因此與一般人不同，反而接近自然界的韻律，情緒與四時配合，隨事物而表現合宜，讓人無法探知究竟。這樣的表現來自「八不」，就是參考凡人之「以認知為區分」的作為，然後用「不」來選擇正確的途徑。

　　儒家也有類似的做法。譬如，曾參反省的時候，就用三個「不」：「為人謀而不忠乎？與朋友交而不信乎？傳不習乎？」（《論語・學而》）；孔子稱讚顏淵的時候，說他：「不遷怒，不貳過。」（《論語・雍也》）；孔子兩度開導學生的話是：「己所不欲，勿施於人。」（《論語・顏淵》、《論語・衛靈公》）。都是用「不」、用「勿」，用反面的方式來描述正確的

途徑。

　　一般人局限於人間的價值觀，有各種「好、惡」，而真人超越這一切。我們強調過，道家的思想是「不以人為中心」。掌握這句話，就不難了解這裡所謂的古代真人了。

　　我們對真人的認識，有三個重點，值得重複一次。一，情緒不受干擾；二，生理狀態穩定；三，從容接受一切。下一章還會進一步對真人加以描述。但是在本章後半段，忽然提到「聖人」，聖人用兵如何；最後又總結八位有名的古人沒有達到這個標準。這後半段是怎麼說的？

【譯文】

　　所以，聖人指揮作戰時，能消滅敵國卻又不會失去人心；以恩澤加於後代萬世而不是因為偏愛世人。因此，快樂不與萬物相通的，不是聖人；有所偏愛的，不是仁者；等待時機的，不是賢人；無法明辨利害的，不是君子；為了名聲而失去自我的，不是讀書人；犧牲生命但失去本性的，不是可以治理別人的人。像狐不偕、務光、伯夷、叔齊、箕子、胥餘、紀他、申徒狄等，都是被別人驅使，讓別人安適，而不能使自己安適的人。

　　有些學者認為，從聖人開始的這一段是後人加進去的，因為它提及聖人如何用兵。聖人怎麼可以用兵呢？但不要忘記，《莊子》書中出現的「聖人」是與人間有所連結的。

　　在《老子》書中，聖人是悟道的統治者。他的統治者身分，在《莊子》書中有時還會出現。即使聖人指揮作戰，也與一般人完全不同。他消滅敵國卻不會失去人心，恩澤加於後代而不是因

為偏愛世人。這都是學「道」之後具體的作為。活在世間，總是要讓人們安頓，這個時候不得不用一些世俗的方法，以達成高尚的願望。

後面幾種描述也都扣緊世間的情況。譬如，聖人的快樂與萬物相通；仁者沒有偏愛；賢人不等待時機；君子能夠明辨利害；讀書人不會為了名聲而失去自我。治理別人，不能失去自己的本性。

最後提到八個人，我們簡單介紹一下。譬如，狐不偕是堯時的一位賢者，堯要把天下讓給他，他不接受而去自殺；務光看到商湯要把天下讓給他，他不接受也去自殺。紀他聽說商湯把天下讓給務光，他怕下一個輪到自己，也帶著學生去自殺；申徒狄：聽說紀他的事，也去跳河了。伯夷、叔齊兄弟在周武王革命成功之後，不食周粟而餓死。箕子與胥餘都是在商紂王時裝瘋被囚，倖免於難。

這八位古代名人，莊子認為他們都是被別人驅使，讓別人安適，而不能使自己安適的人。莊子肯定的是「自適其適」，自己要活得舒適，其他的不必多想。這未必代表自私自利，而是說：人首先要負責自己的人生。

生命是可貴的，珍惜它好好過完這一生，過得自在過得輕鬆一點，為什麼不可以？這八位賢者是儒家或其他學派所推崇的，但莊子並不認可。他認為人生總有其他的選擇。

61〈大宗師6・3〉
天與人可以相安無事

〈大宗師〉第三章。古之真人另外還表現了今天所謂的完美的情商。

本章開頭十二句話,用了十個否定詞與疑問詞,如「不、不得已、未可」,以及「似」等。這表示什麼?真人神妙莫測,好像這樣又好像那樣,這也是得自老子《道德經》的啟發。老子《道德經》第四章形容「道」的時候,正是使用類似的筆法:「似、或、似或、象」。要形容絕對的、超越的物件或境界,不可能用任何肯定的形容詞。你一肯定,就把它限制了;你用否定或疑似、懷疑的方式,反而讓人有想像的空間。

本章第一段繼續形容古之真人。第二段有一點突兀,也落在人間,就同上一章提到聖人類似。第三段簡單總結前面對古代真人的描述。以下分三段介紹。

6・3

古之真人,其狀義而不朋,若不足而不承;與（ㄩˋ）乎其堅而不觚（ㄍㄨ）也,張乎其虛而不華也;邴（ㄅㄧㄥˇ）邴乎其似喜乎,崔乎其不得已乎;滀（ㄔㄨˋ）乎進我色也,與乎止我德也;厲乎其似世乎,謷乎其未可制也;連乎其似好閉也,悗（ㄇㄢˇ）乎忘其言也。以刑為體,以禮為翼,以知為時,以德為循。以刑為體者,綽乎其殺（ㄕㄞˋ）也;以禮為翼者,所以行於世也;

以知為時者,不得已於事也;以德為循者,言其與有足者至於丘也,而人真以為勤行者也。故其好之也一,其弗好之也一。其一也一,其不一也一。其一與天為徒,其不一與人為徒,天與人不相勝也,是之謂真人。

【譯文】

　　古代的真人,神態高雅而不給人壓力,看來好像不夠卻又無所增益;有所堅持而沒有稜角,心胸開闊而不浮華;舒舒暢暢好像很高興,行事緊湊好像不得已;他的振作,鼓勵人上進;他的安頓,引導人順服;他的威嚴,好像泰然自若;他的豪邁,無法加以限制;他說話徐緩,好像喜歡隱藏;他心不在焉,忘了自己要說的話。

　　本段描寫共十二句話,其中有十個否定詞與疑問詞,由此顯示了完美的情商。神態高雅而不給人壓力,好像不夠卻又不能增加什麼;有所堅持但沒有稜角,心胸開闊而不浮華等。

　　真人是悟道的個人,上述描寫雖然高妙,但還不至於無法理解。不像前面所謂的神人與至人,水淹到天那麼高,火燒得寸草不生,他們都毫髮無傷並且無動於衷。現在,真人的作為在人間並非完全不可能學到的。

【譯文】

　　他以刑罰為身體,以禮儀為羽翼,以知識為時宜,以德行為順應。以刑罰為身體的人,對一切都明察秋毫;以禮儀為羽翼的人,藉此在世間行走;以知識為時宜的人,做事出於對不得已的

考慮；以德行為順應的人，是說他就像有腳的人都可以爬上小山丘一樣，而世人還真以為他是勤行不懈的人呢。

這裡提及四句話，談到刑罰、禮儀、知識、德行。乍看之下，這些好像不是道家會肯定的東西。但事實上，在老子《道德經》第 42 章的後半段，老子說：「『強梁者不得其死』，吾將以為教父。」意思是：「強悍的人沒有辦法得到善終」，我將以此做為施教的開始。老子施教，首先要提醒人們平安度日，珍惜生命，逞凶作惡將不得其死。那麼這裡說「以刑罰為身體」，要人小心謹慎，免於刑罰。這兩者不是可以連在一起嗎？

要注意避開刑罰，以免身體受到傷害。〈德充符〉有幾位獨腳的人，幸好他們受罰之後都悟道了，因而表現傑出。現在，莊子說「以刑罰為身體」同老子說「強梁者不得其死」，不是可以連在一起嗎？

其次，以禮儀為羽翼，是說翅膀使人在世間可以自由飛行，如果按照禮儀來行動的話，外表與別人都一樣，誰會找你麻煩？然後，以知識為時宜，是說你的知識要考慮是否不得已，是否恰到好處，該怎麼做就怎麼做。最後，以德行為順應，是說德行不是為了行善助人，而是為了大家都這樣做，我也這樣做。別人以為我是辛苦爬上山丘，事實上有腳的人慢慢走，都可以爬上山丘，我又不是有意的。

這四句話所講的內容，雖然聽起來同人間的作為差不多，這是因為莊子強調「外化而內不化」（〈知北遊 22・14〉）。從外表看起來，本來與人間就沒有差別。誰說學會了道家之後就會與人間格格不入？我們強調「不得已」三個字，就是：知道事情

該怎麼樣,然後順其自然。這裡需要對人情世故有深刻的洞察。

【譯文】

　　宇宙萬物,你喜歡它,它是合一的;你不喜歡它,它也是合一的。體驗到合一時,它是合一的;體驗到不合一時,它也是合一的。體驗到合一時,是指與自然相處;體驗到不合一時,是指與人群相處。自然與人不相衝突。能做到這一點的,就叫做真人。

　　結論是「天與人不相勝」。自然與人這兩者,不會誰勝過誰,既沒有也不必互相衝突。〈大宗師〉第一章開頭,莊子就說:「知天之所為,知人之所為者,至矣!」就是:知道自然的作為,又知道人的作為,這種人已經達到極致了。現在的結論是:自然與人不相衝突。能做到這一點的就是真人。
　　宇宙萬物,你喜歡它,它是合一的;你不喜歡它,它也是合一的。你又何必妄自分辨萬物之高低與貴賤呢?體驗到合一時,它是合一的;體驗到不合一時,它也是合一的。所謂體驗到合一,是說同自然相處,順其自然;體驗到不合一,是說同人群相處,人群的意見太多。任何地方的任何兩個人相處,都會有一些意見上的不同,或是欲望、利害的衝突,要多複雜就有多複雜。但不要忘記,所有的一切都在一個整體裡面。是否同意,是否體驗,那是個人的問題。所以,自然與人不相衝突,人與人也不相衝突。

62〈大宗師 6・4〉
妥善安排我生命的,也將妥善安排我的死亡

〈大宗師〉第四章。本章內容豐富,其中有些句子是莊子的招牌觀念,值得記下來。內容可分三段介紹。

6・4

死生,命也;其有夜旦之常,天也。人之有所不得與,皆物之情也。彼特以天為父,而身猶愛之,而況其卓乎!人特以有君為愈乎己,而身猶死之,而況其真乎?泉涸(ㄏㄜˊ),魚相與處於陸,相呴(ㄒㄩ)以濕,相濡以沫,不如相忘於江湖。與其譽堯而非桀也,不如兩忘而化其道。夫大塊載我以形,勞我以生,佚我以老,息我以死。故善吾生者,乃所以善吾死也。夫藏舟於壑,藏山於澤,謂之固矣!然而夜半有力者負之而走,昧者不知也!藏小大有宜,猶有所遯。若夫藏天下於天下而不得所遯,是恆物之大情也。特犯人之形而猶喜之。若人之形者,萬化而未始有極也,其為樂可勝計邪?故聖人將遊於物之所不得遯而皆存。善夭善老,善始善終,人猶效之,又況萬物之所係而一化之所待乎!

【譯文】

死與生,是命中注定的,就像黑夜與白晝一直在交替,是個自然現象。人對這些事情是無法干預的,而這正是萬物的實際狀

況。人們認為自然是給予自己生命的父親，而全心愛慕它，何況是對那卓然獨立的道呢？人們認為有國君勝過沒有國君，而捨身效忠他，何況是對那真實無比的道呢？泉水乾涸了，幾條魚一起困在陸地上，互相吹氣來溼潤對方，互相吐沫來潤澤對方，這實在不如在江湖中互相忘記對方。與其稱頌堯而批評桀，不如忘記兩者而一起融合於道之中。

泉水乾涸了，幾條魚怎麼辦？今天還在使用「以氣相呴濡」這句成語，大家互相鼓勵、互相安慰，舉辦各種活動，活得開心一點。但是，這實在不如魚在江湖裡互相忘記了對方。

在此第一次出現堯與桀的對照。《莊子》全書中，堯與桀的對照總共有八次，一正一反。莊子認為，何必一定要稱讚堯而批評桀？他們各有其時代背景及特殊狀況，還不如忘記這些。從永恆來看，各有各的因果；從無限來看，如何計較是非？當然，不能因此就說莊子不分是非，他的重點在於：人要把眼光放大放遠。

本章開頭提到死與生，人生頭等大事不就是生死問題嗎？但是死生無異於黑夜白晝之交替。有白天就有黑夜，有生就有死。但黑夜之後又有白天，而人死之後呢？將來還會再回來嗎？我們要先思考一下，現在是怎麼來的？以前有沒有生命？這個問題在經驗上缺乏實證，在理性上過於深奧，還是留待宗教界去探討吧。

莊子看到萬物有來有去，是命中注定的。「命」這個字出現了。後面強調人們愛戴自然界，因為自然界給予我們生命。在風和日麗的時候，感覺到自然界的美好，是給予我們生命的母親，莊子說是父親，意思是一樣的，那麼我們不是應該更加愛慕那做

為萬物來源與歸宿的道嗎？百姓認為，有國君很好，我們要效忠他。那麼，對於真實無比的道，不是更應該完全效忠，並努力去悟道嗎？一切都在道裡面，我們與其像幾條魚互相吐氣來苟延殘喘，實在不如相忘於江湖。然後對於堯與桀的是非又何必在意呢？

【譯文】

　　天地用形體讓我寄託，用生活讓我勞苦，用老年讓我安逸，用死亡讓我休息。所以，那妥善安排我生命的，也將妥善安排我的死亡。把小船藏在山谷裡，把山藏在大澤裡，可以說是牢固了。然而半夜有個大力士把它背走，糊塗的人還不知道呢！藏小物與藏大物即使各得其宜，還是會遺失。如果把天下藏在天下裡，使它無從遺失，那才是萬物恆存不變的真實情況。

　　前面四句話，概括了人的一生：「大塊載我以形，勞我以生，佚我以老，息我以死。」我們印象最深的是第二句「勞我以生」，用生活讓我勞苦。人的一生不是都在努力勞動工作嗎？到年老的時候，可以喘一口氣，安逸過日子。最後的死亡則是休息。這四句話值得記下來：載我以形，勞我以生，佚我以老，息我以死。

　　接著，「善吾生者，乃所以善吾死也」。這真是通透的道理。誰安排我出生的？道。它安排我出生，自然也會安排我的死亡。生死「之間」才是我可以把握的。怎麼把握？就是珍惜每一天，好好過日子。

　　底下那一段，我記得當學生的時候，方東美老師上課時多次

引用。老師上課就把原文念一遍,從不解釋。他念的是:「藏舟於壑,藏山於澤,謂之固矣!然而夜半有力者負之而走,昧者不知也!」什麼意思?把小船藏在山谷裡,這沒有問題;但是把山藏在大澤裡,這怎麼回事?我到了浙江的千島湖才明白這句話。千島湖就是一座座小山藏在湖裡面,誰找得到?《水滸傳》梁山泊的故事,也是類似的情況。一座山藏在大湖泊裡面是不容易找到的,但是要藏天下於天下,這才是重點。人間的一切就歸於人間,根本不需要有任何執著。沒有人可以真正占有任何東西。

【譯文】

　　如今偶然獲得人的形體,就很高興;像人這樣的形體,千變萬化而沒有窮盡,那麼快樂還能數得完嗎?所以聖人要遨遊於萬物都無從遺失的地方,而與萬物共存。對於能夠妥善安排少年、老年、開始、終結的人,人們都會效法他;何況是對於萬物賴以維繫、一切變化所憑藉的道呢?

　　要想學習聖人的遨遊,首先要明白生死是自然之事,那妥善安排你出生的,也會妥善安排你的死亡。你能把握的是生死之間的過程,不必執著任何有形可見的東西,要把天下藏於天下。一切來自於道,最後也回歸於道。因此聖人要遨遊於萬物都無從遺失的地方,而與萬物共存。萬物在什麼地方無從遺失?在「道」裡面。

　　事實上,萬物從來沒有離開過道,是人類自己畫下的界線,執著於要在人間如何生存、奮鬥、發展、成功,結果忘記了人間原本就在「道」裡面。

63〈大宗師 6・5〉

道是自己為本，自己為根的

〈大宗師〉第五章。本章描述莊子所了解的道。由內容可以證明莊子獲得老子的真傳。

本章分為兩部分：前面描寫道是什麼，道是什麼樣情況？後面有如古代的神話故事，描寫自然界與人如何在道中合作無間。獲得道的話，自然界如何，人的世界如何。

6・5

夫道，有情有信，無為無形；可傳而不可受，可得而不可見；自本自根，未有天地，自古以固存；神鬼神帝，生天生地；在太極之先而不為高，在六極之下而不為深，先天地生而不為久，長於上古而不為老。狶韋氏得之，以挈天地；伏戲得之，以襲氣母；維斗得之，終古不忒（ㄊㄜˋ）；日月得之，終古不息；堪坏（ㄆㄟˊ）得之，以襲崑崙；馮夷得之，以遊大川；肩吾得之，以處大（ㄊㄞˋ）山；黃帝得之，以登雲天；顓頊（ㄒㄩˋ）得之，以處玄宮；禺強得之，立乎北極；西王母得之，坐乎少廣，莫知其始，莫知其終；彭祖得之，上及有虞，下及五伯（ㄅㄚˋ）；傅說（ㄩㄝˋ）得之，以相武丁，奄有天下，乘東維，騎箕尾，而比於列星。

【譯文】

　　道：有真實有驗證，無作為無形跡；可以心傳而不可口授，可以體悟而不可看見；自己為本，自己為根，在沒有天地之前，自古以來一直存在；造就了鬼神，造就了上帝，產生了天，產生了地；在太極之上而不以為高，在六合之下而不以為深，先天地存在而不以為久，比上古年長而不以為老。

　　莊子在〈齊物論 2‧4〉說過真宰與真君。當時我們認為「真宰」是指道，就是真正的主宰，因為它提及「有情而無形」。

　　本章開頭就說「有情有信，無為無形」。兩相對照就證明前面說的「真宰」是指道；而「真君」是指在人的身上，應該做為君主來主導的，就是擁有認知能力的心。

　　道是「可傳而不可受，可得而不可見」；然後，它是「自本自根」：自己為本，自己為根。這四個字是關鍵。老子《道德經》第 25 章談到道的時候，說：「有物混成，先天地生。」人的感覺及認識所能掌握的，最大的、最早的領域，就是天地。道是「先天地生」。如果道在天地出現之前就已經存在，那麼請問：道是怎麼來的？答案是：道是「自因」的，它是自己的原因，因而也永遠存在。換言之，道是自己的原因，不可能有別的來源，因而它成為萬物的來源與歸宿。莊子真正了解道，說它是自本自根。

　　道在沒有天地以前一直存在著；它還造就了鬼神，造就了上帝。所謂的鬼神與上帝，是人類使用的名詞，也都可以推源於道。接著談到「太極」與「六極」。莊子書中使用好幾個與

「極」字有關的詞,另外還有「北極」、「西極」、「八極」、「天極」等,念到時再解說。這裡說的「太極」,與《易經‧繫辭傳》所說的「《易》有太極,是生兩儀……」並無關係。而「六極」是指「六合」上下四方。

接著,介紹了「道」概念之後,莊子談到自然界與人類在「道」的支持下,如何配合而顯示神奇作用。

【譯文】

狶韋氏得到它,用來統御天地;伏羲氏得到它,用來調和陰陽;北斗星得到它,永不改變方位;日月得到它,永不改變運行;堪坏(山神)得到它,用來盤距崑崙;馮夷(河神)得到它,用來遨遊大川;肩吾(山神)得到它,用來坐擁泰山;黃帝得到它,用來登上雲天;顓頊(玄帝)得到它,用來進駐玄宮;禺強(北海神)得到它,立足於北極;西王母得到它,坐鎮於少廣山,無人知其始終;彭祖得到它,上起有虞氏,下至五霸,活了八百年;傅說得到它,輔佐殷高宗統一天下,然後乘著東尾星,騎著箕尾星,躋身於眾星之列。

這裡提到十三段有關神明、自然界與古人,在得到「道」之後的表現,其中包含神話以及難以考察的傳說。與自然界或自然神有關的是:北斗星、日月、堪坏(山神)、馮夷(河神)、肩吾(山神)、禺強(北海神)、西王母(少廣山)。

與人類有關的,兩位是遠古的帝王:狶韋氏與伏羲氏。然後是黃帝與顓頊(位列五帝之中),最老的壽星彭祖,以及重要的宰相傅說。傅說原是平凡的百姓,受過牢獄之災,後來輔佐殷高

宗治理天下，最後躋身於眾星之列。

　　莊子彰顯了「道」之後，順手就列出自然界的七大現象與人類世界的六大人物，強調都是因為獲得了道，而完成其扮演的角色與應盡的任務。道家順其自然，無心而為。能夠無心，是因為覺悟了道就順其自然。

　　本章內容十分重要，除了說明莊子對「道」的完整認識，還介紹了古代神話的相關知識，如山神、河神、海神等。另外，談到伏羲氏調和陰陽。莊子將來會提及「《易》以道陰陽」。伏羲氏就是《易經》八卦的作者。

64〈大宗師6‧6〉
修道的七個步驟是什麼？

〈大宗師〉第六章。上一章莊子對道已經作了說明，並且進而描述自然界與古人獲得道之後的一些神奇表現。本章要接著問：一般人怎樣可以真正去修道、悟道？內容可分三段，談到：修道是怎麼回事？有哪些步驟？這個說法是怎麼來的？

6‧6

南伯子葵問乎女偊（ㄩˇ）曰：「子之年長矣，而色若孺子，何也？」曰：「吾聞道矣。」南伯子葵曰：「道可得學邪？」曰：「惡（ㄨ）！惡可！子非其人也。夫卜梁倚有聖人之才而無聖人之道，我有聖人之道而無聖人之才。吾欲以教之，庶幾其果為聖人乎！不然，以聖人之道告聖人之才，亦易矣。吾猶守而告之，參日而後能外天下；已外天下矣，吾又守之，七日而後能外物；已外物矣，吾又守之，九日而後能外生；已外生矣，而後能朝徹；朝徹，而後能見獨；見獨，而後能無古今；無古今，而後能入於不死不生。殺生者不死，生生者不生。其為物，無不將也，無不迎也，無不毀也，無不成也。其名為攖寧。攖寧也者，攖而後成者也。」南伯子葵曰：「子獨惡（ㄨ）乎聞之？」曰：「聞諸副墨之子，副墨之子聞諸洛誦之孫，洛誦之孫聞之瞻明，瞻明聞之聶許，聶許聞之需役，需役聞之於（ㄨ）

謳（又），於謳聞之玄冥，玄冥聞之參寥，參寥聞之疑始。」

【譯文】

南伯子葵問女偊說：「你年紀很大，面色卻像孩童一樣，這是什麼緣故呢？」女偊說：「我體悟了道。」南伯子葵說：「道可以學得會嗎？」女偊說：「不行，怎麼可以呢？你不是合適的人選。卜梁倚有聖人的才幹而沒有聖人的祕訣。我有聖人的祕訣而沒有聖人的才幹。我想教他，或許他可以真的成為聖人啊！即使做不到，把聖人的祕訣告訴有聖人才幹的人，也較為容易。我必須以具體持守的方式來告訴他。

本章是南伯子葵與女偊的對話。女偊「聞道」，但他承認自己有成為聖人的祕訣但才幹不足。即使如此，已經可以做到年紀雖大而「色若孺子」。由此可知：一，聖人是悟道者；二，要修成聖人，需要祕訣與才幹，缺一不可。女偊認為卜梁倚有才幹而無祕訣，於是決定教他。

下一段所說的七個步驟，就是修行祕訣。

【譯文】

持守三天之後，就能遺忘天下；已經遺忘天下了，我繼續持守，七天之後就能遺忘萬物；已經遺忘萬物了，我又繼續持守，九天以後就能遺忘生命；已經遺忘生命了，然後能夠透徹通達；透徹通達了，然後能夠看見一個整體；看見一個整體了，然後能夠沒有古今之分；沒有古今之分了，然後能夠進入不死不生的境

地。使生命死亡的力量,本身是不會死的;使生命產生的力量,本身是不會生的。道對於萬物沒有什麼不相送,沒有什麼不相迎,沒有什麼不毀壞,沒有什麼不成全。這又叫做『攖寧』。所謂攖寧,就是在一切變化紛擾中保持寧靜。」

修行有七個步驟,依順序來說:第一步,遺忘天下;第二步,遺忘萬物;第三步,遺忘生命。這前面三步需要時間,分別是三天、七天、九天。加起來共十九天。又見到了「十九」這個數字,表示時間確實不短,不會真的是十九天。以我的經驗,十九年能做到第一步「外天下」,就已經是曠世奇才了。

什麼是遺忘天下?天下指人間,「外」是遺忘、超越它。可以超越人間的價值觀,化解一切是非成敗。第二步,遺忘萬物。萬物是指自然界所有的一切。在超越了人間之後,還要超越萬物。第三步,遺忘生命。生命可貴,沒有生命的話,還要執著什麼?

前三步聽起來難如登天。其實第一步就不易做到了,怎麼可能遺忘天下?與你相關的親友、國人、天下人,各種親身經歷的事情,歷史傳統精彩的內容,怎麼可能遺忘?但這只是修道的第一步而已。

然後,第四步是關鍵。原文稱為「朝徹」,光明覺悟,有如早晨的陽光照亮一切。接著是第五步「見獨」,看到一個整體。「獨」字使人想到老子《道德經》第 25 章所說的「獨立而不改」,「獨」字,代表道是唯一的,是一個整體。

第六步:無古今,沒有古今之分,超越時間的限制。第七步:不死不生:超越生死,正如道之不死不生。使生命死亡的力

量,它本身是不會死的;使生命產生的力量,它本身是不會生的。如果自己也在死也在生,憑什麼使萬物生或死?道對於萬物既不相送,也不相迎。萬物該怎麼來,怎麼來;該怎麼去,怎麼去。道在一切變化中保持寧靜。

最後,南伯子葵問:「你怎麼知道這一切?」女偊如何回答呢?

【譯文】

南伯子葵問:「你又是從那兒得到體悟的?」女偊說:「我得之於副墨(書本)之子,副墨之子得之於洛誦(背誦)之孫;洛誦之孫得之於瞻明(見理明白);瞻明得之於聶許(聽理清楚);聶許得之於需役(具體實行);需役得之於於謳(詠唱歌謠);於謳得之於玄冥(悠遠寂靜);玄冥得之於參寥(浩渺空虛);參寥得之於疑始(似始非始)。」

這些詞不容易說得清楚。所要問的是:女偊是怎麼知道的?我們從源頭說起,最早的是似始非始:好像開始又不是開始,沒有人可以確定是什麼情況。第二步,浩渺空虛:空空蕩蕩的,什麼都抓不住。第三步是玄冥:金庸小說中的「玄冥二老」是反派高手,此詞出於《莊子》,代表悠遠寧靜。接著是詠唱歌謠:有如《詩經》所載的是各個諸侯國詠唱的歌謠,內容是長期流傳下來的,誰寫的不知道,什麼事也不清楚。然後才是具體實行:照著歌謠的內容去做,做久了之後成為日常生活的習慣。接著是聽理清楚:由聽覺可知一人是否聰明。然後要見理明白,明白其中道理。然後是背誦:我們比較熟悉的是背誦。最後一步才是書本

寫成的文字資料。

換言之，我們今天看到的書本資料，可以往前追溯八個步驟。如此可以知道人類的文化從何處開始。總之，本章重點在於修道的七個步驟：外天下，外物，外生，朝徹，見獨，無古今，不死不生。我們努力朝第一步努力吧。

我們常常提醒自己，第一步外天下，你可能一輩子也做不到，至少我是做不到。但至少了解之後慢慢努力，也許將來會有更深刻的心得。

65〈大宗師6・7〉
如何可以相視而笑，莫逆於心

〈大宗師〉第七章。本章開頭提到四個人，他們成為朋友，是因為有同樣的覺悟。接著談到其中兩人：一人生病，另一人去探望他。兩人對話內容是對覺悟的驗證。第三段是生病的人所作的各種假設，在這裡出現一個關鍵的概念「造物者」。以下分三段介紹。

6・7

子祀、子輿、子犁、子來四人相與語，曰：「孰能以無為首，以生為脊，以死為尻（ㄎㄠ）；孰知死生存亡之一體者，吾與之友矣！」四人相視而笑，莫逆於心，遂相與為友。俄而子輿有病，子祀往問之。曰：「偉哉，夫造物者將以予為此拘拘也。」曲僂發背，上有五管，頤隱於齊（ㄐㄧˇ），肩高於頂，句（ㄍㄡ）贅指天。陰陽之氣有沴（ㄉㄧˋ），其心閒而無事，跰（ㄅㄥˋ）𨇤（ㄒㄧㄢ）而鑑於井，曰：「嗟乎！夫造物者又將以予為此拘拘也。」子祀曰：「女惡（ㄨˋ）之乎？」曰：「亡（ㄨˊ），予何惡！浸假而化予之左臂以為雞，予因以求時夜；浸假而化予之右臂以為彈，予因以求鴞炙；浸假而化予之尻以為輪，以神為馬，予因以乘之，豈更駕哉！且夫得者，時也；失者，順也。安時而處順，哀樂不能入也，此古之所謂縣（ㄒㄩㄢˊ）解

也。而不能自解者，物有結之。且夫物不勝天久矣，吾又何惡焉！」

【譯文】

子祀、子輿、子犁、子來在一起談話，說：「誰能把『無』當作頭，把『生』當作脊樑，把『死』當作尾椎；誰能明白生死存亡是一個整體；這樣的人，我才要同他交往。」四個人相視而笑，內心契合，於是結為朋友。

朋友交往有條件，要求類似的水平。有四個人因為覺悟而成為朋友。覺悟什麼？就是明白人的生命根本上是怎麼回事。把「無」當作頭，是說所有的一切從「無」而來。譬如一百年前我們都不存在。我現在活著，要把「生」當作脊樑，脊椎從頭往下；把「死」當作尾椎，到尾椎就結束了。

生死存亡是一個整體，而不再是空間的或時間的概念。不涉及住什麼地方，地方多大，活了多久，今年幾歲。它是一個整體。所以對生死存亡要看得開，沒有喜不喜歡的問題，進而對人間的得失成敗也都看得開，知道一切都在「道」裡面。

交朋友確實困難。與一個人交往，觀念差太多就麻煩了，話不投機半句多。當然，也有可能酒逢知己千杯少，一定要喝酒嗎？不一定的。對人生有類似的體悟，像本章所說的四個人，不必說話，相視而笑，莫逆於心。

【譯文】

不久，子輿生病了，子祀前去探望。說：「偉大啊，造物者

竟然把你弄成這副蜷曲的樣子。」子輿彎腰駝背，五臟擠在背部，臉頰藏在肚臍下，雙肩高過頭頂，髮髻朝著天空，氣血錯亂不順。但是他心情悠閒而若無其事，蹣跚地走到井邊，照見自己的身影，說：「唉呀！造物者竟然要把我弄成這副蜷曲的樣子。」子祀說：「你討厭這副樣子嗎？」

人難免會生病，會衰老。現在生病的是子輿。一看他的情況，以為是〈人間世 4・14〉的支離疏來了。他五臟擠在背部，臉頰藏在肚臍下，雙肩高過頭頂，髮髻朝著天空。這幾句話簡直是支離疏的翻版。莊子描寫一個人身體殘缺的情況莫過於此。

這裡出現一個詞「造物者」。我年輕時學習西方哲學，知道「上帝」觀念：上帝創造世界，是造物者。第一次讀《莊子》的時候赫然發現，原來「造物者」三個字，是兩千多年前莊子用中文寫下來的。《莊子》書中使用了七次「造物者」，另有一次使用「造化者」。

更重要的是，在〈天下 33・8〉，描寫莊子的生命境界時，說他「上與造物者遊，而下與外死生無終始者為友。」他與誰同遊？造物者；造物者是誰？就是道。我們聽到「道」，會覺得很抽象，不容易把握。聽到「造物者」，就覺得比較清楚，是創造萬物的力量；並且用「者」字，有如「人」之具有位格，可以溝通、互動，甚至相視而笑，一起遨遊。

往下回到人間時，莊子與誰交往？與外死生無終始者，就是超脫生死、忘懷始終的人。這無異於本章所說的，把「無」當頭，把「生」當脊樑，把「死」當尾椎；明白生死存亡是一個整體。莊子自己就是這樣的人，他要找這樣的人做朋友，如果找不

到怎麼辦？先與造物者做伴吧。

一般聽到「造物者」一詞，會以為是翻譯，從英文的 Creator 翻譯過來的，大寫的 Creator 所指的是創造萬物的上帝。看到莊子筆下的「造物者」，不必把它想成創造世界的上帝，要把它想成：萬物從道而來，因此對萬物來說，道就是造物者。何必擔心會不會同西方類似？「造物者」是明確而純粹的中文。

人觀察萬物都在變化，然後想到應該有個造物者，這是十分自然的。「造物者」出現了，接著子祀就問子輿：「你的身體變成這般模樣，你會討厭這副蜷曲的樣子嗎？」子輿怎麼回答，這是下一段的內容。

【譯文】

　　子輿說：「不，我怎麼會討厭呢？假使把我的左臂變成公雞，我就用它來報曉；假使把我的右臂變成彈丸，我就用它來打鳥再烤了吃；假使把我的尾椎變成車，把我的心神變成馬，我就乘坐這輛馬車，難道還要找別的馬車嗎？再說，有所得，是靠時機；有所失，就要順應。安於時機並且順應變化，哀樂之情就不能進入心中。這就是古人所說的解除倒懸。那些不能自行解除的人，是被外物束縛住的。再說，外物不能勝過自然的造化，那是由來已久的啊，我又討厭什麼呢？」

　　這段話前面三個「假使」，是十分生動的比喻。每一個人都有不同的遭遇，所以要經常問：假使我是這樣那樣，該怎麼辦？左臂變成公雞，就用來報曉；右臂變成彈丸，就用來打鳥再烤了吃。意思是：不論情況如何，都可以順其自然，或逆來順受。

有所得,靠時機;有所失,要順應。然後就是莊子的名言:「安時而處順,哀樂不能入也。」這句話在〈養生主 3·5〉已經出現過。這裡進一步說明,如此可以做到古人所謂的「縣解」,解除倒懸。倒懸是把人倒掛起來。如果只知堅守人間的價值觀,難免陷於顛倒錯亂,好像一個人被倒掛著一樣。解除倒懸則可以頭上腳下昂然挺立,站在天地之間多麼自在。

　　結論是:外物不能勝過自然的造化。凡是有形體的東西,都不能免於變化的軌跡。生老病死是自然的也是必然的,對此又何必有好惡之情呢?

66〈大宗師6・8〉
造化有如熔爐，何必計較太多

〈大宗師〉第八章。上一章談過，有四個人結為朋友，抵達「相視而笑，莫逆於心」的境界。後來子輿生病，子祀去探望他，留下一段對話。本章說的是：子來生病，子犁去探望他，兩人之間的對話也同樣精彩。內容可分三段介紹。

6・8

俄而子來有病，喘喘然將死。其妻子環而泣之。子犁往問之，曰：「叱（彳ㄟ）！避！無怛（ㄉㄚˊ）化！」倚其戶與之語曰：「偉哉造化！又將奚以汝為？將奚以汝適？以汝為鼠肝乎？以汝為蟲臂乎？」子來曰：「父母於子，東西南北，唯命之從。陰陽於人，不翅於父母。彼近吾死而我不聽，我則悍矣，彼何罪焉？夫大塊載我以形，勞我以生，佚我以老，息我以死。故善吾生者，乃所以善吾死也。今大冶鑄金，金踊躍曰：『我且必為鏌鋣（一ㄝˊ），』大冶必以為不祥之金。今一犯人之形而曰：『人耳，人耳，』夫造化者必以為不祥之人。今一以天地為大爐，以造化為大冶，惡乎往而不可哉！」成然寐，蘧然覺。

【譯文】

不久，子來生病，呼吸急促好像快要死了，他的妻子兒女圍

在床邊哭泣。子犁前去探望,對他的家人說:「去!走開!不要驚動將要變化的人。」他倚在門邊對子來說:「偉大啊,造化的力量!又要把你變成什麼?把你送往何處?把你變成鼠肝嗎?把你變成蟲臂嗎?」

第一段描寫子來生病,情況嚴重,妻子兒女在旁邊哭泣。子犁前去探望,對子來的家人說:不要驚動將要「變化」的人。然後對子來說:造化的力量到底要把你變成什麼?是老鼠的肝?蟲的臂膀?這表示他們認為萬物都是氣的變化,因而所有的一切互相變化,你可以漫無限制地想像。子來如何回答呢?

【譯文】
　　子來說:「依父母與子女的關係,不論要子女去東西南北,他們都唯命是從。陰陽二氣與人的關係,無異於父母。它們要求我死,而我不聽從,那是我忤逆不孝,它們有什麼錯呢?天地用形體讓我寄託,用生活讓我勞苦,用老年讓我安逸,用死亡讓我休息。所以,那妥善安排我生命的,也將妥善安排我的死亡。

　　這裡把陰陽二氣當作像人的父母一樣。這種觀點可以推源於老子《道德經》第 42 章所說的「萬物負陰而抱陽,沖氣以為和。」因此,陰陽無異於萬物的父母,自然也是人的父母了。再往上推,則一切皆出於道。比較特別的是,「夫大塊載我以形⋯⋯」這整句話在〈大宗師 6・4〉已經見過。重複這句話,也顯示了莊子的重視。就其中的「勞我以生」來說,我想到馬克思(K.Marx,1818-1883)的一句話,他說:「體力勞動是防止一

切社會病毒之偉大的消毒劑。」每天做一些體力勞動，幹一些粗活，就可以防止社會上的各種病毒。依我的觀察，體力勞動使人更貼近生活，並且有益於健康。

　　「勞我以生」，說得有道理。天地用生活讓我勞苦，那真的是勞苦嗎？沒有這樣的勞累辛苦，活著做什麼？這反而會構成一個問題。很多人希望早一點退休，但是要問退休之後做什麼？工作雖然有壓力，但工作也是一個人發展潛能、實現自我的必要過程。當然，「佚我以老」，真正衰老時就過安逸的生活吧。接著又重說一次，「善吾生者，乃所以善吾死也。」這句話使人豁然開朗。最後的結語也畫龍點睛。

【譯文】

　　現在有個鐵匠在煉鐵，鐵塊跳起來說，『我一定要做鏌鋣劍』，鐵匠一定認為這是不吉祥的鐵。現在偶然獲得人的形體，就說：『我是人，我是人』，造化者一定會認為這是不吉祥的人。現在就以天地為大熔爐，以造化為大鐵匠，又有哪裡去不得呢！」子來說完話，悄無聲息地睡著，又清清爽爽地醒來。

　　子來說出他的「悟道」心聲。然後他睡著了，又清清爽爽地醒過來。這裡的鐵匠比喻非常生動。我們不都是鐵匠手中要冶煉的鐵塊嗎？鐵匠要把你打成一把什麼劍，是他的自由，鐵塊哪裡有選擇的餘地？我們如果執著於自己是「人」，是萬物之靈，那麼造化者會如何看待我們？在此，出現「造化者」一詞，意思與「造物者」類似。然後，「以天地為大爐，以造化為大冶。」這句話氣吞山河，又悟道深刻。

元人劉靜修寫了一首元曲，顯然受此啟發。

「茫茫大塊洪爐裡，何物不寒灰？古今多少，荒烟廢壘，老樹遺台。太行如礪，黃河如帶，等是塵埃。不須更嘆，花開花落，春去春來。」〈人月圓·茫茫大塊洪爐裡〉

「造化」要把人變成什麼，人只能接受，只能順從，然後把握自己有限的生命。但是人的認知能力沒有限制，可以由區分而避難，而啟明悟道。

67〈大宗師 6‧9〉
人與造物者如何成為朋友？

〈大宗師〉第九章。本章與下一章是個完整的故事。有三個人成為朋友，在莊子筆下要成為朋友，悟道是先決條件。這裡再度描寫如何可以相視而笑，莫逆於心。

三人年事已高，其中一人過世了。接著是第二段，孔子上場。孔子是儒家，向來關心別人，他派學生子貢去幫忙料理後事。結果子貢去了，發現另外兩位老先生照樣彈琴唱歌，他不能接受，回去請教孔子是怎麼回事。第三段是孔子發表的評論，這種評論顯然代表莊子的想法。

6‧9

子桑戶、孟子反、子琴張三人相與友，曰：「孰能相與於無相與，相為於無相為；孰能登天遊霧，撓挑無極，相忘以生，無所終窮？」三人相視而笑，莫逆於心，遂相與為友。莫然有間，而子桑戶死，未葬。孔子聞之，使子貢往待事焉。或編曲，或鼓琴，相和而歌曰：「嗟來桑戶乎！嗟來桑戶乎！而已反其真，而我猶為人猗（一）！」子貢趨而進曰：「敢問，臨尸而歌，禮乎？」二人相視而笑曰：「是惡知禮意！」子貢反，以告孔子，曰：「彼何人者邪？修行無有，而外其形骸，臨尸而歌，顏色不變，無以命之。彼何人者邪？」孔子曰：「彼遊方之外者也，而丘遊方之內者也。外內不相

及,而丘使女往弔之,丘則陋矣!彼方且與造物者為人,而遊乎天地之一氣。彼以生為附贅縣疣,以死為決疯(ㄏㄨㄢˋ)潰癰(ㄩㄥ)。夫若然者,又惡知死生先後之所在?假於異物,託於同體;忘其肝膽,遺其耳目;反覆終始,不知端倪;芒然彷徨乎塵垢之外,逍遙乎無為之業。彼又惡能憒(ㄎㄨㄟˋ)憒然為世俗之禮,以觀眾人之耳目哉!」

【譯文】

子桑戶、孟子反、子琴張三個人結交為友的時候,說:「誰能在不相交往中互相交往,在不相幫助中互相幫助?誰能登上青天在雲霧裡遨遊,在無極之境迴旋;忘記了生命,沒有窮盡終結?」三個人相視而笑,內心契合,於是結交為友。平靜過了一段日子,子桑戶死了,尚未下葬。

在本章結為朋友的三人,他們的共同覺悟是什麼?一,在不相交往中互相交往;都是悟道的人,彼此默契十足,心靈從未分開。二,在不相幫助中互相幫助;在道之中有如手足,甚至同為一體,助人即是自助。三,自在遨遊而忘記了生命。這裡使用「無極」一詞,是描寫無窮止的境界。然而天年亦有終期,子桑戶死了。

下一段接著上場的是孔子,他為什麼特別關心子桑戶的後事?原因是《論語・雍也》有「仲弓問子桑伯子」章。孔子評論子桑伯子的作風是「簡」。子桑戶可能就是他。因此孔子才會派子貢去幫忙。

大宗師 第六 343

【譯文】

　　孔子聽到這個消息，就派子貢去幫忙處理喪事。孟子反與子琴張二人，一個編竹簾，一個敲著琴，一起唱著歌說：「唉呀，桑戶啊！唉呀，桑戶啊！你已回歸真實，而我還是人啊！」子貢上前說：「請問對著屍體唱歌，合乎禮嗎？」這兩個人相視而笑，說：「你哪裡知道禮的意思？」子貢回去後，把所見所聞報告孔子，並且說：「他們是什麼樣的人呢？不用禮儀來修養德行，而把形體表現置之度外，對著屍體唱歌，臉色絲毫不變。真是沒法描述。他們是什麼樣的人呢？」

　　子貢奉命前往協助處理喪事，但是他看到了什麼？孟子反與子琴張居然對著子桑戶的屍體唱歌，所唱的是：「你已回歸真實，而我還是人啊！」原文用「反其真」三字，以人死為回歸真實，因為「道」是唯一的究竟真實。人死不是回歸於道嗎？如此一來，人生成為回歸真實的過程。此時子貢上前請教：「你們對著屍體唱歌，好像不合乎禮吧？」二老就說：「你哪裡知道禮的意思？」
　　魏晉時代的竹林七賢學到了這一點，聲稱：「禮」怎麼是為我輩來設的？你們儒家去守禮，我們是既瀟灑又超越的。子貢回去後請教孔子，孔子怎麼回答呢？

【譯文】

　　孔子說：「他們是遨遊於世俗之外的人；我是遨遊於世俗之內的人。外與內是不相干的，我還派你去弔喪，是我太淺陋了！他們正在與造物者作伴，遨遊於天地大氣之中。他們把生看成多

餘的贅瘤,把死看成膿瘡潰破一樣。像這樣的人,又怎麼知道生死好壞的區別呢?在他們看來,生命只是假借不同的物質,寄託在同一個身體上。忘記在內的肝膽,也排除在外的耳目;生命的開始與結束是反覆相接的,不知道什麼是真正的頭緒。自在地徘徊於塵世之外,並逍遙於無事之始。他們又怎麼能慌亂地遵行世俗的禮儀,表演給眾人觀看呢!」

孔子的回答完全是莊子的意思。這裡分辨兩種人:遊方之外與遊方之內。這三位老人是遨遊於世俗之外的人,孔子則是遊方之內的人。我們多次提及道家是「不以人為中心」,正可在此找到例證。儒家是以人為中心,在人間努力改善社會。道家不以人為中心,體驗天地無限寬廣,進而與造物者作伴,遨遊於大氣之中,享受生命的每一刻。

在莊子看來,生是多餘的贅瘤,死是膿瘡潰破。似乎活在世間很辛苦,死了反而是解脫。他以「假於異物,託於同體」來描寫人生:生命只是假借不同的物質,寄託在同一個身體上。譬如你吃什麼,喝什麼,過什麼樣的生活,有什麼樣的觀念;這些都是偶爾在你身上出現的,何必那麼在意?要忘記在內的肝與膽,也排除在外的耳與目。

比較難解的是「反覆終始,不知端倪」:生命的開始與結束是反覆相接的,不知道什麼是真正的頭緒。這句話有些像其他宗教所說的輪迴。莊子不是宗教家,他對此沒有多作說明。他只是把萬物當作一個整體,在整體裡面所有的一切呈現為循環式的變化。

最後再度出現「逍遙」一詞。「逍遙於無事之始」,正是遊

方之外的表現。

　　本章突顯了儒家與道家的明顯分辨。在莊子眼中，人的情感，未必要按照世俗所規定的禮儀來表現。事實上，莊子並不反對外化，但內不化才是重點。本章對內不化已經做了生動的示範。

68〈大宗師 6・10〉
魚可以相忘於江湖，人呢？

〈大宗師〉第十章。上一章有三位老人家相視而笑，莫逆於心。其中一位過世了，孔子很熱心，就派學生子貢去幫助安排喪事。子貢去了之後，發現兩位老人家對著屍體唱歌，他認為這樣不合乎禮，結果他們並不在乎他的看法。

子貢回來向孔子報告，孔子說：他們是遊方之外，我們是遊方之內。一個是世俗之外，一個是世俗之內。道家是不以人為中心，而儒家是以人為中心。所以外內之分，算是相當合適的。

本章子貢繼續請教，孔子作了扼要的總結。以下分兩段介紹。

6・10

子貢曰：「然則夫子何方之依？」孔子曰：「丘，天之戮民也。雖然，吾與汝共之。」子貢曰：「敢問其方？」孔子曰：「魚相造乎水，人相造乎道。相造乎水者，穿池而養給；相造乎道者，無事而生定。故曰：魚相忘乎江湖，人相忘乎道術。」子貢曰：「敢問畸（ㄐㄧ）人？」曰：「畸人者，畸於人而侔於天。故曰：天之小人，人之君子；人之君子，天之小人也。」

先看第一段。

【譯文】

　　子貢說:「那麼,老師要歸向哪一邊呢?」孔子說:「我啊,是自然所懲罰的人。雖然如此,我要與你共同努力。」子貢說:「請問有什麼方法?」孔子說:「魚在水中相處合適,人在道中相處合適。在水中相處合適的,在池塘中游動就供養充足了;在道中相處合適的,閒居無事就性情安定了。所以說,魚在江湖中可以互相忘記,人在道術中可以互相忘記。」

　　孔子承認自己是遊方之內的人,在世間努力奮鬥。他又說自己是「天之戮民」,是自然所懲罰的人。〈德充符5‧4〉記載叔山無趾去請教孔子,對孔子的回答甚為不滿時,說他是「天刑之」,是受自然所懲罰的。但是,接著孔子好像有所覺悟,說出一段精彩的回答。

　　他用魚與人做為對照。以魚來說,魚在水中相處合適,小魚在池塘裡游來游去就供養充足了,牠不需要長江大海;以人來說,人在道中相處合適,活在世間沒有什麼地方會構成障礙,然後呢?「無事而生定」,閒居無事就性情安定了。

　　很多人就怕閒居無事,譬如忽然失業了,老了退休了,最近沒什麼事,反而變得緊張焦躁。事實上,就算你現在很忙,每天做很多事,在社會上扮演重要角色,成就很大的功業,你還是要羨慕這種性情安定的表現。不管有沒有事,能不能性情安定才是重點。

　　一般人,閒居無事會覺得無聊,總要找一些事讓自己忙碌。卻不知道這正是性情安定的機會,這是需要練習的。結論是,魚在江湖裡面可以互相忘記對方,正如〈大宗師6‧4〉所說的,

泉水乾涸了，幾條魚困處在陸地上，相呴以濕，相濡以沫，不如相忘於江湖。魚可以「相忘乎江湖」，人就要「相忘乎道術」。什麼是道術？「道」是萬物的來源與歸宿，所有的一切都在「道」裡面。「術」代表應用。「道術」二字，代表道及道的應用或運作。

譬如，你現在什麼年紀、在什麼地方、做什麼事，這些是道的運作。你可以順著生命的自然狀態，在道術裡面與別人互相忘記。別人是老闆或年紀大的前輩；別人是老師、朋友或雇員，或是在任何地方偶爾遇見的人，都可以互相忘記。何必計較誰是誰？道與道的應用，包含了所有的一切，連在變化的東西也在內。人與人互相忘記，當然是理想的狀態。

這一大段都是重言。莊子為什麼喜歡借重孔子？因為孔子聽到別人有所質疑，會立即反省與當下覺悟。進而說出他的道理。當然，所說的都是莊子想要表達的思想。最後，子貢提出一個小問題。

【譯文】

子貢說：「請問什麼是畸人？」孔子說：「畸人，是異於眾人而合於自然者。所以說，自然之小人，正是眾人之君子；眾人之君子，正是自然之小人。」

畸人是與一般人不同的人。子貢大概聽了「遊方之外」，就想這樣的人與一般人不同，很奇特，到底是什麼樣的狀況？孔子回答說：「合於自然，但與眾人不同的，就是畸人。」然後加了一句做為本章結論：「天之小人，人之君子；人之君子，天之小

人也。」這兩句話次序相反而意思重複。目的是要強調：人間所謂的君子，其實是自然（天）所謂的小人。因為君子依循人的價值觀，追求世間的成就，而背離了人的自然狀態，因此，在人間稱為君子的，已經失去其自然狀態，而成為自然之小人。

69〈大宗師 6・11〉
喜怒哀樂實在要看淡

〈大宗師〉第十一章。本章上場的是孔子與顏回。上一章談到「魚相忘乎江湖，人相忘乎道術」，真正做到忘，對於人間的各種價值觀就不會斤斤計較了。現在，孔子與顏回談起一位魯國人孟孫才，他的守喪受到大家的稱讚。顏回感到好奇，內容可分三段。

首先，顏回請教孔子說，孟孫才這個人的作為很特別，但魯國人都認為他善於處喪。其次，孔子回答說，孟孫才了不起，他所做到的就是我們一再強調的「外化而內不化」。最後，孔子特別指出，孟孫才的做法是一般人不了解的。人活在世間，往往處在做夢的情況，大夢未醒。

6・11

顏回問仲尼曰：「孟孫才，其母死，哭泣無涕，中心不戚，居喪不哀。無是三者，以善處喪蓋魯國。固有無其實而得其名者乎？回壹怪之。」仲尼曰：「夫孟孫氏盡之矣，進於知矣。唯簡之而不得，夫已有所簡矣。孟孫氏不知所以生，不知所以死；不知就先，不知就後。若化為物，以待其所不知之化已乎。且方將化，惡知不化哉？方將不化，惡知已化哉？吾特與汝，其夢未始覺者邪！且彼有駭形而無損心，有旦宅而無情死。孟孫氏特覺人哭亦哭，是自其所以乃。且也相與吾之耳矣，庸詎

知吾所謂吾之乎?且汝夢為鳥而厲乎天,夢為魚而沒於淵。不識今之言者,其覺者乎?其夢者乎?造適不及笑,獻笑不及排,安排而去化,乃入於寥天一。」

【譯文】

顏回問孔子說:「孟孫才的母親過世了,他哭泣時不落淚,心中不憂戚,居喪不哀痛。沒有這三點,卻以善於處喪在全魯國聞名。難道真有這種無實而有名的人嗎?我覺得很奇怪!」

孟孫才在母親過世後,看起來並不孝順,所謂「哭泣不流淚,心中不憂傷,居喪不哀痛」。結果,全魯國的人都認為他善於處喪,就是喪事辦得很好。但顏回認為他是有名無實。

為什麼會有這種情況?應該是孟孫才長期以來都事母至孝,早已得到孝子之名。一般人評價孝順,不可能只是看一個人辦喪事期間的表現。一定會聯想起他一向以來如何盡心盡力奉養母親。母親過世之後,他也按照規矩做好該做的事。但是,顏回從外表看他好像沒有流淚痛哭、憂傷哀戚,就以為他是一個有名而無實的人。

【譯文】

孔子說:「孟孫才做到了居喪的極致了,他比知道如何居喪的人更深一層。他的特點是分辨生死而無所得,但已經依循世俗而有所分辨了。孟孫才不知道生是為了什麼,不知道死是為了什麼;不知道生與死是孰先孰後。他以順應變化為原則,等待他所不知道的變化出現而已。再說,現在即將變化,怎麼知道不變化

的是什麼?現在未曾變化,怎麼知道已變化的是什麼?我與你都是做夢而未曾醒過來的人啊!

孔子稱讚孟孫才,因為他做到了「外化而內不化」。

什麼是外化?別人怎麼居喪辦喪事,他也照規矩來。什麼是內不化?母親在世時,他盡力孝順;母親過世後,他順著內心自然的情感,做該做的事,但不會刻意做給別人看。一切由內而發,以真誠為主。

孟孫才以順應變化為原則,隨遇而安,因時制宜,不去分辨生是為了什麼,死是為了什麼。只是等待他所不知道的變化出現。一切都在變化中。你怎麼知道什麼是變,什麼是不變;現在不變的,將來也會變。在時間的過程裡面,沒有人搞得清楚,可能大家都在做夢吧。

這一段已經使用了「再說」(且),下一段還會使用三次「再說」。

【譯文】

再說,孟孫才以為有軀殼的更換而沒有心神的減損,有形體的轉化而沒有真正的死亡。他只是覺得別人哭他也要哭,所以就這麼表現出來了。再說,人們互相稱呼自己為『我』,但怎麼知道我所說的我是什麼呢?再說,你夢為鳥就飛上高天,夢為魚就沉入深淵。不知道正在談話的我們,是清醒的,還是在做夢?人們在忽然適意時,是來不及笑的;一旦笑了,是來不及安排的;接受安排而順應變化,就會進入空虛自然的整體中。」

前面第一個「再說」，提醒我們既然不明白變化是怎麼回事，那麼就有可能是在夢中尚未醒來。現在，第二個「再說」，指出孟孫才以為「沒有真正的死亡」，而只有形體的轉化，所以跟著別人哭，可以；但不必真正悲傷。第三個「再說」，指出每一個人都稱自己為「我」，但有誰知道自己所說的「我」是什麼。第四個「再說」，又回到了做夢。做夢的時候，夢到鳥就飛上高天，夢到魚就沉入深淵。人在現實生活中，處於複雜的人際關係與工作環境中，不是很像夢境的變化嗎？誰能把握真正的自己呢？

　　孟孫才的作為就是別人哭他也哭，他並沒有說「我」要刻意如何，而是順著世間的方式去做。這是外化。但在內心裡面有自己的覺悟，知道沒有所謂的「我」，一切都在「道」裡面，不必計較是魚還是鳥，不用分辨是你還是我。至於「內不化」，就是我外表順應世間，但內心不受任何干擾。

　　結論十分生動。一個人忽然適意的時候，是來不及笑的。人間的喜怒哀樂，往往是被動的或不得已的，最好順其自然。譬如在《儒林外史》，一開頭就是「范進中舉」的故事。范進中舉之後，有笑嗎？他好像發瘋了，又哭又笑。太高興的時候根本來不及笑，一旦笑了，是來不及安排的。接受安排而順應變化，就會進入空虛自然的整體中，「入於寥天一」。「寥」是空虛，「天」是自然，「一」是整體。

　　本章內容豐富有趣。莊子藉孔子之口，說出他對孟孫才的評價，驗證了在〈知北遊 22・14〉才會出現的「外化而內不化」一語。

70〈大宗師6‧12〉
以道為師，心胸自然寬大

〈大宗師〉第十二章。本章內容是：意而子先向堯請教，後向堯的老師許由請教。許由知道堯這個人間帝王所能教的是仁義是非，因此想要拒絕意而子。但意而子相信藉著許由的啟發，說不定「造物者」會再給他一次機會。內容可分三段介紹。

6‧12

意而子見許由，許由曰：「堯何以資汝？」意而子曰：「堯謂我：汝必躬服仁義而明言是非。」許由曰：「而奚來為軹（ㄓˇ）？夫堯既已黥（ㄑㄧㄥˊ）汝以仁義，而劓（ㄧˋ）汝以是非矣，汝將何以遊夫遙蕩恣（ㄘ）睢（ㄙㄨㄟ）轉徙之塗乎？」意而子曰：「雖然，吾願遊於其藩。」許由曰：「不然。夫盲者無以與乎眉目顏色之好，瞽者無以與乎青黃黼（ㄈㄨˇ）黻（ㄈㄨˊ）之觀。」意而子曰：「夫無莊之失其美，據梁之失其力，黃帝之亡其知，皆在鑪捶之間耳。庸詎知夫造物者之不息我黥而補我劓，使我乘成以隨先生邪？」許由曰：「噫！未可知也。我為汝言其大略：吾師乎！吾師乎！整（ㄐㄧ）萬物而不為義，澤及萬世而不為仁，長於上古而不為老，覆載天地、刻彫眾形而不為巧。此所遊已。」

【譯文】

　　意而子去見許由，許由說：「堯教給你什麼？」意而子說：「堯對我說：『你一定要實行仁義，並且明辨是非。』」許由說：「你還來這裡做什麼？堯既然已經用仁義在你臉上刺青，又用是非割去你的鼻子，你又怎麼能夠遨遊於縱散、放任、變化多端的大路上呢？」意而子說：「雖然如此，我還是想要在它的邊緣遨遊。」許由說：「辦不到的。盲人無從欣賞眉目容顏之美好，瞎子無從欣賞彩色錦繡的華麗。」

　　意而子好學，並且向堯學習。堯是有名的國君，教導意而子兩點，要實行仁義以及明辨是非。在人間行走，確實不可忽略這兩點。但意而子想要進一步學習「道」，就去請教許由。許由認為一個人學會了人間的價值觀（如仁義是非），就好像身體受刑，殘缺不全，很難再回復自然的完整狀態。瞎子怎能看到彩色呢？意而子並不死心，繼續請求開導。

【譯文】

　　意而子說：「無莊不顧自己的美貌，據梁放棄自己的力氣，黃帝忘記自己的知識，他們三個人都是經過鍛鍊才成功的。怎麼知道造物者不會消除我臉上的刺青，修補我被割去的鼻子，讓我恢復完整之身，來追隨先生呢？」

　　老師聽到學生這麼說，如何忍心拒絕呢？
　　意而子提出三個由殘缺再恢復完整的例子，說明自己求道的真心。三個例子包括：無莊不顧自己的美貌，據梁放棄自己的力

氣,黃帝忘記自己的知識。美貌、力氣與知識是世人所看重的,以這三者為價值,則是中了人間的毒害,有如受刑而殘缺。現在三人回歸正途,可以悟道,那麼我意而子不是也有希望了嗎?這段話有理有據,說得中肯,其中提及「造物者」,顯示了對道的信念。這裡也提及無莊,她是莊子筆下的四位美女之一。

造物者是「道」之生動的代名詞。道安排一切,但人的「德」是認知能力,這種能力可以由區分提升到避難,再提升到啟明,也即是悟道。事在人為,意而子是莊子筆下好學生的典型。許由因而為他敘述了「道」,也正是本篇〈大宗師〉的核心觀念。

【譯文】

許由說:「喔!這也無法確知。我為你講個大概吧:我的老師啊!我的老師啊!它毀壞萬物而不算是暴戾,澤被萬代而不算是仁慈,生於上古而不算是年老,覆天載地、雕塑眾生而不算是巧藝。這就是所要遨遊的境地。」

許由用四句話描寫「道」。一,毀壞萬物:有生之物會病會死,無生之物會壞會空。二,澤被萬代:使萬物生生不息,從過去到現在,再到未來。但是上述兩點,既不是暴戾也不是仁慈。暴戾與仁慈是人類狹隘而短暫的眼光所做的判斷。這兩點可以推源於老子《道德經》第5章的「天地不仁,以萬物為芻狗。」天地在此可以代表道的表現,超越了仁慈與暴戾。換言之,當你歌頌「道」使萬物生生不息時,別忘了也是「道」使萬物死死不止。「道」的作為超越了人的價值觀。

第三句是：生於上古而不算是年老。道是永恆的，沒有什麼年老的問題。第四句是：覆天載地、雕塑眾生而不算是巧藝。自然界的一切可說是鬼斧神工，超越人的想像力。

　　本章最後對「道」這位大宗師的描寫，將來還會出現類似的筆法。常有人問：儒家的「道」與道家的「道」有何不同？差別之大可在此處見之。

71〈大宗師6・13〉
忘記也是需要修練的

〈大宗師〉第十三章。本章所借重的古人是孔子與其高足顏回。顏回在修行過程中，不斷進步，也即是不斷忘記。「忘」字在莊子思想中的重要性清楚展示。孔子是儒家，教導學生禮樂與仁義。顏回的修行共有三個層次：忘仁義，忘禮樂，坐忘。這是怎麼回事？內容可分三段介紹。

6・13

顏回曰：「回益矣。」仲尼曰：「何謂也？」曰：「回忘仁義矣。」曰：「可矣，猶未也。」他日，復見，曰：「回益矣。」曰：「何謂也？」曰：「回忘禮樂矣。」曰：「可矣，猶未也。」他日，復見，曰：「回益矣。」曰：「何謂也？」曰：「回坐忘矣。」仲尼蹴然曰：「何謂坐忘？」顏回曰：「墮肢體，黜聰明，離形去知，同於大通，此謂坐忘。」仲尼曰：「同則無好也，化則無常也。而果其賢乎！丘也請從而後也。」

【譯文】

顏回說：「我有進步了。」孔子說：「怎麼說呢？」顏回說：「我忘記仁義了。」孔子說：「不錯了，但還不夠好。」過了幾日，顏回又去見孔子，說：「我有進步了。」孔子說：「怎麼說呢？」顏回說：「我忘記禮樂了。」孔子說：「不錯了，但

大宗師 第六 359

還不夠好。」

　　顏回的修行，到了忘記仁義與禮樂的層次，孔子居然予以肯定。這明顯是莊子藉孔子來宣揚道家的思想。

　　有些學者認為忘記的順序有問題。要忘記，應該先忘記禮樂再忘記仁義，因為仁義與人的天性比較接近，而禮樂是後天學來的。事實上，顏回先忘記仁義再忘記禮樂，也有一番道理。

　　仁義確實出於人的天性，但其條件是「真誠」，才可由內而發。而禮樂是後天學來的，要配合各種規矩與形式。現在請問：哪一種更容易忘記？在世間與別人來往，比較容易忘記的，是出於內心真誠情感的仁義，還是禮樂等外在的規矩與形式？在我看來，人更容易忘記真誠的情感，以致忽略了仁義，但是照樣可以遵行世間的禮樂規範。

　　以孔子的學說為例，他最擔心的是「禮壞樂崩」。意思是說：禮樂的形式還在，但已失去了實質，就是失去了內在真誠的情感。由此可見，人是先忘記真誠的情感，但表面上照樣行禮如儀、作樂如常，維持外在的形式而內心早就失去真誠的情感了。所以，先忘記什麼？應該是仁義。接著才忘記禮樂。這個順序沒有錯。在此要補充說明一點：顏回的「忘」是指「超越」而言，代表莊子的修行次序。這與本文所謂「不真誠而忘仁義」是兩回事。換言之，顏回之忘仁義與忘禮樂，與真不真誠、記不記得無關，而是專就「超越」而言。由此可以接到更高的「坐忘」層次。

【譯文】

過了幾日，顏回又去見孔子，說：「我有進步了。」孔子說：「怎麼說呢？」顏回說：「可以坐忘了。」孔子驚訝地問：「什麼是坐忘？」顏回說：「擺脫肢體，除去聰明；離開形骸，消解知識，同化於萬物相通的境界，這樣就叫坐忘。」孔子說：「能同，就沒有什麼偏私；能化，就沒有什麼執著。你真是了不起啊！我也希望隨你一起努力。」

這段話突顯了孔子的特色。他自己好學不倦，同時也默許了「弟子不必不如師」。顏回是傑出的弟子，在《論語·述而》，孔子對顏回說：「有人任用，就發揮抱負；沒人任用，就安靜修行，只有我與你可以做到吧！」孔子比顏回年長三十歲，他把顏回抬高到與自己同樣的水平。顏回不是一般的學生，他的領悟力特別高；而孔子也不是一般的老師，發現學生有所覺悟，立即說：「我也希望隨你一起努力。」顏回最後所覺悟的是「坐忘」，就是「擺脫肢體，除去聰明；離開形骸，消解知識。」這兩句話意思相同，正是〈齊物論 2·1〉開頭所說的「形如槁木，心如死灰」。肢體與形骸就是我的身體，我要擺脫它，讓它像槁木一樣；而聰明與知識就是我的心智，我要消解它，讓它像死灰一樣。修養的方法就是如此，放空身與心。由此可以聯想到〈人間世 4·5〉所謂的心齋。身與心都空虛了，放開了，然後才會展現所謂的精神。「同於大通」，同化於萬物相通的境界，就是精神與道互相呼應。

孔子接著總結一句結論，他說：「能同，就沒有什麼偏私；能化，就沒有什麼執著。」活在世間，沒有偏私也沒有執著，這

是何等境界。原文還使用「無常」一詞，意思並非佛教所謂的一切都不可靠，而是「沒有執著」。

莊子談修養，有兩個重要的觀念，就是「心齋」與「坐忘」。兩者都與虛擬的顏回有關。談到「心齋」，顏回的覺悟是「未始有回」，根本不曾有我顏回的存在。他的認知能力已經到了啟明的境界。談到「坐忘」，顏回可以「同於大通」，同化於萬物相通的境界。做到心齋與坐忘的，就是真人了。

72〈大宗師6‧14〉
所有的遭遇都是命

〈大宗師〉第十四章。本章以一則簡短的寓言故事總結了〈大宗師〉。大宗師就是「道」，而人在「道」裡面所有的遭遇可以稱為命。命到底好不好，又該如何去看它？子輿與子桑是悟道之友，可以相視而笑，莫逆於心。遇到老、病、死這些人生大事時，他們要印證心得，就會以對話來溝通。內容可分兩段介紹。

6‧14

子輿與子桑友，而霖雨十日，子輿曰：「子桑殆病矣！」裹飯而往食（ㄙˋ）之。至子桑之門，則若歌若哭，鼓琴曰：「父邪！母邪！天乎！人乎！」有不任其聲而趨舉其詩焉。子輿入，曰：「子之歌詩，何故若是？」曰：「吾思夫使我至此極者而弗得也。父母豈欲吾貧哉？天無私覆，地無私載，天地豈私貧我哉？求其為之者而不得也。然而至此極者，命也夫！」

【譯文】

子輿與子桑是朋友，接連下了十天大雨，子輿說：「子桑恐怕要餓得生病了。」於是帶飯去給他。子輿到了子桑家門口，聽到像唱歌又像哭泣的聲音，彈著琴唱道：「父親啊！母親啊！天啊！人啊！」聲音有氣無力，急促地唱出這些詩句。

悟道之人有所覺悟，彼此深有默契，但是在現實生活中，還是有各自的處境，如窮達順逆。子桑家境貧窮，接連下了十天大雨，眼看就要斷炊了。子輿是道友，但也明白窮人的苦難，就帶飯去給子桑。到了子桑家門口，聽到裡面傳出有氣無力的歌聲，唱的是：「父親啊！母親啊！天啊！人啊！」

所謂「窮則呼天，痛則呼父母」，人在走投無路的時候，會想到求天幫忙。上天生下了我，為什麼讓我走投無路呢？這是自然的反應。病痛則呼父母，人在生病或受傷時，就會呼求父母，好像回到孩子的時候，摔一跤也會希望父母來照顧安慰。

子桑的聲音透著哀怨，悟道的人在呼求「父親！母親！天啊！人啊！」聽起來有點奇怪。子輿在門外聽了，大概覺得這是同我一樣悟道的朋友，怎麼現在有這樣的反應？他感到好奇。

【譯文】

子輿走進屋內，說：「你唱詩句，為什麼這個樣子？」子桑說：「我在想是誰讓我落到了這個地步。但想不出來。父母親難道會希望我貧困嗎？天無私地覆蓋一切，地無私地承載一切，天地難道會單單讓我貧困嗎？我想找出是誰該負責，但找不到。那麼，我落到這個地步，就當它是命吧！」

本章至此結束。一個人在世間遇到困難阻礙，碰上生死關頭的時候，都會想：我怎麼走到這個地步？是誰讓我陷入這種困境的？但是，有答案嗎？

首先，父母不可能對我不好，總是希望我一生平安快樂，但他們有自己的各種問題與挑戰，能夠照顧好自己就不錯了。其

次,天與地是覆蓋一切及承載一切的,它們會特別對付我,讓我貧困嗎?也不會啊!所以,誰該負責?子桑說他找不到。事實上,回顧自己這一生,許多事情都是要自己負責的。如果推想各種原因,說是誰害我;那就要問,誰為什麼特別要害我呢?一定與我也有某種關係。因此,談到人間各種複雜的狀況時,要分辨兩點:一,分辨具體的原因,是誰造成這個情況?二,分辨為什麼我與這個情況有關係。譬如,你是平民百姓,遇到了戰爭,怎麼辦?孔子教學生「危邦不入,亂邦不居。」(《論語‧泰伯》)

東晉的陶淵明(365-427)寫了《桃花源記》,描述一群百姓為了躲避秦朝的暴政而逃入桃花源的故事。但能夠如此幸運的人萬中一二而已。許多麻煩事碰上了就碰上了,不能說完全由誰負責,天下沒有完全由誰負責的事。一件事就算發生在你身上,你與別人都受到委屈,你們的態度也可以不一樣。有些人受委屈之後,只知道整天抱怨;有些人受委屈之後,會想一想怎麼回事,學到一點教訓,至少不要再重蹈覆轍,改善自己立身處世的原則與方法,將來可以過得比較愉快自在。當然,最好是學習「道家」的智慧。

莊子說過「安時而處順,哀樂不能入」,在別人看來是絕境,走投無路了,快餓死了。對悟道的人來說,則不是問題,「善吾生者,乃所以善吾死也」。類似的觀念會一再出現。

領悟莊子的思想,活在世間變得更簡單也更輕鬆。人在「道」裡面相處合適的話,「無事而生定」,閒居無事就性情安定了。

應帝王 第七

▌要旨

　　人不能脫離世間而生活,那麼應該採取什麼態度呢?莊子的立場是無心而為與用心若鏡。「無心而為」是指:順物自然而無容私焉,任何作為都不必懷有刻意的目的。若非如此,連看相算命的人都可以眩惑我們。「用心若鏡」則可以勝物而不傷。這是兩不相傷,天人相洽。渾沌之喻提醒人守住本性與稟賦,便可一切具足。

73〈應帝王 7・1〉

是馬是牛是人,有什麼差別?

我們進入到《莊子》第七篇〈應帝王〉。本篇提醒我們,莊子不是出世或避世的態度,他希望展示的是:人在精神上可以達到自由逍遙的境界,但還是要認真看待現實人生。莊子是「頭冷心熱」的人,頭腦冷靜,見理明白,但關心世人,願意分享自己的心得。

本篇第一章如下。

7・1

齧缺問於王倪,四問而四不知。齧缺因躍而大喜,行以告蒲衣子。蒲衣子曰:「而乃今知之乎?有虞氏不及泰氏。有虞氏其猶藏仁以要人;亦得人矣,而未始出於非人。泰氏其臥徐徐,其覺于于;一以己為馬,一以己為牛。其知情信,其德甚真,而未始入於非人。」

【譯文】

齧缺向王倪請教,四次發問,四次的回答都是不知道。齧缺因此高興得跳了起來,前去告訴蒲衣子。蒲衣子說:「你現在知道了吧?有虞氏比不上泰氏。有虞氏還存著仁義之念,想藉此收服人心;他也確實得到了人心,但未曾脫離那失去人性的狀態。泰氏安穩地睡去,懵懂地醒來;隨別人稱自己為馬,隨別人稱自己為牛。他的知識確實可靠,他的天賦十分真實。並且未曾陷入

那失去人性的狀態。」

〈齊物論〉有一章是齧缺請教王倪的，在解說時，我提及「四問四不知」，出處就在本章。這幾位人物的關係是：堯的老師是許由，許由的老師是齧缺，齧缺的老師是王倪，王倪的老師是被衣，被衣又稱蒲衣子。

齧缺請教王倪，四問四不知。齧缺很高興，就前去向師祖蒲衣子報告。「四問四不知」的內容出現於〈齊物論 2·12〉。事實上，王倪並不是真的什麼都不知道，他知道人與其他生物對於住得舒服的地方、美味可口的食物、美麗漂亮的色彩，是各有各的選擇的。其他生物並非完全無知，但人類的知比較特別，有區分之知，並且可以進一步發展。其他生物的知都與本能有關。王倪最後還對神人作了生動的描述。

本章齧缺向蒲衣子報告後，蒲衣子說的回應才是重點。他比較了兩位古人。一是有虞氏，就是舜；二是泰氏，就是伏羲氏。這兩個人年代相距甚遠。舜是在堯之後的天子；伏羲氏是創作《易經》八卦的祖先，後面才出現神農氏與黃帝。

依蒲衣子所見，舜與伏羲氏有何不同？他以為舜是有心而為，總是強調仁義，想要收服人心。但問題在於：他從來沒有脫離那失去人性的狀態。意思是：仁義是人性多出來的東西；強調仁義，就是先認定人的本性與稟賦是不完美、不理想的。那不是要脫離人性的自然狀態嗎？因此，舜基本上一直處在失去人性的狀態。

相對於此，伏羲氏安穩地睡去，懵懂地醒來，代表他的生活沒有什麼明確的目的，也沒有什麼偉大的任務，如收服人心等

等。他不在意別人稱他為馬或稱他為牛。伏羲氏的知識可靠，天賦真實。所謂知識可靠，是指他的認知能力並沒有局限於區分；所謂天賦真實，是說他依然守住本來的天性。也就是說，他從來沒有失去人性的狀態。舜是「未始出於非人」，從來沒有離開過非人的狀態；伏羲氏是「未始入於非人」，從來沒有陷入到失去人性的狀態。

悟道是一個門檻，經由心齋與坐忘而覺悟。如果沒有悟道，就只能在人間打轉，無法擺脫人的價值觀，如本章所批評的舜。他教導仁義，是認為人性不夠完美。所以一講仁義，就是失去了人性的自然狀態。

伏羲氏不一樣，別人稱他為馬、為牛、為人都沒關係，完全不去區分，不去分辨；他所認知的是整體，由悟道而啟明。結果呢？他從來沒有失去過人性的自然狀態。

在解說老子的「無為」時，我們指出無為是「無心而為」。這裡可以作個對照：舜是有心而為，伏羲氏是無心而為。莊子說「有虞氏不及泰氏」，其理至明。

74〈應帝王 7・2〉
像鳥像鼠,人也會避開災害

〈應帝王〉第二章。本章是肩吾與接輿的對話。他們二人應是舊識,〈逍遙遊〉有一章(1・9)提及肩吾聽接輿描述「神人」,覺得難以置信,於是向連叔請教,結果被連叔奚落一頓。現在,接輿問肩吾有關中始對他說的話,然後予以批評。由此看來,肩吾喜歡學習,經常向人請教;接輿(名字前加楚狂或狂)接近悟道水平;而對肩吾說話的中始就是一般念書人了。

內容可分兩段介紹。

7・2

> 肩吾見狂接輿。狂接輿曰:「日中始何以語女?」肩吾曰:「告我:君人者以己出經式義,庶人孰敢不聽而化諸?」狂接輿曰:「是欺德也。其於治天下也,猶涉海鑿河而使蚊負山也。夫聖人之治也,治外乎?正而後行,確乎能其事者而已矣。且鳥高飛以避矰(ㄗㄥ)弋之害,鼷鼠深穴乎神丘之下以避熏鑿之患,而曾二蟲之無知?」

【譯文】

肩吾去見狂人接輿。狂人接輿說:「那一天中始對你說了些什麼?」肩吾說:「他告訴我:做國君的,只要自己制定禮儀法規並照著實行,老百姓誰敢不聽從歸化呢?」

我說接輿「接近悟道水平」，因為他在〈人間世 4·15〉關心過孔子，說「鳳兮鳳兮，何德之衰」，現在又關心肩吾，想知道中始對他說了些什麼。他一方面可以描述神人境界，同時又放不下人間之事。

本章中始說的是「如何治理百姓」。古代關於政治，原則很簡單，就是上行下效。國君制定禮儀法規，並照著去做，百姓跟著做就對了。接輿聽了大表不滿，提出一種接近無為而治的辦法。

【譯文】

接輿說：「這是扭曲人的自然之性啊！以這種方式治理天下，就像越過大海去開鑿一條河，或者讓蚊子背負一座山。聖人治理時，要由外在來約束人嗎？他是先求端正自己，然後再行動，不干涉有能力的人發揮才幹而已啊。再說，鳥會高飛以躲避羅網弓箭的傷害，鼴鼠會在層層山丘下深掘洞穴，以躲避煙熏挖鑿的禍患，難道你不知道這兩種動物的做法嗎？」

接輿直接批評中始，說他制定各種規範來教導百姓，其實是扭曲人的自然之性。中始認為自然之性有問題，所以要百姓學習正確的生活方式。人們沒學好怎麼辦？就加以懲罰；學好的，可能是做做樣子來避開災難而已，那不是弄得很複雜嗎？所以他以兩句誇張的比喻來描寫這種事倍功半、甚至毫無希望的作為。

第一句是「越過大海去開鑿一條河」，大海的水已經一望無際了，還要越過它去開一條河，不是多此一舉，完全不合理嗎？第二句是「讓蚊子背負一座山」，這樣的比喻讓人聽了頭昏，因

為太過頭了。

說到比喻,儒家較有節制。《孟子‧梁惠王上》談到「不為」與「不能」,孟子說:「有些事情是你可以做但不去做;有些事情是你真正做不到,就像在手臂底下夾住泰山跳過北海。」聽到「挾太山以超北海」,會以為是神仙故事,但是再怎麼誇張的神仙故事,碰到莊子都要讓位。

莊子說:「讓蚊子背負一座山。」這讓人無法想像,就是拍電影也只能用畫的。莊子用這麼怪異的比喻說明什麼?說明你制定各種規矩來教導百姓,依此來統治人民,根本是莫名其妙。接著出現「聖人之治」一詞。莊子筆下的聖人有二義:一是負面的,所指為儒家、墨家推崇的世間君王;二是正面的,兼具悟道及治人雙重作用。這裡說的是後者。

聖人怎麼做?要做到兩點。首先要端正自己。這一點與儒家並無不同。自己走上正道,才去要求別人。〈人間世〉的顏回、葉公與顏闔,他們去勸導國君或太子的時候,都要先端正自己。這是為政之道,各個學派的看法都相似。其次,還有第二點:不干涉有能力的人發揮才幹。

後續的《莊子》「外篇」會多次提到:在上要無為,在下要有為。上無為而下有為。聖人知人善任,然後不干涉各級官員去發揮能力。

換言之,聖人先端正自己,然後讓有才幹的人去負責該做的事。這樣不就搞定了嗎?接著以鳥與鼠做比喻。鳥會高飛以避開弓箭羅網,鼴鼠會藏在洞穴底下,避開煙熏挖鑿的禍患。人比鳥與鼠聰明百倍,自然會尋找自己的生存之道。哪裡有麻煩與危險,他就會避開,大家相安無事,又何必刻意教導他怎麼過日子?

老子《道德經》第3章說：「不尚賢，使民不爭；不貴難得之貨，使民不為盜；不見可欲，使民心不亂。」連續三句話提醒統治階級不要去區分這個可貴、那個難得、什麼是珍寶。從老子到莊子，確實有其一貫的思想。

75〈應帝王7‧3〉
心思安靜，天下也會太平

〈應帝王〉第三章。本章虛擬兩個人的對話，一是天根（天的根源）；一是無名人（沒有名字的人）。這兩個虛擬的人所談的是如何治理天下。無名人代表老師，天根向他請教。內容可分兩段來看。

7‧3

天根遊於殷陽，至蓼（ㄌㄧㄠˇ）水之上，適遭無名人而問焉，曰：「請問為天下。」無名人曰：「去！汝鄙人也，何問之不豫也？予方將與造物者為人，厭，則又乘夫莽眇（ㄇㄧㄠˇ）之鳥，以出六極之外，而遊無何有之鄉，以處壙垠（ㄌㄤˋ）之野。汝又何帛（ㄧˋ）以治天下感予之心為？」又復問。無名人曰：「汝遊心於淡，合氣於漠，順物自然而無容私焉，而天下治矣。」

【譯文】

天根去殷山南面遊玩，走到蓼水岸邊，剛好碰見無名人，就問他說：「請教你治理天下的方法。」無名人說：「走開！你真是鄙陋的人啊，怎麼會提出這麼不愉快的問題呢？我正要與造物者作伴同遊，滿意了之後，再乘著虛無飄渺的鳥，飛出天地四方之外，遨遊於無何有之鄉，處在廣闊無邊的原野中。你又何必用治理天下這種事來擾亂我的心思呢？」

天根可能是人間的統治者,所以見到無名人就請教如何治理天下。

無名人連名字都不讓人知道,怎麼會在乎人間的價值判斷。關於「如何治理天下的方法」無名人不是不關心,也不是沒見解,只是他完全不贊成人間君王「有心而為」的想法與做法。因此他先斥責天根是鄙陋的人,然後描寫自己「正要與造物者作伴同遊」。這句話使我們想到〈天下 33·8〉所說的莊子「上與造物者遊」一語。因此,無名人不正是莊子本人嗎?「造物者」一詞是指「道」。只要悟道,自可逍遙。逍遙於「六極之外,無何有之鄉」等等。你想,他會在乎「治天下」這樣的瑣事嗎?

【譯文】

天根又再問了一次,無名人說:「你讓心思安靜下來,讓精神無動於衷,然後順著萬物本來的樣子,不去妄自作為,這樣天下就治理好了。」

這裡值得注意的是:天根又再問了一次。無名人本來不願意談這些問題,但天根再問的話,他還是會回答的。莊子頭冷心熱,畢竟關心人間。看到眾人的困境,人間充斥複雜的恩怨情仇,莊子如何忍心不提供一點建議呢?

宗教家也有類似的心態。耶穌說過:「敲門,就給你們開。」有誠意去追尋、去探討,就可以得到答案。儒家更是如此,孔子說:從十五歲以上的人,我是沒有不教導的。「自行束脩以上,吾未嘗無誨焉」(《論語·述而》)

無名人怎麼回答呢?要治天下,先修養自己。修養自己做到

應帝王 第七 375

四句話，天下就治理好了。前兩句是「遊心於淡，合氣於漠」。「心」是心思，表現為認知能力；「氣」指具體的身體。這兩句話合而觀之，有「形如槁木，心如死灰」的意味，如「淡、漠」二字之所指。但思考方向已經由消極轉為積極，以「遊心、合氣」取代了「死灰、槁木」。

必須稍作說明的是「氣」字。此字有廣狹二義。廣義是指宇宙萬物都是氣的變化，如〈知北遊 22・2〉所謂「通天下一氣耳」；〈人間世 4・5〉所謂的「聽之以氣」即用此義。「氣」的狹義是指有形可見的身體，人在修行時，可以使身體成為槁木，也可以使身體消解欲望與衝動，成為「合氣於漠」。另外兩句是「順物自然而無容私焉」。前兩句修練自己的身心，後面兩句就要「順著萬物本來的樣子，不去妄自作為」。「物」包括「人」在內，因此君王要隨順百姓本來的情況，不要師心自用、刻意有所作為。然後天下就這麼治理好了。這是換個方式說明「無為而治」。

人的世界需要合作才可生存發展，合作需要有統治者以及廣大的百姓。首先要問，統治的目標是什麼？是讓大家平安愉快；統治的方法呢？是無心而為，君主的修行做到這四句話，治天下水到渠成。

76〈應帝王 7・4〉
明王治理的祕訣

〈應帝王〉第四章。本章是陽子居請教老聃有關「明王」的情況。「明王」是指有智慧的君王。

老聃回答時，先說聖人，再說明王。聖人與明王有何關係？〈天下 33・2〉一開頭談及「內聖外王之道」，「內聖」側重悟道，「外王」側重治理。老子《道德經》的「聖人」一詞專指悟道的統治者。本章老聃的說法或有上述根據。內容可分兩段說明。

7・4

陽子居見老聃，曰：「有人於此，嚮疾彊（ㄑㄧㄤˊ）梁，物徹疏明，學道不倦。如是者，可比明王乎？」老聃曰：「是於聖人也，胥易技係，勞形怵心者也。且也虎豹之文來田，猨狙之便（ㄆㄧㄢˊ）來藉。如是者，可比明王乎？」陽子居蹴然曰：「敢問明王之治。」老聃曰：「明王之治：功蓋天下而似不自己，化貸萬物而民弗恃；有莫舉名，使物自喜；立乎不測，而遊於無有者也。」

【譯文】

陽子居去見老聃，說：「如果有一個人，行事敏捷果斷，辨理透徹明達，學道孜孜不倦。這樣的人可以與明王相比嗎？」老

應帝王 第七 377

聃說:「與聖人比起來,這種人是知識上沒有定見、肢體上受到束縛,落得形體勞累、心神不安罷了。再說,虎豹因為身上的花紋,招來了獵人;猿猴因為行動的敏捷,被人套上繩索。像這樣的人,能與明王相比嗎?」

陽子居應該是老聃的學生,在「雜篇」的〈寓言27‧6〉中,有他再度請教老聃的一章。《莊子》書中,一個人向老聃請教兩次,是引人注意的。陽子居可以代表一般人,他認為如果有人具備三項條件,或許可以同「明王」相比了。哪三項條件呢?一,行事敏捷果斷;二,辨理透徹明達;三,學道孜孜不倦。的確,一個人兼具能力、明智與德行,那麼他來治理百姓,應該可以成為「明王」。然而老聃認為,這樣的人在世間也許有用,就像虎豹與猿猴可以被人利用一樣,但是離聖人實在太遠了。他們「勞累形體、心神不安」,自己都無法自在,如何同聖人相比?

【譯文】

陽子居臉色尷尬,說:「請問明王是怎樣治理的?」老聃說:「明王治理時,功勞廣被天下,卻好像與自己無關;教化普施萬物,而百姓不覺得有所依賴;擁有一切但不能描述,使萬物可以自得而喜;立足於神妙不測的地位,遨遊於虛空無有之境。」

聖人側重內在修為,超越了世間的有用考量;明王則負責治理天下,他的作為有如道之對待萬物,神妙極了。事實上,悟道的人都有類似道的表現:一,功勞廣被天下,卻好像與他無關;

百姓本來就是如此，何必刻意有為？二，教化普施萬物，百姓不覺得有所依賴。這種描述符合老子《道德經》第 10 章所謂的聖人「生而不有，為而不恃，長而不宰」（生養萬物而不據為己有，作育萬物而不仗恃己力，引導萬物而不加以控制）。這裡所說的「萬物」，包括人類在內，而所指尤其是人類。接著說「有莫舉名，使物自喜」，百姓可以自得而喜，那不是治理的上策嗎？

至於明王本人，則與神人、至人一樣，遨遊於虛空無有之境。原文是「遊於無有者也」。請留意「無有」二字，要化解萬物的存在。因為道家的最高智慧是〈齊物論 2・8〉所說的：要明白「未始有物」。如此方可逍遙。

77〈應帝王 7・5〉
算命看相都有局限

〈應帝王〉第五章。本章與下一章構成了一篇完整的短篇小說，出場的有三個角色。第一位是學生列子，也就是列御寇。《莊子》的第 32 篇取名為〈列御寇〉。他在《莊子》書中上場多次，他本人是古代鄭國的思想家，在此稱為列子。

第二位是列子的老師壺子，是虛構的人物。第三位是鄭國的神巫季咸。

列子年輕時跟著壺子學習。他有一天上街，看到季咸給人算命看相，準確如神，立刻心生崇拜，回去向老師報告。老師對他說：「你請這個算命的季咸來給我看相！」前後看相四次。

本章先介紹前面兩次看相的事。莊子提醒我們：領導者治理天下，必須不露行跡，讓別人從外表無法判斷你的心思。老子《道德經》第 36 章說：魚不可以離開深淵，國家的有力武器不可以向人炫耀。

看相的人為什麼厲害？因為你表現出喜怒哀樂的情緒，他從你的肢體動作、臉上表情，可以看出你內心在想什麼。季咸的本事當然不只如此，但壺子更是深不可測。

7・5

鄭有神巫曰季咸，知人之死生、存亡、禍福、壽夭，期以歲月旬日若神。鄭人見之，皆棄而走。列子見之而心醉，歸，以告壺子，曰：「始吾以夫子之道為至矣，則

又有至焉者矣。」壺子曰：「吾與汝既其文，未既其實，而固得道與？眾雌而無雄，而又奚卵焉？而以道與世亢，必信，夫故使人得而相汝。嘗試與來，以予示之。」明日，列子與之見壺子。出而謂列子曰：「嘻！子之先生死矣，弗活矣，不以旬數矣！吾見怪焉，見溼灰焉。」列子入，泣涕沾襟以告壺子。壺子曰：「鄉（ㄒ一ㄤˋ）吾示之以地文，萌乎不震不止，是殆見吾杜德機也。嘗又與來。」明日，又與之見壺子。出而謂列子曰：「幸矣，子之先生遇我也。有瘳（ㄔㄡ）矣，全然有生矣，吾見其杜權矣。」列子入，以告壺子。壺子曰：「鄉吾示之以天壤，名實不入，而機發於踵。是殆見吾善者機也。嘗又與來。」

【譯文】

鄭國有一位神巫，名叫季咸；他能測知人的死生、存亡、禍福、壽夭，卜算出年月日，準確如神。鄭國人看到他，都紛紛走避。列子見到他，卻很崇拜。回去告訴他的老師壺子說：「原先我以為老師的道術最高深了，現在又看到更了不起的。」壺子說：「我教過你表面的虛文，還沒有談到真實的部分，你就以為自己明白道了嗎？全都是雌鳥而沒有雄鳥，又怎麼會產卵呢？你用表面的虛文與世人周旋，一定會想要凸顯自己，這樣就讓人有機會算出你的命運。你試著請這位季咸來，替我看看相。」

列子在壺子門下學習，上街看到季咸，驚為天人，回來向老師報告，並且明說季咸的道術勝過老師。壺子的「道」包括理論

（文）與實踐（實）兩部分。只知理論而未能實踐，有如水面浮萍，隨風而動，根本尚未悟道，又如何能判斷誰高誰低？

接著壺子說了一個比喻。都是雌鳥而沒有雄鳥，又怎麼會產卵呢？「雌」代表接受，接受經文的部分，背誦很多文本。譬如一個人熟讀《黃帝內經》，但不曾替人診治，他怎麼會有真正的心得呢？雄鳥代表具體實踐。很多人學了虛文，就急著賣弄知識。沒有真正的心得，容易讓人看透底細。老師於是叫列子去把看相的人找來，給老師看看相，等於是高手要過招了。

【譯文】

第二天，列子帶著季咸來見壺子。見過面出去後，季咸對列子說：「唉呀！你的先生快要死了，活不了了，不會超過十天！我看他神色有異，呼吸像溼灰一般沉重。」列子進入屋內，哭得眼淚沾溼了衣襟，把這個消息告訴壺子。壺子說：「剛才我顯示給他看的是地象，是不動不止的陰靜狀態。他大概是看到我閉塞住自得的生機了。再請他來看看。」

壺子與季咸第一次見面。原來壺子可以控制外表的神色，讓季咸看到自己主動選擇要展示的狀態。他首先閉塞住自得的生機（杜德機），顯示出不動不止而只是苟延殘喘的「陰而靜」的狀態。季咸依此判斷壺子將死，並告訴了列子。讓人感動的一幕出現了。「列子入，泣涕沾襟以告壺子」。上一次看到類似的「涕泣沾襟」是在〈齊物論 2 · 14〉描寫麗姬離開父母被帶往晉宮之時。原來學生對老師也會有這麼深的感情。

【譯文】

　　隔一天，列子又帶季咸來了。季咸見了壺子後，出去對列子說：「真是幸運，你的先生正好遇到我。有救了，全然有生氣了，我看見他閉塞的生機開始活動了。」列子進屋把這個消息告訴壺子。壺子說：「剛才我顯示給他看的是天地相通之象，名與實都不存於心，一線生機從腳跟發出。他大概是看到我生機發動了。再請他來看看。」

　　壺子這一次顯示的是「善者機」（生機發動的樣子），由地象往上升，可以天地相通，恢復生機了。季咸這時居然歸功於自己。這是算命看相者的話術。人若生病，對症下藥就痊癒；人若看相，昨天將死而今天好轉，是什麼緣故？一是相士弄錯了，二是壺子太高明。壺子在後續兩次見面還會顯示本領。

　　在此值得補充一點。當壺子顯示「善者機」時：名與實都不存於心，一線生機從腳跟出發。原文說「名實不入，而機發於踵」，收斂心思，不受外在的一切（如名與利）所干擾；然後「機發於踵」一語，可以對照〈大宗師 6‧1〉的「真人之息以踵」（真人的呼吸直達腳跟）。看來壺子已至真人境界。

78〈應帝王 7・6〉
虛與委蛇是順應的極致

〈應帝王〉第六章。本章繼續上一章壺子與季咸過招的故事。前兩次見面,壺子先顯示「地象」,季咸以為他快死了,讓列子哭得很傷心;第二次顯示「天地相通」之象,一線生機出現了。季咸為此誇口:「幸好遇到我。」好像他可以讓人起死回生似的。莊子很清楚相士的各種招數。

本章要介紹他們的後兩次見面。最後則是列子的覺悟。

7・6

明日,又與之見壺子。出而謂列子曰:「子之先生不齊,吾無得而相焉。試齊,且復相之。」列子入,以告壺子。壺子曰:「鄉吾示之以太沖莫勝,是殆見吾衡氣機也。鯢(ㄋㄧˊ)桓之審為淵,止水之審為淵,流水之審為淵。淵有九名,此處三焉。嘗又與來。」明日,又與之見壺子。立未定,自失而走。壺子曰:「追之。」列子追之不及。反,以報壺子曰:「已滅矣,已失矣,吾弗及已。」壺子曰:「鄉吾示之以未始出吾宗。吾與之虛而委(ㄨㄟ)蛇(ㄧˊ),不知其誰何,因以為弟靡,因以為波流,故逃也。」然後列子自以為未始學而歸。三年不出,為其妻爨,食豕如食人,於事無與親。雕琢復朴(ㄆㄛˋ),塊然獨以其形立。紛而封哉,一以是終。

【譯文】

　　第二天,列子又帶季咸來,季咸見了壺子後,出去對列子說:「你的先生動靜不定,我無法為他看相。等他平靜下來,我再看吧。」列子進屋把這句話轉告壺子。壺子說:「剛才我顯示給他看的是太虛無跡之象,他大概是看到我神情平衡的生機了。鯨魚盤旋之處形成深淵,止水之處形成深淵,流水之處形成深淵。深淵有九種情況,我在此顯示了三種。再請他來看看。」

　　壺子的功力很高,他這一次顯示的是「衡氣機」(神情平衡的生機),把深淵的九種情況顯示出三種。「淵」是深不可測;從外表看是「太虛無跡之相」,完全沒有任何痕跡。季咸進來一看,壺子好像動靜不定,一下是鯨魚盤旋,一下是止水之處,一下又變成流水之處。我們可以想像電影的畫面:厚厚的雲層,顏色由淺入深,隨著風雲變幻,讓人不知如何判斷天氣。季咸無計可施,只好託辭下次再來。

【譯文】

　　隔一天,兩人又來見壺子。季咸還未站定,就慌忙逃走了。壺子說:「快去追他。」列子追出去,已經來不及了。他回來報告壺子,說:「不見蹤影了,不知去向了,我追不到他。」壺子說:「剛才我顯示給他看的是完全不離本源的狀態,我以空虛之心隨順他,使他不知我究竟是誰,一下以為我順風而倒,一下以為我隨波逐流,所以立刻逃走了。」

　　季咸第四次來為壺子看相,結果迅速奪門而出,跑得不見蹤

影。壺子這一次顯示的是「完全不離本源的狀態」（未始出吾宗）。念莊子，看到「未始」二字要提高警覺，像「未始有物」、「未始有回」，都是悟道之言。現在壺子使出了絕招，季咸當然落荒而逃。原文出現一個詞「虛而委蛇」，「委蛇」的讀音值得留意。《莊子》書中「委蛇」二字出現八次，由此可知其重要性。現在使用的成語是「虛與委蛇」，就是我與別人來往的時候，順著他的意思說一些門面話。今天的用意不太好，但莊子的用法是正面的。虛而委蛇是說：我放空自己，他怎麼說怎麼做，我都順著他，不去唱反調，讓他覺得開心。

事實上，「委蛇」二字，最早出現於《詩經・召南・羔羊》「退食自公，委蛇委蛇」。是描寫一個公務員從朝廷下班，回家吃飯，「委蛇委蛇」就是從容隨順的樣子。莊子用了八次「委蛇」，其中六次是一樣的意思：從容隨順，與別人沒有矛盾衝突。在道家看來，我何必與外在的世界或任何人發生衝突呢？至少在言語上不必。〈齊物論〉要人停止爭論；〈德充符〉要人順物自然。這些都是類似的觀點。

總結以上四次會面，壺子依序顯示了「杜德機」、「善者機」、「衡氣機」，以及無法用「機」來表述的「未始出吾宗」。那麼，做為學生的列子有沒有什麼覺悟呢？

【譯文】

經過這次事件，列子才明白自己什麼也沒學會，就告辭回家，三年不外出。幫助妻子燒火做飯，餵豬像是侍候人一樣。對於世間的事物毫不在意，拋棄雕琢而回歸樸素，超然獨立於塵世之外，在紛擾的人間守住本性，終身如此。

結局算是正面的。列子的修練也有一定的成就。一般提及道家，會說三位代表人物，就是老子、莊子與列子。事實上，列子的年代早於莊子，但著作散失。現存《列子》一書為晉人張湛所編。

經過這件事，列子「自以為未始學而歸」，回家過日子，要從生活中實踐所學。他怎麼做呢？三年不外出，幫助妻子燒火做飯，餵豬像是侍候人一樣。大概是：準備飼料，配合豬的口味；隨時注意豬的需求。換言之，他化解了人與其他生物之間的「區別」，一切都在道裡面，人與萬物是相通的。莊子可以夢為蝴蝶，列子可以與豬平等。讓一切回歸樸素的狀態，超然獨立於塵世之外。他體現了「不以人為中心」的祕訣。

79〈應帝王 7・7〉
至人用心若鏡，與萬物共處

〈應帝王〉第七章。本章材料有限，其中提及「至人」的表現，就是「用心若鏡」，使自己的心思像鏡子一樣。如何可以做到呢？

7・7

> 無為名尸，無為謀府，無為事任，無為知主。體盡無窮，而遊無朕。盡其所受乎天而無見得，亦虛而已。至人之用心若鏡，不將不迎，應而不藏，故能勝物而不傷。

【譯文】

不要占有名聲，不要暗藏謀略，不要承擔責任，不要運用智力。體會無窮無盡的變化，遨遊於無跡無象的境界。完全活出自然賦予自己的本性，而忘記有所見與有所得，只是讓自己空虛而已。至人的用心就像鏡子一樣，對外物的來去，既不送也不迎，只反映而不留存，所以能夠承受萬物變化而沒有任何損傷。

短短一章六十個字，使用了十一個否定詞：七個「無」與四個「不」。意思是：世間一般人的想法與做法，莊子都要否定、化解及超越，要反其道而行。這種反其道而行與前面所謂的「虛而委蛇」並無矛盾。正是發揮了「虛」字訣，才能放空自己，放

下一切。我們稍作分析。

首先，不要占有名聲。這一點在〈逍遙遊1·8〉堯讓天下於許由時，許由已經表示他不要名聲。「名者，實之賓也」。名義只是實物的表徵，他怎麼會在乎呢？

其次，不要暗藏謀略。〈齊物論2·3〉告誡我們不要「與接為構，日以心鬥。」（與外界事物糾纏不清，每天鉤心鬥角）。

第三，不要承擔責任。〈人間世4·7〉描寫葉公子高「朝受命而夕飲冰」，不論任務成敗，皆飽受折磨。

第四，不要運用智力。要學習〈德充符5·3〉的有德者「知不可奈何而安之若命」，省去多少心思。

做到以上四「無」，才有以下三「無」，就是：**體會無窮無盡的變化，遨遊於無跡無象的境界；活出本性而忘記所見與所得**。如此可抵達「虛」的境界，這是以具體方式描述〈齊物論2·1〉「形如槁木，心如死灰」的修行。然後以「至人」的表現來畫龍點睛。

《莊子》「內七篇」的悟道者有四種人，或四個名稱：聖人、真人、至人、神人。從出場最多的排起，首先是聖人，出現超過二十次。為什麼「聖人」經常出現？或許因為「聖人」一詞在老子《道德經》用了32次，以他為「悟道的統治者」。一般人也比較熟悉「聖人」之名，以他為值得仰望依賴的表率。

其次出現較多的是「真人」。「真人」其實是最晚上場的，〈大宗師〉一開頭連續三章描寫他，加起來的次數就多了。

排第三的是「至人」，如本章接著講「至人用心若鏡」。最少出現的是「神人」，前後四次。當然，神人一上場，總是讓人

驚艷,感覺遙不可及。

接著,本章說到「至人用心若鏡」。「用心若鏡」就是:要做到沒有執著,還要放空自己。這裡簡單說明老子與莊子的差別。對老子而言,修行要領是《道德經》第 16 章所謂的「致虛極,守靜篤」:追求「虛」,要達到極點;守住「靜」,要完全確實。「虛」、「靜」二字在後續的「外篇」會一再出現。

莊子在此也強調「亦虛而已」,但上一句是「盡其所受乎天」。一方面要活出自然給人的本性,一方面又要使自己空虛。這正是我們解釋過的:保存本性,就是要修練它;修練它就是要回歸於「道」。保存就是修練,修練就是回歸。這就是「盡其所受乎天而無見得,亦虛而已。」

老子主張虛靜,莊子則以生動的方式說,至人用心若鏡。鏡子「空而明」,對外物的來去「不將不迎」,既不歡送也不歡迎,該來就來該走就走,一切都是不得已。餓了吃,渴了喝,累了睡;生病看醫生,老了多休息,死了揮揮手,不帶走一片雲彩。

結論是「故能勝物而不傷」,如此可以承受萬物的變化而沒有任何損傷。這讓我們聯想到〈大宗師 6・4〉所謂的「大塊載我以形,勞我以生,佚我以老,息我以死」以及「善吾生者,乃所以善吾死也」。

學習《莊子》的挑戰之一就是:在短短的一章裡,需要把前前後後相關的概念都連起來,不然很難講得清楚。

80〈應帝王 7・8〉
渾沌如果開了竅，就壞事了

〈應帝王〉第八章。這也是《莊子》「內篇」的最後一章。內容很短，主題是「渾沌」。「渾沌」，是古代神話的最初階段，代表天地未分之前，一切混同為一的狀態，如老子《道德經》第 25 章開頭所說的「有物混成」。

古代神話會描寫宇宙的誕生。「宇宙」（cosmos）原意是「秩序」（order），在秩序出現之前則是「渾沌」（chaos）。中文使用「宇宙」是指「上下四方曰宇」，「往古來今曰宙」，也是指空間與時間所組成的「秩序」的整體。那麼，在此之前呢？正是混同為一體的渾沌。渾沌有什麼故事呢？

7・8

南海之帝為儵，北海之帝為忽，中央之帝為渾沌。儵與忽時相與遇於渾沌之地，渾沌待之甚善。儵與忽謀報渾沌之德，曰：「人皆有七竅以視聽食息，此獨無有，嘗試鑿之。」日鑿一竅，七日而渾沌死。

【譯文】

南海的帝王是儵，北海的帝王是忽，中央的帝王是渾沌。儵與忽時常在渾沌的土地上相會，渾沌待他們非常和善。儵與忽想要報答渾沌的美意，就商量說：「人都有七竅，用來看、聽、飲食、呼吸，唯獨他什麼都沒有，我們試著為他鑿開。」於是，一

天鑿開一竅，七天之後渾沌就死了。

首先，渾沌位居中央，沒有偏好也沒有特色。相對於此，南海之帝是儵，代表南方的光明；北海之帝是忽，代表北方的黑暗。這種方位特色或許與《易經》有關，如後天八卦的「離為火為明，居南」，「坎為水為暗，居北」。渾沌居中，是「無明無不明」，讓人看不清楚。

以行動而言，儵與忽都是行動迅速而有所作為。渾沌則反之。二帝在中央聚會時，渾沌都和善相待。渾沌沒有分辨之心，不在意誰黑誰白，誰陰誰陽，誰明誰暗，反正來者是客，歡迎光臨。但問題來了，二帝想要報恩，就為渾沌開竅，七日而渾沌死。

這裡可以聯想到佛教所說的「業」。只要有心去做的事，不論善惡都是業。我們在〈養生主 3·5〉「老聃死，秦失弔之」那一章已經說過，老聃生前一定行善助人，以致死後眾人哭泣。秦失對此不滿。因此，必須行善而不為人知，也不受人感恩，才算高明。佛教所謂「業報輪迴」就是提醒人，行善也將使自己因受人感恩而無法擺脫輪迴的困境。現在，渾沌無心行善，但二帝要知恩圖報，結果對渾沌造成無可補救的災難。

儵與忽代表一般人，以為人有七竅，可以看得清楚聽得明白，又呼吸又說話的，那才是正常的好事。但他們以為的好事，對渾沌反而是壞事。七竅都開了，渾沌也死了。所謂「渾沌死」，是說渾沌開竅之後，與外物相接，衍生各種凡人的欲望，隨之也帶來無盡的煩惱。莊子這麼想，一般人未必認同。

今天說一個孩子「不開竅」，是指腦子不太靈光，反應落於

人後。譬如,王陽明(1472-1529),五歲還不能說話,家人十分焦急。後來一位高僧為他改名,把「王雲」改為「王守仁」,他就可以說話了。孩子長大,總是要開竅的,因此人生大事在於修行,要由認知能力著手,使自己由區分而避難而啟明,這是道家思想。還可以補充一點,莊子在〈天地 12.12〉談到「渾沌氏之術」可供參考:「明白入素,無為復朴,體性抱神,以遊世俗之間」,意即:明白一切而抵達純粹,無所作為而回歸原始,體察本性而抱持精神,然後再遨遊於世俗之間。

《莊子》「內七篇」以渾沌寓言結束,可謂發人深省。我們也準備好要進入「外篇」的世界了。

內容簡介

《莊子》是道家思想的代表性經典。

傅佩榮教授自 2021 年 11 月起，在中國音頻平台喜馬拉雅 FM 講述《莊子》，立足原典，深入淺出，全面解讀莊子思想，本書根據原課程為基礎，加以補充修訂與改寫，全書共三冊，分別譯解內篇、外篇、雜篇，完整收錄其多年研究《莊子》的全部心得。

《莊子》是人生必讀的一部書。

明朝學者王世貞將其選入四大奇書，清朝學者金聖歎亦評其為六才子書之一。傅佩榮教授指出，《莊子》的特色是思想深刻、系統完整、啟發無限，在中國文化發展中，老莊思想之道家與儒家分庭抗禮，對於後世影響卓著。

莊子思想帶給讀者的啟發是無所限制的。

老子虛擬一個聖人做為悟「道」的統治者，到了莊子筆下，重點轉為個人也可以悟「道」。學習莊子思想，可以調整宇宙觀，挑戰人生觀，顛覆價值觀，帶來源源不絕的驚喜與覺悟。

莊子思想也與 21 世紀「後現代社會」習習相關。因為他的做法是「先破再立」。破除傳統的價值觀，明白所有的教條都有其限制，並要先問自己：一生的目的何在？是為了別人而活？還是為了社會既定的價值觀而活？莊子認為最好追求為自己而活，活得真實而真誠，並設法悟「道」，再進一步與「道」合一。

本書融合當代人的生活講述莊子智慧，解決人生困惑。

《莊子》是一本既有趣卻又很難懂的書，傅佩榮教授以簡明生動的方式，引領讀者認識莊子的心靈大觀園，並總結莊子對現代人的明確點撥。

作者簡介

傅佩榮

美國耶魯大學哲學博士,曾任比利時魯汶大學與荷蘭萊頓大學講座教授,臺灣大學哲學系教授、主任兼研究所所長。著有《哲學與人生》、《柏拉圖》、《儒道天論發微》、《儒家哲學新論》、《孔門十弟子》、《不可思議的易經占卜》、《文化的視野》、《西方哲學心靈‧全三卷》、《傅佩榮莊子經典五十講》、《傅佩榮生活哲思文選‧全三卷》、《傅佩榮宗教哲學十四講》、《傅佩榮先秦儒家哲學十六講》、《傅佩榮周易哲學十五講》、《傅佩榮論語、孟子、易經二十四講》、《人性向善論發微》、《傅佩榮講道德經》、《傅佩榮講易經》(全二冊)等,並重新解讀中國經典《論語》、《孟子》、《老子》、《莊子》、《易經》、《大學‧中庸》,譯有《四大聖哲》、《創造的勇氣》、《人的宗教向度》等書,策劃《世界文明原典選讀》(全六冊)及編譯《上帝‧密契‧人本》。

傅佩榮國學頻道

經典解讀與哲學

西方哲學心靈
從蘇格拉底到卡繆
傅佩榮◎著

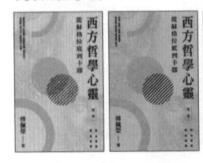

第一卷　蘇格拉底‧柏拉圖‧亞里斯多德‧休謨‧奧古斯丁‧多瑪斯‧笛卡兒‧史賓諾莎

第二卷　盧梭‧康德‧席勒‧黑格爾‧叔本華‧齊克果‧馬克思‧尼采

第三卷　柏格森‧懷德海‧卡西勒‧德日進‧雅士培‧馬塞爾‧海德格‧卡繆

定價：1120元（全三冊）

傅佩榮教授解讀哲學經典
新世紀繼往開來的思想經典
跨越智慧的門檻、文字的隔閡
大字校訂‧白話解讀‧提供現代人簡單而有效的閱讀方法

《論語解讀》沉潛於孔子思想的普世價值與人文關懷
平：420元

《孟子解讀》探究孟子向當政者滔滔建言的政治理想與人生價值　平：380元

《莊子解讀》逍遙翱遊莊子無限廣闊的天地
平：499元

《老子解讀》深入老子返樸守真的自由境界
平：300元

《易經解讀》涵蓋「天道、地道、人道」的生命哲學
平：620元

《大學‧中庸解讀》探究「大學」之道，再現古代理想教育
體現「中庸」之至德，化育人性的契機
平：280元

文化的視野
當代人文修養四講：
文化‧愛‧美‧宗教
傅佩榮◎著

ISBN:957-8453-21-3
定價：210元

創造的勇氣：
羅洛‧梅經典
若無勇氣，愛即將褪色，
然後淪為依賴。
如無勇氣，忠實亦難堅持，
然後變為妥協。
羅洛‧梅 Rollo May◎著
傅佩榮◎譯
中時開卷版書評推薦
ISBN:978-986-360-166-1
定價：230元

平裝

科學與現代世界
二十世紀大哲懷德海演講集
A. N. Whitehead◎著
傅佩榮◎譯

青年日報副刊書評推薦
ISBN:957-8453-96-5
定價：250元

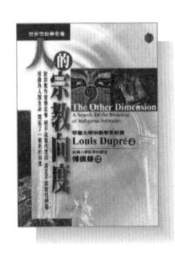

人的宗教向度
LouisDupre◎著
傅佩榮◎譯

ISBN:986-7416-39-2
定價：480元

經典解讀與哲學

傅佩榮周易哲學十五講
易經入門——哲理及占卦
傅佩榮◎著
定價：580元

傅佩榮先秦儒家哲學十六講
親近真儒家
傅佩榮◎著
定價：520元

傅佩榮宗教哲學十四講
關於「神與哲」的十四堂宗教哲學課
傅佩榮◎著
定價：460元

上帝・密契・人本：西方宗教哲學討論集
當耶穌遇到蘇格拉底
傅佩榮◎編譯
定價：350元

四大聖哲：蘇格拉底、佛陀、孔子、耶穌
雅士培（Karl Jaspers）◎著
傅佩榮◎譯
定價：350元

傅佩榮論語、孟子、易經二十四講
來自真誠的力量
傅佩榮◎著
定價：350元

傅佩榮生活哲思文選（全三卷）
傅佩榮◎著
第一卷：處世・人際・簡樸
定價：300元
第二卷：修養・理念・志趣
定價：280元
第三卷：知識・閱讀・體驗
定價：280元

世界文明原典選讀

傅佩榮／總策劃

《六大文明經典》

古國系列｜中國・希臘・印度（全三冊）
傅佩榮、徐學庸、何建興、吳承庭◎主編
定價：1220元

宗教系列｜猶太教・佛教・天主教（全三冊）
傅佩榮、劉清虔、蔡耀明、黎建球◎主編
定價：1420元

國家圖書館出版品預行編目(CIP)資料

傅佩榮講莊子 / 傅佩榮作 -- 初版 -- 新北市:立緒文化事業
有限公司, 民114.01
全三冊；14.8×23 公分. --（世界公民叢書）

ISBN 978-986-360-232-3(全套；平裝)

1. (周)莊周　2. 莊子　3. 學術思想注釋

121.331　　　　　　　　　　　　　　　113017784

傅佩榮講莊子：第一冊・內篇（全三冊）

出版──立緒文化事業有限公司（於中華民國 84 年元月由郝碧蓮、鍾惠民創辦）
顧問──鍾惠民

作者──傅佩榮

地址──新北市新店區中央六街 62 號 1 樓
電話──(02) 2219-2173
傳真──(02) 2219-4998
E-mail Address ── service@ncp.com.tw
劃撥帳號── 1839142-0 號 立緒文化事業有限公司帳戶
行政院新聞局局版臺業字第 6426 號

總經銷──大和書報圖書股份有限公司
電話──(02) 8990-2588
傳真──(02) 2290-1658
地址──新北市新莊區五工五路 2 號
排版──菩薩蠻數位文化有限公司
印刷──尖端數位印刷股份有限公司

法律顧問──敦旭法律事務所吳展旭律師
版權所有・翻印必究
分類號碼── 121.331
ISBN ── 978-986-360-232-3
平裝出版日期── 中華民國 114 年 1 月初版　一刷（1～1,500）
　　　　　　　中華民國 114 年 10 月初版　二刷（1,501～2,500）

定價◎ 1200 元（全三冊）

愛戀智慧 閱讀大師

立緒 文化 閱讀卡

姓　名：

地　址：□□□

電　話：(　　)　　　　傳　眞：(　　)

E-mail：

您購買的書名：_____

購書書店：_____市（縣）_____書店
■您習慣以何種方式購書？
　□逛書店 □劃撥郵購 □電話訂購 □傳真訂購 □銷售人員推薦
　□團體訂購 □網路訂購 □讀書會 □演講活動 □其他_____
■您從何處得知本書消息？
　□書店 □報章雜誌 □廣播節目 □電視節目 □銷售人員推薦
　□師友介紹 □廣告信函 □書訊 □網路 □其他_____
■您的基本資料：
性別：□男 □女 婚姻：□已婚 □未婚 年齡：民國_____年次
職業：□製造業 □銷售業 □金融業 □資訊業 □學生
　　　□大眾傳播 □自由業 □服務業 □軍警 □公 □教 □家管
　　　□其他_____
教育程度：□高中以下 □專科 □大學 □研究所及以上
建議事項：

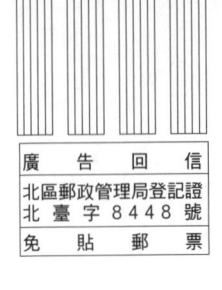

廣告回信
北區郵政管理局登記證
北臺字8448號
免貼郵票

愛戀智慧 閱讀大師

立緒 文化事業有限公司　收

新北市 2 3 1
新店區中央六街62號一樓

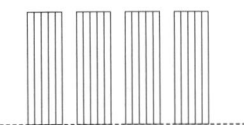

請沿虛線摺下裝訂，謝謝！

立緒 文化 閱讀卡

感謝您購買立緒文化的書籍

為提供讀者更好的服務，現在填妥各項資訊，寄回閱讀卡（免貼郵票），或者歡迎上網http://www.facebook.com/ncp231即可收到最新書訊及不定期優惠訊息。